普通高等教育"十二五"规划教材

政治经济学学习与辅导

胡双发　李家凯　秦其文　主编

科学出版社

北　京

内 容 简 介

怎样才能提高政治经济学的教学质量及学习效果？这是高校每位任课教师和学生共同面临的一个难题。要提高政治经济学的教学质量及学习效果，任课教师和学生离不开与教材配套的教学参考资料。本书收录了政治经济学的教学大纲，精解了政治经济学各章的重点和难点内容，提供了与教材内容配套的习题（包括部分2008年以来研究生招生考试《政治》试题中的政治经济学真题），习题类型较全，归类解答。

本书既可供教师教学选择使用，也可供学生学习政治经济学参考使用。

图书在版编目（CIP）数据

政治经济学学习与辅导/胡双发，李家凯，秦其文主编. —北京：科学出版社，2018.9
普通高等教育"十二五"规划教材
ISBN 978-7-03-057160-1

Ⅰ.①政… Ⅱ.①胡… ②李… ③秦… Ⅲ.①政治经济学–高等学校–教学参考资料 Ⅳ.①F0

中国版本图书馆 CIP 数据核字（2018）第 079131 号

责任编辑：兰　鹏 / 责任校对：李　影
责任印制：吴兆东 / 封面设计：蓝正设计

科　学　出　版　社 出版
北京东黄城根北街16号
邮政编码：100717
http://www.sciencep.com

北京虎彩文化传播有限公司 印刷
科学出版社发行　各地新华书店经销

*

2018年9月第　一　版　　开本：787×1092　1/16
2019年11月第二次印刷　　印张：13 3/4
字数：326 000
定价：42.00元
（如有印装质量问题，我社负责调换）

前　言

政治经济学是经济学的基础学科，是经济管理类本科各专业的专业基础课和必修课，在本科人才培养方案中占有非常重要的地位。该课程以生产关系为主线，以劳动创造价值为依据，以阶级作为研究视角，系统地研究了经济现象和经济过程之间的内在联系。程恩富教授主编、高等教育出版社出版的《政治经济学》（第四版）教材（第一章至第十一章）的内容主要包括劳动价值理论、剩余价值理论、资本积累理论、再生产理论、经济危机理论、垄断资本主义理论、经济全球化理论等诸多马克思主义政治经济学的经典理论。这些理论是经济管理类本科各专业学生必须全面掌握和认真研究的重要内容，能够帮助经济管理类专业的本科学生掌握经济学的思维方法，培养经济意识和经济观念，提高用经济学的方法分析和解决各种经济社会问题的能力，为以后学习专业课程打下牢固的经济学知识基础。

《政治经济学学习与辅导》是同程恩富教授主编的《政治经济学》（第四版）教材第一章至第十一章的内容相配套的教学参考用书，也可作为其他版本的《政治经济学》教材的教学参考用书。本书题型分为名词解释、单项选择题、多项选择题、判断题、简答题、计算分析题和案例分析题等，并将部分2008年以来研究生招生考试《政治》试题中的政治经济学真题一并纳入。

本书是贵州财经大学经济学院长期从事政治经济学教学和研究的教师集体劳动的结晶。全书由胡双发、李家凯、秦其文担任主编。胡双发教授主要负责拟订编写大纲、撰写大部分内容并对全书进行修改和定稿；李家凯副教授提供部分2008年至2018年研究生招生考试《政治》试题中的政治经济学真题及参考答案；秦其文教授撰写第八章和第九章的主要知识点；参与编写大纲讨论的还有鲁保林副教授、张洁副教授、丰凤副教授、袁家菊副教授和井方副教授。

本书中的主要知识点吸收了程恩富教授主编的《政治经济学》（第四版）教材和王军旗教授、刘儒教授主编的《政治经济学原理·前沿·案例》教材中的部分内容，练习题吸收了程恩富教授主编的《现代政治经济学新编习题集》和圣才考研网主编的《逄锦聚〈政治经济学〉（第4版）笔记和课后习题（含考研真题）详解》中的部分习题，在此一并致谢。

受编者的水平和能力所限，加之编写时间较紧，书中的观点和内容难免有不成熟、不妥当之处，欢迎广大师生和读者不吝赐教，以便我们在修订时更正和完善。

贵州财经大学经济学院
胡双发
2018年3月

目 录

- 第一章 政治经济学导论 ······ 1
  - 第一节 重要知识点 ······ 1
  - 第二节 巩固练习题 ······ 5
  - 第三节 参考答案 ······ 12
- 第二章 商品与货币 ······ 17
  - 第一节 重要知识点 ······ 17
  - 第二节 巩固练习题 ······ 29
  - 第三节 参考答案 ······ 40
- 第三章 资本和剩余价值 ······ 47
  - 第一节 重要知识点 ······ 47
  - 第二节 巩固练习题 ······ 54
  - 第三节 参考答案 ······ 62
- 第四章 资本积累 ······ 67
  - 第一节 重要知识点 ······ 67
  - 第二节 巩固练习题 ······ 74
  - 第三节 参考答案 ······ 80
- 第五章 产业资本的运行 ······ 84
  - 第一节 重要知识点 ······ 84
  - 第二节 巩固练习题 ······ 90
  - 第三节 参考答案 ······ 95
- 第六章 社会总资本的运行 ······ 100
  - 第一节 重要知识点 ······ 100
  - 第二节 巩固练习题 ······ 113
  - 第三节 参考答案 ······ 118
- 第七章 剩余价值的分配 ······ 121
  - 第一节 重要知识点 ······ 121
  - 第二节 巩固练习题 ······ 141
  - 第三节 参考答案 ······ 150

第八章　垄断资本主义 ··· 156
第一节　重要知识点 ··· 156
第二节　巩固练习题 ··· 165
第三节　参考答案 ··· 170

第九章　国家垄断资本主义 ··· 174
第一节　重要知识点 ··· 174
第二节　巩固练习题 ··· 180
第三节　参考答案 ··· 183

第十章　经济全球化与国际经济关系 ·· 186
第一节　重要知识点 ··· 186
第二节　巩固练习题 ··· 191
第三节　参考答案 ··· 194

第十一章　资本主义生产方式的发展趋势 ··· 197
第一节　重要知识点 ··· 197
第二节　巩固练习题 ··· 201
第三节　参考答案 ··· 203

附录　政治经济学教学大纲 ··· 206
第一节　课程的性质、定位及作用 ·· 206
第二节　课程的教学目标及教学要求 ·· 207
第三节　课程的教学重点及教学难点 ·· 207
第四节　课程的学时分配 ·· 209
第五节　课程的教学方法 ·· 210
第六节　课程的考核方式及要求 ··· 211
第七节　课程的教材及教学参考书 ·· 211

第一章　政治经济学导论

第一节　重要知识点

政治经济学是经济学的基础学科，是经济管理类专业的公共基础和核心课程之一。学习政治经济学，首先必须了解它的产生与发展过程，我们可以沿着经济—经济思想—经济学—政治经济学的脉络来了解政治经济学的来龙去脉、前世今生。

一、政治经济学的产生与发展

（一）什么是经济

"经济"一词的使用频率非常高，但是古今中外"经济"的含义又不尽相同。在古代，"经济"的含义比较单一。如中国古代"经济"的原意是"经邦济世"或"经世济民"，即治理国家和拯救贫民。在西方国家，3000多年前，古希腊思想家色诺芬在他所著的《经济论》中最先使用"经济"一词，意指家庭管理，即奴隶主家庭的生产和生活等方面的管理。在现代，"经济"的含义非常丰富，主要有以下五种：一是指个人或家庭的收支状况，如我们说某个人"经济比较宽裕或困难"；二是指节约、节省，如"经济实惠"；三是指经济活动，包括物质资料的生产、分配、交换和消费等活动；四是指一个国家国民经济的总和或国民经济的各部门，如"中国经济"或"农业经济、工业经济"等；五是指社会生产关系的总和或具体形式，如"经济制度""经济体制"等。政治经济学中所讲的"经济"主要是指后面三种含义。

（二）经济思想和经济学

人们对经济实践活动、经济现象和经济问题的看法与观点就是经济思想。例如，中国古代的"国以农为本，民以食为天"的观点。每个人都可能有自己的经济思想，但并不意味着每个人都有自己的经济学。经济思想不等于经济学，人们的经济思想最初是不完整、不系统的，只有系统化的经济思想、经济理论才是经济学。经济学是研究客观经济发展过程运动规律的学科。在古代西方，最初的经济学研究奴隶主的家庭管理问题。

(三) 政治经济学的产生与演变

在经济学说史上，最早使用"政治经济学"一词的，一般认为是法国重商主义代表人物蒙克莱田。1615年，他出版了《献给国王和王太后的政治经济学》一书，最早使用了"政治经济学"一词，表明他所论述的经济问题已经超出家庭管理的范围，涉及国家和社会的经济管理问题。这里讲的"政治"是指国家和社会的意思，与我们现在使用的"政治"含义不同，因此，"政治经济学"是指研究整个国家和社会经济的学科，而不是既研究政治又研究经济。但是，在那时政治经济学还没有成为一门独立的学科。

政治经济学作为一门研究人类经济活动的独立学科，是随着资本主义生产方式的产生和发展逐步形成的。使政治经济学真正成为一门独立学科的，是英国的古典政治经济学家亚当·斯密，1776年，他出版了一部划时代的经济学著作——《国民财富的性质和原因的研究》（简称《国富论》），这部著作虽然没有使用"政治经济学"作为书名，但研究的是政治经济学问题，而且将经济研究从流通领域扩展到了整个生产领域，对资本主义生产方式首次进行了全面考察。

古典政治经济学，在英国是由威廉·配第创始、亚当·斯密集大成、大卫·李嘉图最后完成的。古典政治经济学克服了重商主义的缺陷，提出了劳动创造价值的思想，并触及了剩余价值问题，因而具有一定的科学成分，但也带有庸俗的成分。在它以后沿着这两种成分发展，产生了马克思主义政治经济学和西方经济学两大不同的经济学理论体系。

政治经济学是研究什么问题的，它的任务是什么，是政治经济学中最重要的问题。

二、政治经济学的研究对象和任务

（一）政治经济学的研究对象

1. 物质资料生产是政治经济学研究的出发点

物质资料生产是人类按照一定方式结合起来，用自己的劳动改造自然，使之适合自己需要的实践活动。物质资料生产是人类最基本的实践活动，决定其他一切社会活动，是人类生存和社会发展的基础。这是因为：第一，物质资料生产是人类生存的基础。人类要生存，需要食物、衣服、房屋等物质生活资料，只有通过物质资料的生产活动，人类才能获得所需要的物质生活资料，才能生存。第二，物质资料生产是人类社会发展的基础，是人类从事其他各种社会活动的先决条件。只有人类的物质资料生产发展了，物质产品丰富了，物质生活水平提高了，政治、文化、科技、教育、卫生、体育等活动才能得以发展，社会才能发展。正是由于物质资料生产是人类最基本的实践活动，对于人类其他一切活动起着决定作用，因此，物质资料生产是政治经济学研究的出发点。

物质资料的生产不仅涉及人与自然的关系，也涉及人与人的关系。人与自然的关系表现为生产力，人与人的关系表现为生产关系。因此，物质资料生产包括生产力和生产关系两个方面。政治经济学研究的生产不是生产的自然属性（生产力），而是生产的社会属性（生产关系）。

2. 生产关系是政治经济学的研究对象

任何物质资料的生产都不是单个人孤立进行的，而是人们结合起来进行的，即社会生产。人们结合起来进行生产就形成了社会生产关系，生产关系是人们在物质资料生产和再生产过程中所结成的相互关系，也叫经济关系。生产关系的形式是分工、协作等，实质是物质利益关系。生产关系的内容主要包括生产资料所有制形式、人们在直接生产过程和交换过程中所处的地位与关系、产品的分配关系三个方面。其中，生产资料所有制形式是整个生产关系的基础，决定着生产关系中的其他方面。广义的生产关系包括生产、分配、交换和消费关系。

物质资料生产的总过程，是由生产、分配、交换和消费四个环节组成的有机整体。生产是起点，消费是终点，分配和交换是连接生产与消费的中间环节。生产、分配、交换和消费相互制约、相互依赖，构成生产总过程的矛盾运动。因此，还必须从物质资料生产和再生产总过程的各个环节的相互关系来说明生产关系内在的一般关系。第一，生产与消费的相互关系。生产是指人们改造自然并创造物质财富的过程。广义的消费分为生产性消费和个人消费。生产性消费是指生产过程中生产工具、原料、燃料等各种物质资料和生活劳动的消耗，其本身也就是生产过程，不属于政治经济学研究的消费范围。个人消费是指人们为了物质和文化需要，而对各种物质资料和服务的消耗。通常所说的消费就是指个人消费。生产与消费的相互关系是：一方面，生产决定消费。生产为消费提供对象；生产的方式决定消费的方式；生产的性质决定消费的性质。另一方面，消费也会反作用于生产。消费使生产得到最终实现；消费为生产提供目的和动力。第二，生产与分配的相互关系。广义的分配包括生产资料的分配、劳动力的分配和消费品的分配。生产资料的分配和劳动力的分配是说明生产要素归谁所有与如何配置的问题，是进行物质生产的前提，因而其本身也属于生产范畴。消费品的分配是确定个人对消费品占有的数量。这里讲的分配主要是指个人消费品的分配。生产与分配的相互关系是：一方面，生产决定分配。生产的发展水平决定了可分配产品的数量；生产的社会性质决定了分配的社会形式，即分配方式。另一方面，分配对生产也有反作用。与生产相适应的分配制度，会促进生产的发展；反之，则会阻碍生产的发展。第三，生产与交换的相互关系。交换包括劳动活动的交换和劳动产品的交换。生产与交换的相互关系是：一方面，生产决定交换。生产发展的程度，决定了交换的范围和规模。另一方面，交换对生产也有反作用。交换顺利，会促进生产的发展；反之，则会阻碍生产的发展。

政治经济学的研究对象是广义的生产关系。研究对象是对一门学科研究内容、研究范围的高度概括，政治经济学以生产关系为研究对象，也就是研究贯穿于社会生产、分配、交换、消费各环节中的经济关系。

3. 政治经济学研究生产关系必须紧密联系生产力和上层建筑

生产力是指人们运用生产资料，创造社会物质财富和精神财富的能力。生产力是推动社会生产发展的决定因素。生产力表现为人和物的结合，生产力水平的高低由人和物的状况决定，因此，生产力包括劳动者、劳动资料和劳动对象三个实体性要素。

劳动者是指具有一定劳动经验和劳动技能的人，是生产力的三个实体性要素中能动的主体要素，是最重要的起决定性作用的因素。劳动资料也称劳动手段，是指人们在劳动过程中用来改变或影响劳动对象的一切物质资料和物质条件，也就是把劳动者的劳动传导到劳动对象上的一切物质手段和物质条件。劳动资料中最重要的是生产工具或劳动工具。生产力的发展变化，往往首先是从生产工具的发展变化开始的。生产工具是社会生产力发展水平和发展状况的物质标志，也是划分经济发展时期的主要标志。马克思指出："各种经济时代的区别，不在于生产什么，而在于怎样生产，用什么劳动资料生产。"劳动资料还包括除了劳动对象以外的一切物质条件，如生产用的建筑物、道路灯光照明等，没有这些物质条件，劳动过程也不能正常进行。劳动对象是在生产过程中被劳动者加工改造的物质资料。劳动对象分为两类：一类是没有经过人类的劳动加工过的自然界中原有物质或物品，如开采中的煤炭、原始森林中的树木等；另一类是经过人类的劳动加工过的物质资料，又称原材料，如纺纱厂的棉花、冶炼厂的矿石等。劳动资料和劳动对象是生产过程中的物的因素，二者又统称为生产资料。生产力中的三个实体性要素，都与一定的科学技术水平紧密联系着。劳动者的科学技术知识越丰富，劳动技能就越强；科学技术越高，生产工具就越先进，劳动对象的数量就越多、质量就越高，因而生产力水平就越高。所以，科学技术是生产力，而且是第一生产力。但是，科学技术是通过影响生产力的三个实体性要素来影响生产力发展的，它本身并不成为生产力的一个独立的实体性要素。

政治经济学研究生产关系为什么必须紧密联系生产力？这是因为生产力决定生产关系，生产关系要适应生产力的发展。当然，生产关系对生产力也具有反作用，促进或阻碍生产力的发展。生产力和生产关系的统一，构成物质资料的生产方式。生产力是生产方式的物质内容，生产关系是生产方式的社会形式。它们既对立又统一，构成了人类社会生产方式的不断运动。生产力和生产关系的相互关系是：一方面，生产力决定生产关系。具体表现在：生产力决定生产关系的性质，生产力的发展变化决定着生产关系的发展和变革。另一方面，生产关系对生产力起着巨大的反作用。这种反作用表现在：适应生产力发展要求的生产关系能够促进和推动生产力的发展；反之，不适应生产力发展要求的生产关系就会阻碍生产力的发展，甚至使生产力遭受严重的破坏。可以有两种情况：一是当生产关系滞后于生产力发展的要求时，这种落后的生产关系就会阻碍生产力的发展；二是当生产关系超越于生产力发展的要求时，这种生产关系也会阻碍生产力的发展。生产关系和生产力的矛盾，是推动人类社会发展的基本动力。生产力决定生产关系，生产关系一定要适合生产力的性质和状况，是人类社会发展普遍的基本经济规律。

政治经济学研究生产关系除了必须紧密联系生产力以外，还必须紧密联系上层建筑，即要从经济基础和上层建筑的矛盾运动中研究生产关系的发展变化，这也是由经济基础和上层建筑的相互关系决定的。经济基础是指一定社会形态中占主导地位的生产关系的总和。例如，我国的经济基础是公有制生产关系的总和。上层建筑是指建立在一定的经济基础之上的政治、法律制度以及与它相适应的政治、法律、道德、哲学、宗教、文艺等社会意识形态。经济基础和上层建筑也是对立统一的关系，一方面，经济基础决定上层建筑，有什么样的经济基础，就要求建立什么样的上层建筑为它服务；另一方面，上层建筑对经济基础也具有反作用，促进或阻碍经济基础的发展。

（二）政治经济学的任务

一切科学的任务都在于揭示事物的客观规律性。政治经济学作为一门以生产关系为研究对象的理论经济科学，它的根本任务是揭示生产关系及其实现和发展的运动规律，即揭示客观的经济规律。

什么是经济规律？经济规律就是经济现象和经济过程内在的、本质的和必然的联系，它体现着社会经济运行的必然趋势。如价格供求规律，价格的涨跌必然会引起供求的变化，供求的变化也必然会引起价格的涨跌。经济规律和自然规律一样也具有客观性，这是因为：第一，经济规律产生和发生作用的条件是客观的。任何经济规律都是在一定的客观经济条件基础上产生和发生作用的，并随着客观经济条件的变化而变化，有什么样的客观经济条件，就会产生与它相适应的经济规律。这里所说的客观经济条件，主要是指由一定的生产力决定的社会生产关系。第二，经济规律的作用是客观的。任何经济规律都是不以人们的主观意志为转移的，人们既不能消灭、废除或改造经济规律，也不能制造或制定经济规律。无论人们是否认识经济规律，经济规律都客观存在并发生作用。因此，人们在经济活动中必须尊重经济规律，按照经济规律的要求办事。但是人们可以认识和利用客观经济规律。

按照经济规律形成的条件和作用范围的不同，可以将经济规律分为三类：第一类是一切社会形态共有的普遍经济规律，如生产关系一定要适应生产力性质和发展要求的规律；第二类是若干社会形态共有的经济规律，如价值规律、供求规律、竞争规律等；第三类是某一特定社会形态所占支配地位的特有经济规律，如资本主义社会中的私人剩余价值规律、社会主义社会中的按劳分配规律等。

第二节　巩固练习题

一、名词解释

1. 物质资料生产　2. 生产力　3. 劳动者　4. 劳动资料　5. 劳动对象　6. 生产关系　7. 生产资料所有制　8. 生产方式　9. 经济制度　10. 经济体制　11. 经济规律

二、单项选择题

1. 中国古书中"经济"一词的含义是（　　）。
   A. 经邦济世或经世济民　　B. 家庭管理
   C. 经济活动　　D. 经济基础
2. 经济学最初的研究对象是（　　）。
   A. 奴隶主的家庭经济管理　　B. 国民经济管理
   C. 社会经济管理　　D. 商品经济管理
3. 政治经济学的研究对象是（　　）。
   A. 生产力　　B. 生产关系
   C. 生产资料　　D. 家庭管理
4. 生产力构成要素中最重要的决定性的因素是（　　）。
   A. 劳动对象　　B. 劳动资料
   C. 科学技术　　D. 劳动者
5. 政治经济学的根本任务是（　　）。
   A. 分析经济现象　　B. 分析经济过程
   C. 揭示经济规律　　D. 研究经济结构
6. 在经济学说史上，最早使用"政治经济学"一词的是（　　）。
   A. 色诺芬　　B. 蒙克莱田
   C. 亚当·斯密　　D. 魁奈
7. 社会生产关系的基础是（　　）。
   A. 人们的相互关系　　B. 生产资料所有制
   C. 商品生产和交换　　D. 产品的分配关系
8. 人类社会存在和发展的基础是（　　）。
   A. 物质资料的消费　　B. 物质资料的生产
   C. 物质资料的交换　　D. 物质资料的分配
9. 生产关系对生产力起着（　　）。
   A. 决定作用　　B. 促进作用
   C. 阻碍作用　　D. 反作用
10. 在生产力中具有特殊重要的地位，起着决定作用的因素是（　　）。
    A. 劳动者　　B. 生产工具
    C. 劳动对象　　D. 资本
11. 生产力中物的因素是指（　　）。
    A. 劳动对象　　B. 劳动工具
    C. 生产资料　　D. 劳动资料
12. 物质资料的生产是政治经济学研究的（　　）。
    A. 落脚点　　B. 着重点

C. 出发点   D. 中介点

13. 衡量社会生产力发展水平的物质标志是（　　）。
    A. 劳动者素质的提高   B. 劳动对象的发展
    C. 生产工具的发展   D. 科学技术的应用

14. 劳动对象是指（　　）。
    A. 人们用来传导劳动的物件
    B. 人们把劳动加于其上的东西
    C. 劳动过程中各种必要的物质条件
    D. 劳动过程中除生产工具以外的其他要素

15. 在一切社会形态中都存在并起作用的经济规律是（　　）。
    A. 价值规律
    B. 剩余价值规律
    C. 按劳分配规律
    D. 生产关系一定要适合生产力性质和发展要求的规律

16. 在社会生产总过程的四个环节中，起决定作用的是（　　）。
    A. 生产   B. 分配
    C. 交换   D. 消费

17. 在社会生产总过程的四个环节中，最终目的和动力是（　　）。
    A. 生产   B. 分配
    C. 交换   D. 消费

18. 社会生产中最活跃的因素是（　　）。
    A. 生产力   B. 生产关系
    C. 交换方式   D. 劳动对象

19. 要促进生产力的发展，生产关系必须（　　）。
    A. 超越生产力的状况
    B. 落后生产力的状况
    C. 适应生产力的状况
    D. 长期稳定不变

20. 生产力的发展状况集中表现为（　　）。
    A. 劳动者素质的提高
    B. 管理水平的提高
    C. 生产工具的变革
    D. 劳动者积极性的发挥

21. 马克思主义政治经济学的研究对象是（　　）。
    A. 社会生产关系及其发展规律
    B. 社会生产方式
    C. 社会生产力及其发展规律

D. 物质资料生产

22. 人们运用生产资料创造社会物质财富和精神财富的能力是（　　）。
    A. 社会生产关系　　　　　B. 社会生产力
    C. 社会生产方式　　　　　D. 社会形态

23. 生产资料是（　　）。
    A. 人的劳动与劳动资料的总和
    B. 人的劳动与劳动对象的总和
    C. 劳动资料与劳动对象的总和
    D. 劳动资料与劳动管理的总和

24. 经济规律产生和发生作用的客观经济条件主要是指（　　）。
    A. 一定的社会形态
    B. 社会物质资料的生产
    C. 劳动者与生产资料的结合方式
    D. 一定的社会生产力与社会生产关系的状况

25. 社会存在是指社会的物质生活条件，它有多方面的内容，其中最能集中体现人类社会性质的是（　　）。
    A. 社会形态　　　　　　　B. 地理环境
    C. 人口因素　　　　　　　D. 生产方式

26. 从历史发展的角度看，资本主义生产资料所有制是不断演进和变化的。当今资本主义社会居主导地位的资本所有制形式是（　　）。
    A. 私人资本所有制
    B. 法人资本所有制
    C. 私人股份资本所有制
    D. 垄断资本私人所有制

三、多项选择题

1. 经济的基本含义是指（　　）。
    A. 生产、分配、交换或消费活动　　B. 一个国家国民经济的总称
    C. 节约或节省　　　　　　　　　　D. 一个国家国民经济的各个部门
    E. 社会生产关系的总和或经济基础

2. 古典政治经济学的著名代表有（　　）。
    A. 亚当·斯密　　　　　B. 李嘉图
    C. 威廉·配第　　　　　D. 萨伊
    E. 马尔萨斯

3. 生产物质资料的劳动过程必须具备的实体性要素是（　　）。
    A. 劳动者　　　　　　　B. 劳动管理

C. 劳动资料　　　　　D. 劳动对象
   E. 劳动分工
4. 经济规律具有客观性表明（　　）。
   A. 经济规律都是在一定的客观经济条件基础上产生的
   B. 任何经济规律的作用都是客观的
   C. 经济规律的作用不以人们的主观意志为转移
   D. 人们不能消灭、改造、创造经济规律
   E. 人们必须尊重经济规律，按照它的要求办事
5. 社会再生产过程或社会生产总过程包括（　　）。
   A. 生产　　　　　　　B. 分配
   C. 交换　　　　　　　D. 消费
   E. 储蓄
6. 下列属于劳动对象的是（　　）。
   A. 原材料　　　　　　B. 开采中的石油
   C. 采伐中的原始森林　D. 建房用的砖瓦
   E. 冶炼用的矿石
7. 生产工具是（　　）。
   A. 劳动资料中最重要的因素　　B. 衡量生产力发展水平的物质标志
   C. 生产力中起主导作用的因素　D. 划分经济发展时期的主要标志
   E. 生产力发展状况的集中体现
8. 经济规律的客观性质说明人们不能（　　）。
   A. 创造经济规律　　　B. 违反经济规律
   C. 改造经济规律　　　D. 认识经济规律
   E. 利用经济规律
9. 决定劳动生产力或劳动生产率高低的主要因素有（　　）。
   A. 劳动者技能的熟练程度
   B. 经营管理水平
   C. 生产的自然条件
   D. 科技水平和它在工艺上的应用程度
   E. 生产资料的规模和效能
10. 经济规律的特点在于（　　）。
    A. 总是和人们的经济活动联系在一起
    B. 完全离开人们的活动而独立地存在
    C. 大多数经济规律并不是长久不变的
    D. 认识和利用经济规律没有阶级背景
    E. 在阶级社会里认识和利用经济规律总有阶级背景

11. 下列属于若干社会形态共有经济规律的是（　　）。
    A. 价值规律　　　　　B. 供求规律
    C. 竞争规律　　　　　D. 私人剩余价值规律
    E. 按劳分配规律

12. 下列对生产力的理解，正确的有（　　）。
    A. 是人们运用生产资料创造社会财富的能力
    B. 包括劳动者、劳动资料和劳动对象三个要素
    C. 是推动社会发展的决定力量
    D. 是生产方式的物质内容
    E. 是政治经济学研究的对象

13. 生产关系是（　　）。
    A. 人们在生产过程中结成的相互关系
    B. 推动社会发展的决定因素
    C. 生产方式的社会形式
    D. 生产方式的物质内容
    E. 政治经济学研究的对象

14. 劳动者在生产过程中是（　　）。
    A. 生产的主体
    B. 首要的生产力
    C. 起着最重要和主导作用的因素
    D. 生产工具的制造者和使用者
    E. 衡量生产力水平的最主要标志

15. 生产与消费的关系是（　　）。
    A. 生产为消费提供对象　　　B. 生产决定消费的方式
    C. 生产的性质决定消费的性质　　　D. 消费使生产得到最终实现
    E. 消费为生产提供目的和动力

16. 生产力和生产关系的相互关系是（　　）。
    A. 生产力决定生产关系　　　B. 生产关系决定生产力
    C. 生产力反作用于生产关系　　　D. 生产关系反作用于生产力
    E. 生产关系要适合生产力状况

17. 社会生产力（　　）。
    A. 表示人们改造和征服自然的能力与水平
    B. 反映人和自然的关系
    C. 包括生产中人的因素和物的因素
    D. 发展水平由生产关系决定
    E. 决定生产关系的性质、发展和变化

18. 政治经济学作为一门社会科学，与自然科学的本质区别在于其表现为（   ）。
    A. 某种阶级性　　　　　　B. 一定的国度性
    C. 积极的实践性　　　　　D. 对人类的终极关怀
    E. 鲜明的"人文"特征

19. 2011 年 4 月，耶鲁大学出版了《马克思为什么是对的》一书，书中列举了当前西方社会 10 个典型的歪曲马克思主义的观点。其中一种观点认为：马克思主义将世间万物都归结于经济因素，艺术、宗教、政治、法律、道德等都被简单地视为经济的反映，对人类历史错综复杂的本质视而不见，而试图建立一种非黑即白的单一历史观。上述观点是对马克思主义关于经济基础和上层建筑辩证关系思想的严重歪曲，其表现为（   ）。
    A. 把社会历史发展多重因素的综合作用歪曲为单一因素决定论
    B. 把上层建筑与经济基础的相互作用歪曲为机械的单向作用
    C. 把经济作为社会的"基础"所具有的归根到底的决定作用歪曲为唯一决定作用
    D. 把意识形态对社会历史始终具有的积极能动作用歪曲为消极被动作用

四、判断题

1. 物质资料的生产始终是政治经济学研究的主要出发点。（   ）
2. 生产力和生产关系的统一，构成物质资料的生产方式。（   ）
3. 政治经济学研究生产关系时，既要联系生产力，又要联系上层建筑。（   ）
4. 政治经济学研究的对象是人类社会的生产关系及其发展规律。（   ）
5. 经济规律和自然规律都是客观的，因此两者之间没有差别。（   ）
6. 生产资料所有制是社会生产关系的基础，决定着生产关系的其他方面。（   ）
7. 政治经济学研究的对象是生产力。（   ）
8. 生产力是指人们运用生产资料创造物质财富和精神财富的能力。（   ）
9. 生产关系一定要适合生产力性质和发展要求，是人类社会发展的客观规律。（   ）
10. 劳动者是生产力构成要素中最重要的决定性的因素。（   ）
11. 生产力和生产关系的矛盾，是推动人类社会发展的基本动力。（   ）
12. 生产力包括劳动者、劳动资料和劳动对象三个实体性要素。（   ）
13. 生产工具的发展状况，是社会生产力发展水平的物质标志。（   ）
14. 科学技术是第一生产力，但它本身并不成为生产力的独立的实体性要素。（   ）
15. 马克思主义政治经济学的科学性，是建立在它的阶级性和实践性基础上的。（   ）
16. 经济规律是经济现象和经济过程内在的、本质的和必然的联系。（   ）
17. 承认经济规律的客观性，就必然要否定人们的主观能动性。（   ）
18. 既然生产关系对生产力的发展有促进作用，那么，只要不断变革生产关系，就

可以促进生产力的巨大发展。   （　　）
　19. 要促进生产力的发展，生产关系就必须超越生产力的状况。（　　）
　20. 人类社会存在和发展的基础是物质资料的生产。   （　　）
　21. 劳动资料也称劳动手段，是人们在劳动过程中用以改变或影响劳动对象的一切物质资料和物质条件。   （　　）
　22. 生产关系的实质是人们的物质利益关系。   （　　）
　23. 在生产力与生产关系的矛盾运动中，生产关系起决定性作用。（　　）
　24. 生产力是生产方式的物质内容，生产关系是生产方式的社会形式。（　　）
　25. 劳动资料是生产过程中直接加工改造的对象。   （　　）
　26. 生产力是某一个人生产多少东西的能力。   （　　）
　27. 生产关系的总和构成社会的经济基础，并要求与其相适应的上层建筑为它服务。   （　　）
　28. 政治经济学是理论经济学，本质上又是一门历史的科学。 （　　）
　29. 生产力是指人们直接征服和改造自然并创造物质财富的过程。（　　）
　30. 人类第一部系统论述资本主义生产方式的著作是亚当·斯密的《国富论》。
                                                        （　　）

五、简答题

1. 简述生产力和生产关系的相互关系。
2. 怎样理解政治经济学的研究对象？
3. 怎样理解生产和消费、生产和分配、生产和交换的相互关系？
4. 简述经济规律的含义及其特点。
5. 简述经济制度和经济体制的基本关系。

第三节　参考答案

一、名词解释

1. 物质资料生产是指人们征服、改造和利用自然，使其适合人们需要的过程。物质资料生产是人类社会存在和发展的基础，是政治经济学研究的主要出发点。
2. 生产力是指人们运用生产资料，创造社会物质财富和精神财富的能力。它反映人与自然之间的关系。生产力是推动社会生产发展的决定因素，包括劳动者、劳动资料和劳动对象三个实体性要素，其中也包括科学技术。
3. 劳动者是指具有一定劳动经验和劳动技能的人。劳动者是生产力构成要素中最重要的决定性要素。

4. 劳动资料也称劳动手段，是人们在劳动过程中用以改变或影响劳动对象的一切物质手段和物质条件。劳动资料中最重要的是生产工具，生产工具是社会生产力发展水平和发展状况的物质标志，也是划分经济发展时期的主要标志。

5. 劳动对象是在生产过程中被劳动者加工改造的物质资料。劳动对象分为两类：一类是没有经过人类的劳动加工过的自然界中原有物质或物品，如开采中的煤炭、原始森林中的树木等；另一类是经过人类的劳动加工过的物质资料，又称原材料，如纺纱厂的棉花、冶炼厂的矿石等。

6. 生产关系是指人们在物质资料生产过程中结成的各种经济关系。它包括生产资料的所有制形式、人们在直接生产过程和交换过程中所处的地位与关系、产品的分配关系等内容。其中生产资料所有制是整个生产关系的基础，它决定着生产关系中的其他方面。生产关系的形式是分工和协作，生产关系的实质是一种物质利益关系。生产关系是政治经济学的研究对象。

7. 生产资料所有制是指生产资料归谁所有，是人们在占有生产资料方面形成的关系，体现劳动者同生产资料的结合方式。生产资料所有制是生产关系的基础，它从根本方面决定着生产、分配、交换和消费的社会性质，是生产关系性质的首要标志。

8. 生产方式是指人类社会所必需的物质资料的谋取方式。生产方式包括对立统一的两个方面——生产力和生产关系，生产力和生产关系的对立统一构成生产方式。生产力是生产方式的物质内容，生产关系是生产方式的社会形式。物质资料的生产方式对社会生活的一切方面起决定作用。

9. 经济制度是指一定社会居于统治地位的生产关系的总和。它是区分不同社会形态的基本依据，反映着社会经济最本质的特征。生产资料所有制是经济制度的核心和基础，它决定着某一社会基本经济制度的性质。

10. 经济体制是生产关系的具体实现形式，即生产关系的具体组织形式和经济管理制度。它反映的是社会经济采取的资源配置方式。其主要任务是组织社会的生产、分配、交换和消费，划分经济管理中各经济利益主体的权限和责任以及相关组织机构的设置等。

11. 经济规律是指经济现象和经济过程内在的、本质的和必然的联系。经济规律具有客观性，不以人们的意志为转移。经济规律有三个层次。揭示客观经济规律是政治经济学的任务。

二、单项选择题

1. A   2. A   3. B   4. D   5. C   6. B   7. B   8. B   9. D
10. A   11. C   12. C   13. C   14. B   15. D   16. A   17. D   18. A
19. C   20. C   21. A   22. B   23. C   24. D   25. D   26. B

三、多项选择题

1. ABCDE	2. ABC	3. ACD	4. ABCDE
5. ABCD	6. ABCDE	7. ABDE	8. ABC
9. ABCDE	10. ACE	11. ABC	12. ABCD
13. ACE	14. ABCD	15. ABCDE	16. ADE
17. ABCE	18. ABDE	19. ABC	

四、判断题

1. √	2. √	3. √	4. √	5. ×
6. √	7. ×	8. √	9. √	10. √
11. √	12. √	13. √	14. √	15. √
16. √	17. ×	18. ×	19. ×	20. √
21. √	22. √	23. ×	24. √	25. ×
26. ×	27. √	28. √	29. ×	30. √

五、简答题

1. 生产力是指人们运用生产资料，创造社会物质财富和精神财富的能力，它反映人与自然之间的关系。生产力是推动社会生产发展的决定因素，包括劳动者、劳动资料和劳动对象三个实体性要素，其中也包括科学技术。生产关系是指人们在物质资料生产过程中结成的各种经济关系。它包括生产资料的所有制形式、人们在直接生产过程和交换过程中所处的地位与关系、产品的分配关系等内容，其中生产资料所有制是整个生产关系的基础，它决定着生产关系中的其他方面。生产关系的形式是分工和协作，生产关系的实质是一种物质利益关系。

生产力和生产关系是社会生产不可分割的两个方面。生产力和生产关系的相互关系是：生产力决定生产关系，生产关系反作用于生产力。生产力决定生产关系，主要表现在两个方面：第一，生产力状况决定生产关系的性质；第二，生产力的发展变化决定着生产关系的发展变化。生产力决定生产关系的部分质变和生产关系所能变化的程度。生产关系对生产力具有反作用，即影响生产力的发展。具体表现在：当生产关系适应生产力的发展状况时，就会促进或推动生产力的发展；反之，当生产关系滞后或超前于生产力的发展状况时，就会阻碍生产力的发展。

生产关系一定要适合生产力的状况，是人类社会发展的普遍规律。

2. 政治经济学的研究对象包括以下内容。

（1）物质资料生产是政治经济学研究的出发点。政治经济学研究以物质资料生产为出发点，反映这样的事实：物质资料的生产是人类生存和社会发展的基础。生产不仅涉及人与自然的关系，也涉及人与人之间的关系。政治经济学研究生产，不是研究生产的自然属性，而是研究生产的社会属性。

（2）生产关系是政治经济学的研究对象。政治经济学以生产为研究对象，但不是一般地研究生产，而是研究人们在生产过程中的关系。政治经济学研究生产关系，既要研究生产、分配、交换和消费之间的相互关系，也要研究人们在社会生产、分配、交换和消费中的关系。

（3）政治经济学研究生产关系时必须紧密联系生产力和上层建筑。

3. （1）生产和消费的相互关系。生产是指人们改造自然并创造物质财富的过程。广义的消费分为生产性消费和个人消费。生产性消费是指生产过程中生产工具、原料、燃料等各种物质资料和生活劳动的消耗，其本身也就是生产过程，不属于政治经济学研究的消费范围。个人消费是指人们为了物质和文化需要，而对各种物质资料和服务的消耗。通常所说的消费就是指个人消费。生产和消费的相互关系是：一方面，生产决定消费。生产为消费提供对象；生产决定消费的方式；生产的性质决定消费的性质。另一方面，消费也会反作用于生产。消费使生产得到最终实现，消费为生产提供目的和动力。

（2）生产和分配的相互关系。广义的分配包括生产资料的分配、劳动力的分配和消费品的分配。生产资料的分配和劳动力的分配是说明生产要素归谁所有和如何配置的问题，是进行物质生产的前提，因而其本身也属于生产范畴。消费品的分配是确定个人对消费品占有的数量。这里讲的分配主要是指个人消费品的分配。生产和分配的相互关系是：一方面，生产决定分配。生产的发展水平决定了可分配产品的数量；生产的社会性质决定了分配的社会形式，即分配方式。另一方面，分配对生产也有反作用。与生产相适应的分配制度，会促进生产的发展；反之，则会阻碍生产的发展。

（3）生产和交换的相互关系。交换包括劳动活动的交换和劳动产品的交换。生产和交换的相互关系是：一方面，生产决定交换。生产发展的程度，决定了交换的范围和规模。另一方面，交换对生产也有反作用。交换顺利，会促进生产的发展；反之，则会阻碍生产的发展。

4. 经济规律是经济现象和经济过程内在的、本质的和必然的联系。

与自然规律相比，经济规律有两个主要特点：第一，大多数经济规律都不是长久不变的。它只在一定的历史阶段发生作用，随经济条件的变更而变化。第二，经济规律的作用，必须通过人的经济行为和经济活动而得到发挥，并直接涉及人们的物质利益。因而，人们在认识和利用经济规律时，经常会受到认识能力和利益关系的限制，从而使经济规律的作用受到干扰。

5. 经济制度和经济体制既有区别也有联系，两者的基本关系如下。

1）经济制度与经济体制的区别

经济制度是指一定社会居于统治地位的生产关系的总和。它是区分不同社会形态的基本依据，反映着社会经济最本质的特征。生产资料所有制是经济制度的核心和基础，它决定着某一社会基本经济制度的性质。经济体制是生产关系的具体实现形式，即生产关系的具体组织形式和经济管理制度。它反映的是社会经济采取的资源配置方式。其主要任务是组织社会的生产、分配、交换和消费，划分经济管理中各经济利益主体的权限和责任以及相关组织机构的设置等。二者是内容与形式的关系。

二者强调的重点不同。经济制度强调经济利益关系，经济体制强调经济组织关系。

二者反映的层次不同。经济制度揭示人与人之间的深层次的所有制关系。而经济体制反映的是社会经济中较为浅层次的关系。经济体制主要有计划经济体制和市场经济体制两种。

2）经济制度与经济体制的联系

经济制度和经济体制都属于生产关系的范畴。经济制度属于本质关系层次，是一定社会形态生产关系本质属性的结合。经济体制属于经济运行关系层次，是某一社会形态生产关系的具体形式。

经济制度和经济体制都要受生产力发展状况的制约，都要适应生产力发展的要求。适应时就促进生产力的发展，不适应时就阻碍生产力的发展。

经济制度决定经济体制，经济体制是一定经济制度的具体形式。经济体制要为经济制度的巩固和发展服务。

第二章 商品与货币

第一节 重要知识点

政治经济学研究的出发点是物质资料的生产,在近现代经济中,绝大多数物质资料都是以商品的形式存在的,商品是资本主义社会和社会主义社会最大量、最简单的经济细胞,商品范畴是经济学最本质的抽象。因此,政治经济学研究生产关系应当从商品开始。首先了解商品的两个因素及其相互关系。

一、商品的两个因素及其相互关系

商品是我们日常生活中司空见惯的东西,我们每天都离不开商品。摆在商店、超市或农贸市场的各种产品都是商品,商品有哪些共同点?首先它们不是从天而降的,而是劳动产品;其次它们都不是供顾客观赏的,而是要用来交换(换钱)的。因此,商品是用来交换的劳动产品。作为商品首先必须有用,即能够满足人们的某种需要,商品能够满足人们某种需要的属性就是商品的使用价值。使用价值是商品的一个因素。

(一)商品的使用价值

商品的使用价值就是商品能够满足人们某种需要的属性。如食品可以用来充饥、为我们提供营养和能量,衣服可以用来保暖。使用价值具有几个鲜明的特点:第一,多种多样、千差万别。表现在不同的商品具有不同的使用价值,同一种商品具有多种使用价值。第二,构成社会财富的物质内容或精神内容。第三,是商品的自然属性,是永恒范畴。第四,是社会使用价值(为他人消费的使用价值)。

商品是用来交换的劳动产品,商品与商品可以进行交换,因而商品还具有交换价值。

(二)商品的交换价值

商品的交换价值是指一种商品能够同其他商品相交换的属性,首先表现为一种商品或使用价值同另一种商品或使用价值相交换的量的关系或比例,其次表现为商品与货币的交换关系。如2件衣服换50千克大米或者换300元人民币。

不同商品之间相交换的这种比例关系是由什么决定的?不是由商品的使用价值即效

用决定的，因为，量的比较必须以质的相同为前提。不同商品的使用价值是不同的，因而无法比较大小，如食品和衣服的使用价值没有大小之分。商品的交换价值也不是由商品的市场供求关系决定的，供求关系会影响商品交换价值的大小，但不能决定商品交换价值的大小。由于商品是劳动生产出来的，任何商品都是人类劳动的产品，都要消耗劳动，因此，商品的交换价值只能由生产商品所消耗的劳动来决定。凝结在商品（或劳动产品）中的无差别的一般人类劳动，就是商品的价值。

（三）商品的价值

什么是价值？价值是指凝结在商品中的无差别的一般人类劳动。价值是商品的社会属性，也是商品的本质属性。商品的交换价值由生产商品所消耗的劳动决定，也就是由商品的价值决定。由此可见，价值是交换价值的基础和内容，交换价值是价值的表现形式。由于交换价值是商品的外在属性，价值是商品的内在属性，因此，价值是商品的又一个因素。商品的两个因素是使用价值和价值。

（四）使用价值和价值的关系

商品是使用价值和价值的矛盾统一体。使用价值和价值的关系是既统一又对立的关系。二者的统一性表现在：两者相互依存、缺一不可。一方面，价值必须以使用价值为物质承担者，没有使用价值的东西就没有价值，不能成为商品；另一方面，作为商品必须具有价值，没有价值的东西也不能成为商品。例如，空气、阳光等有使用价值但没有价值，不能成为商品。

二者的对立性或矛盾性表现在：两者相互排斥、相互分离。使用价值和价值的实现是两者的分离，商品出卖者必须将商品的使用价值让渡给购买者，才能获得价值；商品的购买者必须将价值让渡给出卖者，才能获得商品的使用价值。使用价值和价值实现的条件是商品交换，在交换过程中，使用价值和价值进行着相反的运动，即背道而驰、分道扬镳。任何出卖者或购买者都不可能同时既占有商品的使用价值，又占有商品的价值。

商品为什么具有使用价值和价值两个因素？这两个因素是怎么来的？这要从生产商品的劳动去分析。因为，商品是人类的劳动创造出来的。原来，生产商品的劳动也具有二重性，商品的二因素是由生产商品的劳动二重性决定的。

二、劳动的二重性及其相互关系

众所周知，不同的商品具有不同的使用价值，要生产出不同的使用价值，需要进行不同的劳动。例如，做衣服需要裁缝的劳动，做家具需要木工的劳动。裁缝的劳动与木工的劳动有哪些方面不同？他们的劳动目的、劳动对象、劳动工具、劳动方法和劳动结果等具体形式都不相同。由于劳动的这些方面是具体的、可以看见的，因而被称为具体劳动。

（一）具体劳动

具体劳动也称有用劳动，是指以制造某种有用物为目的，在特定形式下进行的千差万别的劳动。这里所讲的"特定形式"就是指劳动目的、劳动对象、劳动工具、劳动方法和劳动结果等。

具体劳动有什么特点？主要有以下三个特点：第一，具体劳动创造商品的使用价值，是使用价值即物质财富的两个源泉之一，但不是其唯一源泉。威廉·配第说过："劳动是财富之父，土地是财富之母。"这一观点表明，具体劳动与自然物质共同构成使用价值的源泉。第二，具体劳动是劳动的自然属性，反映人和自然的关系。第三，具体劳动具有永久性，是一个永恒范畴，因为在任何社会都需要进行具体劳动。

生产商品的劳动尽管其具体形式千差万别，但是各种具体劳动生产出来的使用价值各不相同的商品都可以进行交换，这就说明，在各种具体劳动的背后，隐藏着一种共同的、同质的东西，撇开劳动的具体形式后，剩下的东西是什么？就是人类劳动的消耗，即人的体力和脑力的消耗。每个劳动者在生产商品时都必须动手动脚和动脑。动手动脚就是消耗体力，动脑就是消耗脑力。人的体力和脑力的消耗，在性质上是相同的，因而在数量上可以比较。这种抽去了劳动具体形式的没有质的差别的一般人类劳动，就是抽象劳动。

（二）抽象劳动

抽象劳动就是指抽去了劳动具体形式的没有质的差别的一般人类劳动。为什么叫作抽象劳动？"抽象"一词有两种含义：一种是当作动词使用，意思是指从众多的具体事物中抽取共同的本质属性而形成概念。另一种是当作形容词使用，意思是不具体的、笼统空洞的，和具体相对。由于人的体力和脑力的消耗是抽去了劳动的具体形式后剩下的劳动，而且既看不见又摸不着，不具体，要用大脑思考才能认识到，因此叫抽象劳动。

抽象劳动有什么特点？有以下三个特点：第一，抽象劳动创造商品的价值，是商品价值的实体。可以用水和冰来比喻抽象劳动和价值的关系，水是冰的实体，冰是水的凝结。第二，抽象劳动是劳动的社会属性，反映人和人之间的关系。第三，抽象劳动是商品生产所特有的历史范畴。

（三）具体劳动和抽象劳动的关系

生产商品的劳动既是具体劳动又是抽象劳动，具体劳动和抽象劳动作为劳动的两种属性，它们之间也是既统一又对立的关系。二者的统一性表现在：具体劳动和抽象劳动不是两次劳动或两种劳动，而是生产商品的同一劳动过程的两个方面，二者在时间上和空间上都是不可分割的，是同时进行的。二者的对立性表现在：第一，具体劳动是指劳动的具体形式，抽象劳动则是抽象掉了劳动的具体形式之后的人的体力和脑力的消耗；具体劳动是创造使用价值的劳动，抽象劳动是创造价值的劳动，是价值的唯一源泉；具体劳动反映人和自然的关系，抽象劳动反映人和人的关系。第二，具体劳动是实现抽象劳动的必要前提。第三，商品交换成功必然使二者分离。第四，二者在转化的数量上可能不一致。

（四）劳动二重性学说的意义

劳动二重性学说是马克思首先提出来的，具有非常重要的理论和实际意义。一是劳动二重性学说为劳动价值论奠定了坚实的基础；二是劳动二重性学说为剩余价值论奠定了理论基础；三是劳动二重性学说为政治经济学一系列理论，如资本有机构成理论、资本积累理论和资本主义再生产理论等提供了理论基础。因此，劳动二重性学说是理解政治经济学的枢纽，即从劳动二重性学说出发，可以理解马克思主义政治经济学的其他各种理论。

任何商品都有价值，商品的价值不仅有其质的规定性，即价值是抽象劳动的凝结，体现着商品生产者之间的社会经济关系；还有量的规定性，即价值的大小和多少的问题。商品价值的大小怎么衡量？由什么决定？接下来我们将研究商品价值量的决定及其与劳动生产率的关系。

三、商品价值量的决定及其与劳动生产率的关系

商品的价值量就是商品价值的大小、多少。价值是凝结在商品中的一般人类劳动，因而价值量只能由生产商品所消耗的劳动量来决定。劳动量要用什么单位来衡量？只能由其天然尺度——劳动时间来衡量。不同的生产者由于劳动条件（如生产工具、劳动熟练程度等）不同，生产同样的商品实际所花费的劳动时间也不同，这种劳动时间属于个别劳动时间。商品的价值量不能由生产商品所花费的个别劳动时间决定，只能由生产该商品所花费的社会必要劳动时间来决定。

（一）价值量只能由生产商品所花费的社会必要劳动时间决定

生产商品需要花费多少社会必要劳动时间，是由三个条件共同决定的：第一个是生产条件。这种生产条件不是过去的生产条件，也不是将来的生产条件，而是现有的社会正常的生产条件。现有的社会正常的生产条件是指当时某一生产部门大多数产品的生产条件，包括劳动资料、劳动对象及自然条件等，其中主要是劳动工具条件。第二个是劳动熟练程度。其既不能以最熟练的为标准，也不能以最不熟练的为标准，而要以社会平均的劳动熟练程度为标准。第三个是劳动强度（劳动的紧张程度），也要以社会平均的劳动强度为标准。因此，社会必要劳动时间是指在现有的社会正常的生产条件下，在社会平均的劳动熟练程度和劳动强度下制造某种使用价值所需要的劳动时间。

商品的价值量由生产商品所花费的社会必要劳动时间决定，然而，不同的生产劳动，其复杂程度大不相同，因而不能直接比较。例如，制造手机、电脑的劳动比搬运的劳动复杂得多，同样是劳动1小时，并不能简单相等。因此，考察商品价值量的决定时，还要区分简单劳动和复杂劳动。

（二）简单劳动和复杂劳动

简单劳动是指因工艺、技术要求简单，不需要经过专门培养和训练，任何普通劳动者都能从事的劳动。如砍柴的劳动、挑水的劳动、扫地的劳动、搬运的劳动等。复杂劳动是指因工艺、技术要求比较复杂，需要经过专门培养和训练，具有一定的技能和知识的劳动者才能从事的劳动。如设计制造手机、电脑的劳动，医生的劳动，教师的劳动，科研人员的劳动等。复杂劳动和简单劳动在同一时间内所创造的价值是不相同的，在相同的时间内，复杂劳动能够创造比简单劳动更多的价值，复杂劳动是多倍的简单劳动，如1小时的复杂劳动相当于若干小时的简单劳动。这是因为，复杂劳动力比普通劳动力需要较高的教育费用。复杂劳动力的生产要花费较多的时间，因此它具有较高的价值。各种复杂程度不同的劳动必须化作同一的简单劳动，作为共同的计量单位，来确定商品的价值量。因此，形成商品价值实体的，是无差别的一般简单劳动。决定商品价值量的，是社会必要的简单劳动时间，决定商品价值量的社会必要劳动时间以简单劳动为尺度。从质与量的统一来理解，价值就是凝结在商品中的社会必要的简单的抽象劳动。

在商品经济和市场经济中，各种复杂劳动还原为简单劳动的比例并不是由商品生产者自觉地计算出来的，而是在千万次的交换过程中自发形成的。简单劳动与复杂劳动的区分是相对的。

生产商品所需要的社会必要劳动时间是否永远不变？当然不是。社会的劳动生产率是不断变化的，社会必要劳动时间又随社会劳动生产率的变化而变化。因此，还要考察商品的价值量与劳动生产率的关系。

（三）价值量与劳动生产率的关系

劳动生产率（劳动生产力），是指劳动者在一定时间内生产某种产品或使用价值的效率或能力。一般可以用两种方法来表示：一种是单位时间内生产的产品数量多少。单位时间内生产的产品数量越多，意味着劳动生产率越高。另一种是生产单个产品所需要的劳动时间的多少。生产单个产品所需要的劳动时间越少，意味着劳动生产率越高。劳动生产率的高低取决于多种因素，其中主要的因素是科学技术的发展和应用程度、技术装备的规模和效能、原材料质量的好坏、劳动者的科技文化水平和劳动熟练程度、生产过程的社会组织以及自然条件等。劳动生产率是综合反映企业或部门在一定时期内生产活动的效率和劳动投入的效益的重要指标，是企业或部门生产技术水平、经营管理水平、劳动者熟练程度和劳动积极性的综合反映。

社会的劳动生产率是不断变化的，社会劳动生产率的变化必然会引起商品价值量的变化。因为，社会劳动生产率越高，同一劳动在单位时间内生产的商品数量就越多，生产单位商品所需要的社会必要劳动时间就越少，单位商品的价值量也就越小；反之，则相反。因此，单位商品的价值量与体现在该商品中的社会必要劳动量成正比，与生产该商品的社会劳动生产率成反比。应该知道，个别企业的劳动生产率与商品的个别价值量也成反比；还应该知道，社会劳动生产率无论是提高还是降低，同一劳动时间内创造的社会价值总量不会变化；但是，随着科技的进步，劳动的复杂程度不断提高，因而社会的总价值量会不断增加。

四、商品经济及其基本矛盾

人类社会的经济形式有自然经济、商品经济和产品经济三种，到目前为止，还只经历了自然经济和商品经济。

（一）自然经济和商品经济的含义及特征

1. 自然经济的含义及其特征

自然经济是一种自给自足的经济，生产的目的是直接满足生产者和经济主体自身的需要，是与低下的生产力水平相适应的经济形式。自然经济在原始社会、奴隶社会和封建社会占统治地位，其特征主要有生产规模小、劳动生产率低下、社会生产力发展缓慢等方面。到封建社会末期，随着社会生产力和商品货币关系的迅速发展，自然经济逐渐瓦解，商品经济取得统治和支配地位。

2. 商品经济产生和存在的条件及其基本特征

商品经济是在自然经济基础上产生的、直接以市场交换为目的的经济形式，包括商品生产和商品交换。商品经济产生和存在的两个重要条件是社会分工和生产资料与劳动产品属于不同的所有者。社会分工，即各种社会劳动划分和独立化为不同的部门或行业，各个生产者依照社会需要生产不同的产品，社会分工是商品经济产生和存在的前提条件；生产资料与劳动产品属于不同的所有者，是商品经济产生和存在的决定性条件。

商品经济的基本特征主要有以下四个方面。

（1）自主性。商品生产者具有自己独立的经济利益，自主地进行生产经营活动。

（2）平等性。商品生产者之间的交换是等价交换。

（3）竞争性。不同商品生产者为了自身的经济利益进行竞争，由此推动生产者提高效率并关心社会需要。

（4）开放性。商品经济以社会分工为基础，强调生产过程中的分工与协作，商品生产者之间的经济联系随着社会分工的发展而日益紧密。

（二）商品经济的基本矛盾

在商品经济中存在多种矛盾。例如，使用价值和价值的矛盾，具体劳动和抽象劳动的矛盾，个别劳动时间与社会必要劳动时间或个别价值与社会价值的矛盾，私人劳动和社会劳动的矛盾，等等。在这些矛盾中，私人劳动和社会劳动的矛盾是商品经济的基本矛盾，其他矛盾都是由这一矛盾决定的。

1. 私人劳动和社会劳动的含义

在以私有制为基础的商品经济中，生产商品的劳动具有私人劳动和社会劳动的性质。所谓私人劳动，是指生产商品的劳动具有私人性质，是商品生产者按照自己的计划和私人利益进行的劳动。在私有制条件下，商品生产者的劳动完全是他自己的私事，生产什么商品，生产多少商品，如何生产商品，是商品生产者根据自己的生产条件和对市场状况的预测来决定的，别人无权干涉也不会干涉；劳动的成果也是归他自己所有和支配。所谓社会劳动，是指生产商品的劳动具有社会性质，是社会总劳动的有机构成部分。在社会分工体系下，每个生产者生产的商品都是为了满足他人的需要、他自己所需要的商品，又总是依赖别人供给，商品生产者之间相互联系、相互依存，他们每个人的劳动都是社会总劳动的一部分，因而具有社会性质，是社会劳动。私有制和社会分工决定了商品生产者的劳动具有私人性和社会性，从而形成私人劳动和社会劳动的矛盾。

2. 私人劳动和社会劳动矛盾的表现

私人劳动和社会劳动的矛盾，是指在商品经济中，商品生产者的劳动首先表现为私人劳动，社会劳动的性质不能在生产过程中直接得到表现和承认，私人劳动要转化为社会劳动，必须以商品的出售为前提，但商品的顺利出售又比较困难。这样，商品生产者的私人劳动能否转化为社会劳动以及能在多大程度上转化为社会劳动都充满矛盾。这一矛盾主要表现在两个方面：一是商品生产者生产的商品如果不符合社会的需要，如花色、品种、规格、质量上不符合社会的需求，商品卖不出去，那么，私人劳动就不能转化为社会劳动。二是商品生产者生产出来的商品，即使都是社会需要的，商品生产者生产商品的私人劳动也有可能不能全部转化为社会劳动。如果生产商品耗费的个别劳动时间多于社会必要劳动时间，商品生产者生产的商品即使全部卖出去了，私人劳动也不能在数量上全部转化为社会劳动。

3. 私人劳动和社会劳动的矛盾为什么是商品经济的基本矛盾

私人劳动和社会劳动的矛盾是商品经济的基本矛盾，这主要表现在以下方面。

（1）这一矛盾是商品内在其他矛盾的根源。商品经济的其他矛盾都是由这一矛盾引起和决定的。生产商品劳动的二重性即具体劳动和抽象劳动的矛盾是私人劳动与社会劳动矛盾的表现形式。而商品二因素即使用价值和价值的矛盾，又是由生产商品劳动的二重性决定的。因此，生产商品劳动的二重性和商品二因素的矛盾，都是私人劳动和社会劳动的矛盾在不同层次上的表现。私人劳动和社会劳动的矛盾解决了，生产商品劳动的二重性和商品二因素的矛盾也就迎刃而解了。

（2）这一矛盾决定着商品生产者的命运。私人劳动和社会劳动的矛盾要通过商品交换来解决，商品能否卖得出去、卖出去多少，决定着商品生产者的成败兴衰。如果商品交换成功，商品全部卖出去了，商品生产者的私人劳动就转化为社会劳动，商品生产者的劳动就得到了社会的承认,从而生产商品所耗费的抽象劳动就能得到补偿,商品生产者就会赚钱。反之,商品生产者就可能亏本甚至破产。

(3)这一矛盾决定商品经济产生和发展的全过程。由于私有制的产生和社会分工的发展,产生了简单商品经济。随着社会分工和私有制的发展,生产商品的私人劳动和社会劳动的矛盾也随之发展,推动了简单商品经济规模的扩大,从而使得简单商品经济发展为资本主义商品经济。私人劳动和社会劳动的矛盾,存在于商品经济的始终,是推动商品经济由低级阶段向高级阶段发展的动力。它推动着简单商品经济向社会化商品经济过渡,推动着社会化商品经济在充分发展中为自身的最终消亡创造条件。

在以公有制为基础的社会主义商品经济中,私人劳动和社会劳动的矛盾性质发生了变化,但仍然存在个别劳动和社会劳动的矛盾,个别劳动转化为社会劳动同样要通过商品交换来实现。处理好个别劳动和社会劳动的矛盾,也是发展社会主义商品经济的一个极为重要的问题。

商品是用来交换的劳动产品,人类最初的商品交换是怎么进行的?是直接的物物交换。现在的商品交换是怎么进行的?是以货币为媒介的商品交换,商品与商品之间多了一个第三者——货币。因此,接下来我们要研究货币的起源、本质和职能。

五、货币的起源、本质和职能

(一) 货币的起源和本质

1. 货币的起源

货币是怎么产生的?货币是为商品交换服务的,是在长期的商品交换过程中产生的,货币的产生和发展经过了四个不同的阶段。即简单的价值形式、扩大的价值形式、一般的价值形式和货币形式。

第一个阶段:简单的价值形式。简单的价值形式是指一种商品的价值偶然地表现在与它相交换的另一种商品上的价值形式。如 1 只绵羊与 2 把斧子相交换,用等式表示就是 1 只绵羊=2 把斧子。

第二个阶段:扩大的价值形式。扩大的价值形式是指某一种商品的价值表现在其他一系列商品上的价值形式。与简单的价值形式相比较,扩大的价值形式价值表现的范围扩大,从而促进了生产力的发展。但是,在这个阶段,商品交换也经常发生困难,因此还必须向前发展。

第三个阶段:一般的价值形式。一般的价值形式是指一切商品的价值都表现在从商品世界中分离出来的、同一种商品上的价值形式。这种从商品世界中分离出来充当其他商品统一的价值表现的商品,叫作一般等价物。从扩大的价值形式过渡到一般的价值形式是一次质变。一切商品的价值都通过一种分离出来的商品来表现,因此,它们的价值作为无差别的一般人类劳动凝结的这种性质便充分地表现出来。但是,在这个阶段,充当一般等价物的商品还没有固定,在时间上和不同地区之间还没有统一,因而不利于不同地区之间的商品交换。商品交换的发展要求一般等价物在时间上具有稳定性，在地区之间具有统一性。当一般等价物完全固定地由某种商品来承担时，一般的价值形式或一般等价物便过渡到了货币形式。

第四个阶段：货币形式。货币形式是指某种商品从商品世界中分离出来并固定地充当一般等价物的价值形式。

2. 货币的本质

通过上述分析可以发现，货币是从商品世界中分离出来的、固定地充当一般等价物的特殊商品。货币的本质就是一般等价物。货币商品的特殊性表现在两个方面：第一，虽然一切商品都有价值，但只有货币商品是价值的一般直接代表，一切商品的价值都必须通过货币来表现。第二，虽然一切商品都具有使用价值，但货币商品的使用价值具有二重性，它既具有同普通商品一样的满足消费者需要的特殊使用价值，又具有普通商品所没有的充当货币材料的一般的使用价值。

货币出现以后，促进了商品交换的发展，在社会经济发展中发挥了重要作用，这就是货币的职能。货币的本质也体现在它的职能上，在发达的商品经济或市场经济中，货币作为一般等价物具有以下五种职能：价值尺度、流通手段、贮藏手段、支付手段和世界货币。

（二）货币的职能

1. 价值尺度

货币的第一个职能是价值尺度。价值尺度是指货币充当衡量商品所包含的价值量大小的社会尺度。如一辆小车的价值是 1 千克黄金。衡量商品价值大小的尺度有两把：内在尺度和外在尺度。内在尺度是生产商品所花费的社会必要劳动时间，外在尺度就是货币。外在尺度是商品内在价值的外在表现形式。商品的价值用货币来表现，就是商品的价格，也就是说，价格是商品价值的货币表现。商品的价格与其价值既可能在量上发生背离，也可能在质上发生背离。价格与价值在量上的背离表现在：商品的价格受商品供求关系等因素的影响有时高于商品的价值，有时又低于商品的价值。价格与价值在质上的背离表现在：有些没有价值的东西也有价格，可以当作商品买卖，如数字被认为比较好的车牌号码和电话号码、股票、权力等。

2. 流通手段

货币的第二个职能是流通手段。流通手段是指货币充当商品交换的媒介。货币作为流通手段，必须是现实的和真实的货币，不能是观念上的货币，更不能是假币。作为流通手段的货币，它的形态也是由低级向高级不断演变发展的，大体上经历了四个不同的阶段：第一，实物货币或商品货币阶段。如布币、贝壳币等。第二，贵金属货币阶段。

如金银货币。金银具有许多优越的自然属性，如体积小、价值大、便于携带、质地坚固、不易损坏和变质、易于保存，质地均匀、便于分割或熔合，因此，最适宜充当货币材料，最终登上了货币的"宝座"，取得了"至高无上"的地位。所以，马克思总结说，"金银天然不是货币，但货币天然是金银"。第三，代用货币阶段。如铸币和纸币。第四，信用货币阶段。如信用卡等。

商品流通中的货币数量不是越多越好，也不是越少越好。一定时期内商品流通中需要多少货币，是由货币流通规律决定的。货币流通规律，就是一定时期内决定商品流通中所需货币数量的规律。一定时期内商品流通中到底需要多少货币，取决于以下三个因素：一是参加流通的商品数量，二是商品的价格水平，三是货币的流通速度。一定时期内流通中所需要的货币数量与商品的价格总额成正比，与同一单位货币的流通速度成反比。可用公式表示为：一定时期内流通中所需要的货币数量=商品的价格总额（参加流通的商品数量×商品的平均价格）/同一单位货币的流通速度（次数）。

纸币的发行量如果超过了流通中所需要的金属货币量，单位纸币所代表的金属含量就相应减少，纸币就会贬值，物价就会上涨，这种现象就是通货膨胀。简单地理解，通货就是钱，膨胀就是多，通货膨胀就是钱太多了，钱的购买力下降了。我国的通货膨胀一般用消费价格指数（consumer price index, CPI）和生产价格指数（producer price index, PPI）两个指标来衡量。温和的通货膨胀对经济发展是利大于弊，如能促使生产扩大、就业增加、收入提高等；但严重的通货膨胀对经济发展是弊大于利，如会导致居民的实际生活水平大幅下降、经济崩溃等。纸币的发行量如果少于商品流通中所需要的金属货币量，单位纸币所代表的金属含量就相应增加，纸币就会升值、物价就会下跌，这种现象就是通货紧缩，与通货膨胀相反。

3. 贮藏手段

货币的第三个职能是贮藏手段。贮藏手段是指货币退出流通领域，当作独立的价值形式和社会财富的一般代表而保存起来的职能。充当贮藏手段的货币，必须是足值的金属货币，纸币一般不能作为贮藏手段。

4. 支付手段

货币的第四个职能是支付手段。支付手段是指货币用来清偿债务或支付赋税、租金、利息、工资等职能。

5. 世界货币

货币的第五个职能是世界货币。世界货币是指货币在世界市场上充当一般等价物的职能。世界货币的职能是在货币的前几个职能的基础上发展起来的，一般来说，作为世界货币的货币，只能是足值的黄金。世界货币的职能主要有以下几个方面：一是作为一般支付手段，用来支付国际收支逆差；二是作为一般的购买手段，用来购买外国商品；

三是作为社会财富的代表由一个国家转移到另一个国家。

货币的五种职能中，价值尺度和流通手段是两个最基本的职能，其他三个是派生职能。

凡是有商品生产和商品交换的地方，价值规律就客观存在并发生作用。

六、价值规律的基本内容及其作用

什么是价值规律？它包括哪些内容？

（一）价值规律的基本内容

价值规律包括价值决定的规律和价值实现的规律两个方面，价值规律是价值如何决定和价值如何实现的规律。价值规律的基本内容和要求是：商品的价值量由生产商品所需要的社会必要劳动时间决定，商品交换按照由社会必要劳动时间决定的价值量进行等价交换。价值规律体现着商品经济内在的、本质的和必然的联系，是贯穿于商品生产和商品交换中的一种不以人们意志为转移的客观必然趋势，是商品经济的基本规律。

关于商品价值量如何决定的问题。商品的价值量是由生产商品的社会必要劳动时间决定的，它反映的是商品价值在生产中形成的客观必然性。

关于商品价值量如何实现的问题。商品交换要以价值量为基础实行等价交换。这个要求反映的是商品价值在交换中如何实现的客观必然性。

在商品经济中，价值规律是如何起作用的？它的作用形式是什么？

（二）价值规律发挥作用的形式

了解价值规律的作用形式，要从价值规律的内容和要求去分析。价值规律的内容和要求之一是，商品交换要按照由社会必要劳动时间决定的价值量进行等价交换。在货币出现以后，商品的价值表现为价格，商品的等价交换，就要求价格符合价值。因此，在商品进行交换时，商品的交换价格必须与其价值保持一致。但是，在实际的商品交换中，价格与价值经常不一致，有时商品的价格高于商品的价值，有时商品的价格又低于商品的价值，也就是说，商品的价格经常围绕商品的价值上下波动。当价格高于价值时，生产者的利润就会增加，生产者就会扩大生产规模；反之，当价格低于价值时，生产者的利润就会减少甚至亏损，生产者就会缩小生产规模。生产者就是根据价格的波动来调节生产经营规模的。价格与价值不一致，即价格围绕价值上下波动，是否违背了价值规律的要求？其实，这并没有违背价值规律的要求，正是价值规律发挥作用的形式。这是因为以下几个方面。

（1）商品价格的涨跌总是以价值为基础的，价格不会偏离价值太大。例如，一架大型客机的价格总是高于一辆小汽车的价格，一辆小汽车的价格总是高于一辆自行车的价格，这是因为大型客机的价值总是高于小汽车的价值，小汽车的价值总是高于自行车的价值。

（2）从每一次孤立的交换过程来看，虽然有些商品的价格高于它的价值，有些商品的价格又低于它的价值，但从全社会和一个较长的时期来看，价格高于或低于价值的部分会互相抵消，商品的平均价格与价值是一致的。

（3）价格的变动也会影响供求关系变动，在价格的不断变动中，供求关系也会趋于平衡，从而使价格接近价值。

由此可见，价格背离价值，价格受供求关系的影响自发地围绕价值上下波动，并不是对价值规律的否定，而正是价值规律发挥作用的形式。

在商品经济中，价值规律能够发挥哪些作用？

（三）价值规律的作用

价值规律作为商品经济的基本规律，决定着商品经济活动的一切方面，贯穿于商品经济的整个发展过程，能够发挥以下具体作用。

（1）自发地调节生产资料和劳动力在社会各生产部门之间的分配。这种调节作用是通过价格围绕价值上下波动和市场竞争实现的。随着商品供求关系的变化，商品的价格围绕价值上下波动，商品生产者通过市场上商品价格的波动状况知道社会需要什么商品、需要多少商品。当某种商品供不应求、价格上涨时，生产该商品就有利可图，生产者在经济利益的驱动下，就会扩大该种商品的生产规模，一部分社会资源就流入该种商品的生产部门。反之，当某种商品供过于求、价格下跌时，生产者就会缩小该种商品的生产规模，一部分资源就流出该种商品的生产部门。

（2）促使商品生产者改进技术、改善管理、提高劳动生产率，从而推动社会生产力的发展。这个作用是通过个别劳动时间与社会必要劳动时间的矛盾运动实现的。价值规律要求商品的价值量由社会必要劳动时间决定，并要求按照这样的价值量进行等价交换。不同的商品生产者生产同种商品所花费的个别劳动时间是有差别的，生产商品所花费的个别劳动时间形成商品的个别价值。由社会必要劳动时间决定的价值叫作社会价值，即通常所说的价值。如果某些商品生产者生产的商品的个别价值低于社会价值，他们就可以获得较多的收益；反之，如果商品的个别价值高于社会价值，商品生产者就会有一部分劳动消耗得不到补偿，就会亏本。这种一得一失之别，是由个别劳动时间与社会必要劳动时间的差异造成的，商品生产者为了获得更多的收益，就要降低商品的个别劳动时间或个别价值，因而需要减少生产资料的消耗，或者改进技术、改善管理、提高劳动生产率。各个商品生产者都努力改进技术，就推动了社会生产力的不断发展。

（3）促使商品生产者优胜劣汰，导致商品生产者两极分化，从而调节利益分配。这个作用也是通过个别劳动时间与社会必要劳动时间的矛盾运动实现的。

第二节　巩固练习题

一、名词解释

1. 商品　2. 使用价值　3. 交换价值　4. 价值　5. 具体劳动　6. 抽象劳动　7. 价值量　8. 个别劳动时间　9. 社会必要劳动时间　10. 简单劳动　11. 复杂劳动　12. 劳动生产率　13. 商品经济　14. 市场经济　15. 社会劳动　16. 价值形式　17. 货币　18. 价值尺度　19. 价格　20. 价格标准　21. 流通手段　22. 货币流通规律　23. 通货膨胀　24. 通货紧缩　25. 价值规律

二、单项选择题

1. 构成一切社会财富物质内容的是（　　）。
   A. 商品的使用价值　　　　　B. 商品的价值
   C. 商品的交换价值　　　　　D. 商品的社会属性
2. 商品的价值是（　　）。
   A. 能够满足人们某种需要的属性
   B. 两种不同商品相交换的量的比例
   C. 凝结在商品中的无差别的一般人类劳动
   D. 各种商品相互交换的数量关系
3. 物品能够满足人们某种需要的属性是（　　）。
   A. 价值　　　　　　　　　　B. 使用价值
   C. 交换价值　　　　　　　　D. 价值量
4. 具体劳动和抽象劳动是（　　）。
   A. 两种独立存在的劳动　　　B. 同一劳动过程的两个方面
   C. 两次劳动　　　　　　　　D. 在时间上和空间上都可以分开的劳动
5. 生产不同使用价值的不同性质和不同形式的劳动是（　　）。
   A. 具体劳动　　　　　　　　B. 抽象劳动
   C. 体力劳动　　　　　　　　D. 脑力劳动
6. 商品经济的基本矛盾是（　　）。
   A. 使用价值和价值的矛盾　　B. 具体劳动和抽象劳动的矛盾
   C. 简单劳动和复杂劳动的矛盾　D. 私人劳动和社会劳动的矛盾
7. 形成商品价值量的劳动的衡量尺度是（　　）。
   A. 物化劳动　　　　　　　　B. 活劳动
   C. 简单劳动　　　　　　　　D. 复杂劳动

8. 生产商品的劳动二重性是（　　）。
   A. 体力劳动和脑力劳动　　　B. 私人劳动和社会劳动
   C. 具体劳动和抽象劳动　　　D. 简单劳动和复杂劳动
9. 商品价值的实体是（　　）。
   A. 具体劳动　　　　　　　　B. 抽象劳动
   C. 私人劳动　　　　　　　　D. 社会劳动
10. 商品价值的唯一源泉是（　　）。
    A. 物化劳动　　　　　　　　B. 私人劳动
    C. 个别劳动　　　　　　　　D. 抽象劳动
11. 单位商品的价值量，同生产该商品的社会劳动生产率（　　）。
    A. 成正比　　　　　　　　　B. 不成比例
    C. 成反比　　　　　　　　　D. 关系不能确定
12. 商品经济产生和存在的决定性条件是（　　）。
    A. 生产资料私有制
    B. 生产力的发展
    C. 社会分工
    D. 生产资料和劳动产品属于不同的所有者
13. 价值是交换价值的（　　）。
    A. 表现形式　　　　　　　　B. 基础或内容
    C. 结果　　　　　　　　　　D. 前提
14. 商品生产过程中创造商品价值的劳动是（　　）。
    A. 私人劳动　　　　　　　　B. 具体劳动
    C. 抽象劳动　　　　　　　　D. 物化劳动
15. 形成商品价值的劳动包括商品生产过程中的（　　）。
    A. 活劳动和个别劳动　　　　B. 物化劳动和具体劳动
    C. 活劳动和物化劳动　　　　D. 抽象劳动和具体劳动
16. 商品的本质属性或本质因素是（　　）。
    A. 使用价值　　　　　　　　B. 交换价值
    C. 价格　　　　　　　　　　D. 价值
17. 商品的两个因素是（　　）。
    A. 使用价值和交换价值　　　B. 使用价值和价值
    C. 价值和交换价值　　　　　D. 使用价值和价格
18. 商品交换价值的基础是（　　）。
    A. 使用价值　　　　　　　　B. 价值
    C. 货币　　　　　　　　　　D. 商品的效用
19. 凝结在商品中无差别的一般人类劳动是（　　）。
    A. 体力劳动　　　　　　　　B. 脑力劳动

C. 具体劳动 D. 抽象劳动
20. 解决商品内在的使用价值和价值的矛盾，只有通过（　　）。
　　A. 商品生产　　　　　　　　B. 商品交换
　　C. 商品分配　　　　　　　　D. 商品消费
21. 商品经济产生和存在的一般条件是（　　）。
　　A. 自然分工　　　　　　　　B. 社会分工
　　C. 脑力体力分工　　　　　　D. 企业内部分工
22. 商品的价值量（　　）。
　　A. 由生产商品的个别劳动时间决定
　　B. 由生产商品的社会必要劳动时间决定
　　C. 与生产商品的劳动生产率成正比
　　D. 与包含在商品中的社会劳动量成反比
23. 作为商品交换价值的物质承担者的是（　　）。
　　A. 商品的价值　　　　　　　B. 商品的使用价值
　　C. 具体劳动　　　　　　　　D. 抽象劳动
24. 理解马克思主义政治经济学的枢纽是（　　）。
　　A. 商品二因素理论　　　　　B. 劳动二重性学说
　　C. 剩余价值理论　　　　　　D. 资本积累理论
25. 决定商品交换价值的是（　　）。
　　A. 商品的使用价值　　　　　B. 商品的供求关系
　　C. 商品的价值　　　　　　　D. 商品的效用
26. 同一劳动在同一时间内，当部门劳动生产率提高时会使（　　）。
　　A. 商品的使用价值量减少　　B. 商品的使用价值量增加
　　C. 单位商品的价值量不变　　D. 单位商品的价值量提高
27. 一种商品的价值表现在其他一系列商品上的价值形式是（　　）。
　　A. 简单的价值形式　　　　　B. 扩大的价值形式
　　C. 一般的价值形式　　　　　D. 货币形式
28. 商品价值的货币表现是指（　　）。
　　A. 商品的价值尺度　　　　　B. 商品的价格标准
　　C. 商品的价格　　　　　　　D. 商品的形式
29. 货币的本质是（　　）。
　　A. 能够充当商品的价值尺度
　　B. 能够充当商品交换的媒介
　　C. 能够执行支付手段用于清偿债务
　　D. 固定地充当一般等价物的特殊商品
30. 货币不同于一般商品的特点是（　　）。
　　A. 货币仅仅具有价值而没有使用价值

B. 货币不仅具有价值而且有使用价值
C. 货币价值是由社会必要劳动时间决定的
D. 货币能够代表任何一种商品的价值

31. 货币在执行支付手段时（　　）。
    A. 可以用观念上的货币　　　　B. 需要现实的货币
    C. 需要足值的金属货币　　　　D. 不能用纸币

32. 纸币的发行量超过了商品流通所需要的金属货币量会引起（　　）。
    A. 货币贬值和物价上涨　　　　B. 货币升值和物价上涨
    C. 货币贬值和物价下跌　　　　D. 货币升值和物价下跌

33. 在市场上，一台电脑的标价是 3800 元，此时执行价值尺度职能的货币是（　　）。
    A. 实在的货币　　　　　　　　B. 信用货币
    C. 观念的货币　　　　　　　　D. 现金

34. 一本书售价 28 元 5 角，这里的"元、角"是（　　）。
    A. 价格标准　　　　　　　　　B. 价值尺度
    C. 观念货币　　　　　　　　　D. 货币价值

35. 商品价格波动的基础是商品的（　　）。
    A. 供给量　　　　　　　　　　B. 需求量
    C. 供求比例　　　　　　　　　D. 价值

36. 价值规律的作用表现形式是商品的（　　）。
    A. 价格和价值在量上完全一致
    B. 价格和价值在质上完全一致
    C. 价格总是围绕价值上下波动
    D. 价值总是围绕价格上下波动

37. 观念上的货币能够执行（　　）。
    A. 价值尺度的职能　　　　　　B. 流通手段的职能
    C. 贮藏手段的职能　　　　　　D. 支付手段的职能

38. "物以稀为贵"能够说明商品的供求关系（　　）。
    A. 决定商品价格的高低　　　　B. 影响商品价格的涨跌
    C. 决定商品价值的高低　　　　D. 影响商品价值的涨跌

39. 实际经济生活中的"三角债""多角债"主要与货币的（　　）职能有密切关系。
    A. 价值尺度　　　　　　　　　B. 流通手段
    C. 支付手段　　　　　　　　　D. 贮藏手段

40. 对商品流通中所需要的货币量不起决定作用的因素是（　　）。
    A. 社会生产的产品总量　　　　B. 参加流通的商品数量
    C. 商品的价格水平　　　　　　D. 货币流通速度

41. 生产商品的具体劳动的作用是创造（　　）。
    A. 新价值　　　　　　　　　　B. 剩余价值

C. 必要价值 D. 使用价值

42. 商品经济的基本规律是（　　）。
    A. 货币流通规律 B. 剩余价值规律
    C. 价值规律 D. 竞争规律

43. 商品内在的使用价值和价值的矛盾，其完备的外在表现是（　　）之间的对立。
    A. 商品与商品 B. 私人劳动与社会劳动
    C. 商品与货币 D. 资本与雇佣劳动

44. 对"劳动是财富之父，土地是财富之母"这一观点的正确解释是（　　）。
    A. 劳动和土地都是价值的源泉
    B. 劳动创造使用价值，土地创造价值
    C. 劳动是创造价值的外部条件，土地是价值的真正源泉
    D. 劳动必须和自然物相结合才能创造出物质财富

45. 价值规律是商品经济的基本规律，它的作用是通过（　　）实现的。
    A. 生产者之间的竞争
    B. 消费者之间的竞争
    C. 生产者与消费者之间的竞争
    D. 价格机制、供求机制和竞争机制

46. 正确认识价值创造和财富生产的关系，关键是运用（　　）。
    A. 劳动二重性学说 B. 资本有机构成学说
    C. 剩余价值学说 D. 平均利润学说

47. 货币之所以能执行价值尺度的职能，是因为它（　　）。
    A. 能衡量其他商品价值的大小
    B. 是社会劳动的产物，本身具有价值
    C. 具有计量单位
    D. 可以是观念上的货币

48. 从货币的起源来看，货币是（　　）。
    A. 国家发明创造的 B. 人们为满足支付的需求产生的
    C. 由金银的天然属性决定的 D. 商品内在矛盾发展的必然结果

49. 马克思说："金银天然不是货币，但货币天然是金银"，这一观点说明了（　　）。
    A. 金银的本质就是交换价值 B. 金银的本质就是货币
    C. 金银最适宜充当货币 D. 金银是一种货币符号

50. 《资本论》（德文版）第一卷于1867年9月在汉堡出版，其影响力历经150年风雨而不衰，至今对我们分析、理解现实经济问题依然具有很强的指导意义。马克思主义政治经济学的理论十分丰富，其中"理解政治经济学的枢纽"的理论是（　　）。
    A. 剩余价值 B. 价值规律
    C. 劳动二重性 D. 商品二因素

51. 流通中的货币需要量是考察经济生活运行的重要指标，假设某国去年的商品价格总额为 24 万亿元，流通需要量为 3 亿元，若今年该国商品价格总额增长 10%，其他条件不变，今年流通中需要的货币量为（　　）。

  A. 4.2 亿元　　　　　　　　　B. 3.5 亿元

  C. 3.3 亿元　　　　　　　　　D. 2.4 亿元

52. 马克思把商品转换成货币称为"商品的惊险的跳跃"，"这个跳跃如果不成功，摔坏的不是商品，但一定是商品占有者"。这是因为只有商品变为货币（　　）。

  A. 货币才能转化为资本　　　　B. 价值才能转化为使用价值

  C. 抽象劳动才能转化为具体劳动　　D. 私人劳动才能转化为社会劳动

53. 《资本论》中有这样的表述："对上衣来说，无论是裁缝自己穿还是他的顾客穿，都是一样的"，这主要是因为无论谁穿（　　）。

  A. 上衣都是抽象劳动的结果　　B. 上衣都起着价值的作用

  C. 上衣都起着使用价值的作用　　D. 上衣都是社会劳动的结果

三、多项选择题

1. 商品是（　　）。
   A. 用来交换的劳动产品　　　　B. 人类劳动的产品
   C. 满足劳动者自身需要的产品　　D. 使用价值和价值的统一
   E. 商品生产者之间经济关系的体现

2. 商品经济产生和存在的条件有（　　）。
   A. 自然分工的存在　　　　　　B. 社会分工的存在
   C. 劳动过程内部分工的存在　　D. 生产资料属于不同的所有者
   E. 劳动产品属于不同的所有者

3. 商品经济成为占统治地位的经济形式的社会有（　　）。
   A. 原始社会　　　　　　　　　B. 奴隶社会
   C. 封建社会　　　　　　　　　D. 资本主义社会
   E. 社会主义社会

4. 价值是（　　）。
   A. 商品中无差别的一般人类劳动的凝结
   B. 商品的社会属性
   C. 交换价值的基础或内容
   D. 商品的最本质的因素
   E. 一般人类劳动本身

5. 使用价值与价值的关系是（　　）。
   A. 使用价值是价值的物质承担者
   B. 价值的存在要以使用价值的存在为基础

C. 价值的存在不以使用价值的存在为基础

D. 使用价值的存在要以价值的存在为基础

E. 使用价值的存在不以价值的存在为基础

6. 在简单商品经济中，由其基本矛盾决定的其他矛盾有（　　）。

　　A. 使用价值与价值的矛盾

　　B. 具体劳动与抽象劳动的矛盾

　　C. 个别价值与社会价值的矛盾

　　D. 必要劳动与剩余劳动的矛盾

　　E. 个别劳动时间与社会必要劳动时间的矛盾

7. 决定劳动生产力或劳动生产率高低的主要因素有（　　）。

　　A. 劳动者技能的熟练程度　　B. 经营管理水平

　　C. 生产的自然条件　　　　　D. 生产资料的规模和效能

　　E. 科技水平和它在工艺上的应用程度

8. 商品的价值量（　　）。

　　A. 与生产该商品的劳动生产率成正比

　　B. 与生产该商品的劳动生产率成反比

　　C. 与包含在商品中的社会必要劳动时间成正比

　　D. 与包含在商品中的社会必要劳动时间成反比

　　E. 以简单劳动为尺度来确定

9. 劳动生产率以（　　）。

　　A. 单位劳动时间内生产的产品品种来表示

　　B. 单位劳动时间内生产的产品数量来表示

　　C. 生产单位产品所耗费的劳动时间来表示

　　D. 生产单位产品所满足需要的程度来表示

　　E. 一个国家一年内生产的产品总量来表示

10. 作为自然经济对立物的商品经济（　　）。

　　A. 以自然分工为基础　　　　B. 以社会分工为基础

　　C. 以市场交换为目的　　　　D. 具有竞争性、开放性等特征

　　E. 包括商品生产和商品交换

11. 货币的职能包括（　　）。

　　A. 价值尺度　　　　　　　　B. 流通手段

　　C. 贮藏手段　　　　　　　　D. 支付手段

　　E. 世界货币

12. 货币的两个基本职能是（　　）。

　　A. 价值尺度　　　　　　　　B. 流通手段

　　C. 贮藏手段　　　　　　　　D. 支付手段

　　E. 世界货币

13. 货币的形态有（　　）。
    A. 实物货币　　　　　　B. 金属货币
    C. 代用货币　　　　　　D. 信用货币
    E. 电子货币

14. 一定时期内流通中所需要的货币量取决于（　　）。
    A. 社会生产的产品数量　　B. 待流通的商品数量
    C. 商品价值总额　　　　　D. 商品的价格水平
    E. 货币的流通速度

15. 通货膨胀发生后的伴随状况有（　　）。
    A. 货币供给不足　　　　B. 货币供给过度
    C. 物价持续上涨　　　　D. 人民生活水平下降
    E. 单位货币贬值

16. 直接影响商品价格变动的因素有（　　）。
    A. 商品的价值　　　　　B. 商品的数量
    C. 商品供求关系　　　　D. 生产商品的个别劳动时间
    E. 纸币发行量

17. 简单商品经济中所包含的矛盾主要有（　　）的矛盾。
    A. 使用价值和价值　　　B. 价值和交换价值
    C. 具体劳动和抽象劳动　D. 私人劳动和社会劳动
    E. 简单劳动和复杂劳动

18. 一切商品中都包含价值与使用价值两个因素，这是因为（　　）。
    A. 凡是没有使用价值的物品，就不会有价值
    B. 有使用价值的物品，就必然有价值
    C. 没有价值的物品，虽然有使用价值也不是商品
    D. 使用价值是商品价值的物质承担者
    E. 商品价值是使用价值的表现形式

19. 商品的价值和交换价值的关系是（　　）。
    A. 交换价值是价值的基础　　B. 交换价值是价值的内容
    C. 交换价值是价值的表现形式　D. 价值是交换价值的表现形式
    E. 价值是交换价值的基础或内容

20. 商品的价值与商品的价格的关系是（　　）。
    A. 价值是商品价格的基础
    B. 价格是商品价值的基础
    C. 价格是商品价值的货币表现
    D. 价值是商品价格的货币表现
    E. 商品的价格受商品供求关系的影响围绕价值上下波动

21. 纸币流通规律表明（　　）。
    A. 增加纸币的发行量一定会引起通货膨胀
    B. 增加纸币的发行量不一定会引起通货膨胀
    C. 商品数量一定时，流通中单位纸币的价值决定于纸币发行量
    D. 商品数量一定时，商品的价格水平会随纸币数量的增减而涨跌
    E. 纸币发行量超过流通中所需要的金属货币量会引起纸币贬值

22. 对价值规律正确的理解应该是（　　）。
    A. 价值规律是商品经济的基本规律
    B. 价值规律的内容包括价值如何决定的规律
    C. 价值规律的内容包括价值如何实现的规律
    D. 价值围绕价格上下波动是价值规律作用的表现形式
    E. 价格围绕价值上下波动是价值规律作用的表现形式

23. 同一劳动在同一时间内，当部门劳动生产率提高时会使（　　）。
    A. 商品的使用价值量减少　　B. 商品的使用价值量增加
    C. 单位商品的价值量降低　　D. 单位商品的价值量提高
    E. 单位商品的价值量不变

24. 人们往往将汉语中的"价""值"二字与金银财宝等联系起来，而这两字的偏旁却都是"人"，示意价值在"人"。马克思劳动价值论透过商品交换的物与物的关系，揭示了商品价值的科学内涵，其主要观点有（　　）。
    A. 劳动是社会财富的唯一源泉
    B. 具体劳动是商品价值的实体
    C. 价值是凝结在商品中的一般人类劳动
    D. 价值是商品的本质属性
    E. 价值在本质上体现了生产者之间的社会关系

25. 商品和劳动产品的联系是（　　）。
    A. 商品和劳动产品都具有价值属性
    B. 商品和劳动产品都具有使用价值属性
    C. 凡是劳动产品都是商品
    D. 凡是商品一般都是劳动产品
    E. 商品和劳动产品都是用于交换的物品

26. 1918年，马寅初在一次演讲时，有一位老农问他："马教授，请问什么是经济学？"马寅初笑着说："我给这位朋友讲个故事吧，有个赶考的书生到旅店投宿，拿出十两银子，挑了该旅店标价十两银子的最好房间，店主立刻用它到隔壁的米店付了欠单，米店老板转身去屠夫处还了肉钱，屠夫马上去付清了赊欠的饲料款，饲料商赶紧到旅店还了房钱。就这样，十两银子又到了店主的手里。这时书生来说，房间不合适，要回银子就走了。你看，店主一文钱也没赚到，大家却把债务都还清了，所以，钱的流通越快越好，这就是经济学。"在这个故事中，货币所发挥的职能有（　　）。

A. 支付手段　　　　　　B. 流通手段
C. 价值尺度　　　　　　D. 贮藏手段

四、判断题

1. 商品是资本主义社会和社会主义社会最大量、最简单的经济细胞。（　　）
2. 商品是劳动产品，所以劳动产品也必然是商品。（　　）
3. 商品的二因素是使用价值和价格。（　　）
4. 交换价值是价值的基础和内容，价值是交换价值的表现形式。（　　）
5. 商品的交换价值是由商品的使用价值和供求关系共同决定的。（　　）
6. 有使用价值之物一定有价值，有价值之物不一定有使用价值。（　　）
7. 生产商品的劳动二重性是具体劳动和抽象劳动。（　　）
8. 简单劳动就是体力劳动，复杂劳动就是脑力劳动。（　　）
9. 劳动是价值的唯一源泉，自然界和具体劳动都是使用价值的源泉。（　　）
10. 具体劳动和抽象劳动是同一劳动过程的两个不同的方面。（　　）
11. 商品的两个因素决定生产商品的劳动二重性。（　　）
12. 劳动二重性学说是理解马克思主义政治经济学的枢纽。（　　）
13. 劳动生产率越高，同一单位时间内具体劳动创造的使用价值量就越多。（　　）
14. 单位商品的价值量同生产该商品的社会劳动生产率成正比。（　　）
15. 商品的价值量是由生产该商品所消耗的社会必要劳动时间决定的。（　　）
16. 商品的价值量是由生产该商品所消耗的个别劳动时间决定的。（　　）
17. 商品经济产生和存在的前提条件是自然分工或劳动分工。（　　）
18. 不同的商品能够按一定比例相交换，是因为它们都具有使用价值。（　　）
19. 价值是商品特有的社会属性，是一个历史范畴。（　　）
20. 私有制商品生产的基本矛盾是私人劳动和社会劳动的矛盾。（　　）
21. 劳动生产率越高，单位商品的价值量就越大。（　　）
22. 复杂劳动和简单劳动在同一时间内创造的价值不相同，复杂劳动是多倍的简单劳动。（　　）
23. 商品的价值形式就是价值的表现形式，也就是交换价值。（　　）
24. 金银天然是货币，货币天然不是金银。（　　）
25. 价格和价值既可以在量上发生背离，也可以在质上发生背离。（　　）
26. 商品的价格与商品的价值成正比，与货币的价值成反比。（　　）
27. 充当价值尺度的货币必须是现实的货币。（　　）
28. 货币作为流通手段即充当商品交换的媒介，可以是观念上的货币。（　　）
29. 充当贮藏手段的货币，必须是足值的金属货币。（　　）
30. 增加货币的发行量，就一定会引起通货膨胀。（　　）
31. 货币的本质是充当一般等价物的特殊商品。（　　）

32. 流通中所需要的货币量同商品的价格总额成反比，与单位货币的流通速度成正比。（　　）
33. 商品价格的变动并不一定反映商品价值的变化，同样，商品价值的每一变化也并不一定带来价格的变化。（　　）
34. 价格围绕价值上下波动，正是价值规律作用的表现形式。（　　）
35. 通货紧缩不会像通货膨胀那样对经济运行产生严重的影响。（　　）
36. 具体劳动创造商品的价值，抽象劳动创造商品的使用价值。（　　）
37. 创造商品价值的抽象劳动是商品生产所特有的历史范畴。（　　）
38. 从质与量的统一来理解，价值就是凝结在商品中的社会必要的简单的抽象劳动。（　　）
39. 商品的价值量与体现在商品中的社会必要劳动量成正比，与生产该商品的社会劳动生产率成反比。（　　）
40. 私有制商品经济的基本矛盾是简单劳动和复杂劳动的矛盾。（　　）
41. 商品的社会属性和本质属性是商品的使用价值。（　　）
42. "物以稀为贵"能够说明商品的供求关系决定商品的价格。（　　）
43. 实际经济生活中的"多角债"主要与货币的支付手段职能有密切关系。（　　）
44. 价格偏离价值是常态，但价值始终是价格的基础。（　　）

五、简答题

1. 简述劳动二重性与商品二因素的关系。
2. 什么是具体劳动和抽象劳动？二者有何关系？
3. 商品的价值量是由什么决定的？它和社会劳动生产率有何关系？
4. 简述商品经济的含义、产生条件、主要特点及其基本矛盾。
5. 简述货币的本质和职能。
6. 商品流通中所需要的货币量由哪些因素决定？
7. 什么是通货膨胀和通货紧缩？二者有何危害？
8. 简述价值规律的基本内容、表现形式及其作用。

六、计算分析题

1. 去年，在供求一致的条件下，某种商品的单位价格为1元。今年，生产该种商品的社会劳动生产率提高了25%，货币币值未变，但供求关系发生了变化，社会生产这种商品1000万件，而社会需求为1500万件。请完成以下问题：
（1）该商品单位价格应为多少？
（2）单位商品价格与价值偏离多少？
（3）请分析单位商品价值量与劳动生产率的关系。

（4）计算结果说明了价值规律的哪些基本原理？

2. 年内商品价格总额为 14 000 亿元，赊销商品的价格总额为 3500 亿元，到期支付的商品价格总额为 4000 亿元，互相抵消支付的商品价格总额为 2500 亿元。根据经验统计测定单位货币每年平均流通次数为 8 次，当年发行纸币 2000 亿元。请完成以下问题：

（1）请写出货币流通规律的基本公式。
（2）当年商品流通所需要的货币量是多少？
（3）纸币每元贬值了多少？
（4）上述计算结果说明纸币流通规律与货币流通规律有什么关系？

第三节　参考答案

一、名词解释

1. 商品是指用来交换的劳动产品，商品是资本主义社会和社会主义社会最大量、最简单的经济细胞。商品具有使用价值和价值两个因素，是二者的对立统一，体现了一种生产关系。使用价值是商品的自然属性，价值是商品的社会属性。

2. 使用价值是指物品和服务能够满足人们某种需要的属性，即物品和服务的有用性。使用价值是物品和服务的自然属性，反映人和自然的关系。使用价值构成社会财富的物质内容，是一个永恒的范畴。

3. 交换价值是指商品能够同其他商品相交换的属性，首先表现为一种商品或使用价值同另一种商品或使用价值相交换的量的关系或比例，其次表现为商品或使用价值与货币的交换关系。交换价值不是由商品的使用价值和供求关系决定的，而是由商品的价值决定的。商品的价值是交换价值的基础或内容，决定交换价值的大小；交换价值是价值的表现形式。

4. 价值是指凝结在商品中的无差别的一般人类劳动，价值是商品的社会属性，也是商品的本质属性，反映商品生产者之间的生产关系，是一个历史范畴。

5. 具体劳动是指从劳动的具体形态考察的劳动。生产商品的劳动在劳动目的、劳动资料、劳动对象、劳动方法、劳动结果上都各不相同。这种在一定的具体形式下进行的劳动称为具体劳动。具体劳动是劳动的自然属性，创造商品的使用价值，反映人和自然的关系，是人类社会存在和发展的永恒条件。

6. 抽象劳动是指撇开或抽出了各种具体形式的无差别的一般人类劳动，即人的体力和脑力。抽象劳动创造商品的价值。抽象劳动是劳动的社会属性，反映人与人之间的经济关系，是商品生产所特有的历史范畴。

7. 价值量是指生产商品所耗费的劳动量，即凝结在商品中的一般人类劳动。商品的价值量不是由生产商品的个别劳动时间决定的，而是由生产商品的社会必要劳动时间决定的。单位商品的价值量与生产该商品的社会劳动生产率成反比。

8. 个别劳动时间是"社会必要劳动时间"的对称，是指个别商品生产者生产某种商品所耗费的劳动时间。由个别劳动时间形成的价值是商品的个别价值，商品的价值量不是由生产商品的个别劳动时间决定的，商品生产者为了在市场竞争中获得优势和更多盈利，就要不断提高劳动生产率，缩短个别劳动时间。

9. 社会必要劳动时间是"个别劳动时间"的对称，是指在现有的社会正常的生产条件下，在社会平均的劳动熟练程度和劳动强度下制造一定量的使用价值所需要的劳动时间。社会必要劳动时间决定商品的价值量，随社会劳动生产率的变化而变化。

10. 简单劳动是"复杂劳动"的对称，是指在一定社会条件下，因工艺、技术要求简单，不需要经过专门培养和训练，普通劳动者都能从事的劳动。决定商品价值量的社会必要劳动时间要以简单劳动为尺度来计算。简单劳动与复杂劳动的区分标准是相对的。

11. 复杂劳动是"简单劳动"的对称，是指因工艺、技术要求比较复杂，需要经过专门培养和训练，具备较高知识和技能的劳动者才能从事的劳动。在同一时间内，复杂劳动是多倍的简单劳动，复杂劳动要换算为简单劳动。复杂劳动与简单劳动的区分标准是相对的。

12. 劳动生产率也叫劳动生产力，是指劳动者在一定时间内生产某种使用价值的效率。劳动生产率可以用单位时间内生产的产品数量来表示，也可以用生产单位产品所消耗的劳动时间来表示。计算公式为：劳动生产率=产品数量/劳动时间。劳动生产率是企业或部门生产技术水平、经营管理水平、劳动者技术熟练程度等方面的综合表现。

13. 商品经济是以交换为目的、包含商品生产和商品交换的经济形式。商品经济产生的两个前提条件是社会分工与生产资料和劳动产品属于不同的所有者。商品经济具有自主性、平等性、竞争性和开放性等特征。

14. 市场经济是指市场对资源配置起基础性和决定性作用的经济运行方式或经济运行体制。即以商品等价交换关系为基础的经济运行方式和管理方式，特别是资源配置方式。市场经济对于资源的配置是通过市场、市场机制来实现的，即通过市场机制内的供给与需求、价格、竞争、风险等要素之间的相互作用来促进资源的优化配置和各部门的按比例发展。

15. 社会劳动是"私人劳动或个别劳动"的对称，是指在商品经济中，由于社会分工的存在，商品生产者之间是相互联系、相互依存的，每个商品生产者的劳动都具有社会性质，是社会总劳动的一部分。私人劳动所具有的社会劳动的性质，不能在生产过程中直接得到表现和承认，必须通过商品交换才能得到表现和承认。

16. 价值形式是指商品价值的表现形式。商品的价值不能自我表现，必须在两种商品的交换中，通过另一种商品表现出来。价值形式是随着商品交换的发展而发展的，价值形式的发展经历了简单的价值形式、扩大的价值形式、一般的价值形式和货币形式四个不同阶段。

17. 货币是从商品世界中分离出来的、固定地充当一般等价物的特殊商品，货币的本质就是一般等价物。货币具有价值尺度、流通手段、贮藏手段、支付手段和世界货币五种职能。货币的形式经过了实物货币、金属货币、信用货币和电子货币等发展阶段。

18. 价值尺度是指货币充当衡量商品所包含价值量大小的社会尺度，它是货币的基本职能之一。货币是商品外在的价值尺度，是商品内在价值的外在表现形式。货币执行价值尺度职能时，只是想象的或观念的货币，并不需要现实的货币。

19. 价格通常指市场价格，是商品价值的货币表现，是商品的交换价值在流通过程中所取得的转化形式。价格是一种从属于价值并由价值决定的货币价值形式。计算公式为：价格=商品价值/货币价值。价格的基础是价值，价格与商品价值成正比，与货币价值成反比。价格的高低还与商品的供求关系有关，商品供不应求，价格上涨；商品供过于求，价格下降。价格受供求关系的影响，围绕价值上下波动，是价值规律作用的表现形式。

20. 价格标准是用来衡量和计算货币本身的数量的，是指统一规定的用以衡量货币本身的计量单位，即包含一定重量贵金属的货币计量单位及其等分。如我国现行的货币单位为元，1元分为10角，1角分为10分。价格标准所起的作用与价值尺度是不同的，作为价值尺度，用来衡量商品的价值，使之表现为价格；作为价格标准，用来衡量和计算货币本身的数量。规定价格标准是为了使货币能够更准确地执行价值尺度的职能。

21. 流通手段是指货币充当交换媒介。它是货币的基本职能之一，执行流通手段职能的必须是现实的货币。

22. 货币流通规律是指一定时期内商品流通中所需货币量的规律。流通中需要的货币量取决于三个因素：一是参加流通的商品数量，二是商品的价格水平，三是货币流通速度。一定时期内流通中所需货币量，与商品价格总额成正比，与同一单位货币的流通速度成反比。

23. 通货膨胀是指纸币发行量超过了流通中所需要的金属货币量，从而引起纸币贬值，物价上涨的现象。通货膨胀从本质上说是一种货币现象，对经济的影响主要表现在：引起收入和财富的再分配，导致价格扭曲，进而影响经济效率。严重的通货膨胀还将对社会稳定产生不利影响。

24. 通货紧缩是指纸币发行量少于商品流通所需要的金属货币量所引起的一般物价水平持续下降的现象，与通货膨胀相反。通货紧缩从本质上说是一种货币现象，严重的通货紧缩对经济发展的影响是弊大于利。

25. 价值规律是价值如何决定和如何实现的规律，其基本内容和要求是：商品的价值量由生产商品的社会必要劳动时间决定的，商品按照由社会必要劳动时间决定的价值量进行等价交换。价值规律是商品经济的基本规律，决定着商品经济活动的一切方面，贯穿于商品经济的整个发展过程。价值规律的作用形式是商品的价格受供求关系影响，围绕价值上下波动。

二、单项选择题

1. A 2. C 3. B 4. B 5. A 6. D 7. C 8. C 9. B 10. D 11. C
12. D 13. B 14. C 15. C 16. D 17. B 18. B 19. D 20. B 21. B 22. B

23. B 24. B 25. C 26. B 27. B 28. C 29. D 30. D 31. B 32. A 33. C
34. A 35. D 36. C 37. A 38. B 39. C 40. A 41. D 42. C 43. C 44. D
45. D 46. A 47. B 48. D 49. C 50. C 51. C 52. D 53. C

三、多项选择题

1. ABDE   2. BDE   3. DE   4. ABCD
5. ABE   6. ABCE   7. ABCDE   8. BCE
9. BC   10. BCDE   11. ABCDE   12. AB
13. ABCDE   14. BDE   15. BCDE   16. ACE
17. ACD   18. ACD   19. CE   20. ACE
21. BCDE   22. ABCE   23. BC   24. CDE
25. BD   26. ABC

四、判断题

1. √   2. ×   3. ×   4. ×   5. ×
6. ×   7. √   8. ×   9. √   10. √
11. ×   12. √   13. √   14. ×   15. √
16. ×   17. ×   18. ×   19. √   20. √
21. ×   22. √   23. √   24. ×   25. √
26. √   27. ×   28. ×   29. √   30. ×
31. √   32. √   33. √   34. √   35. ×
36. ×   37. √   38. √   39. √   40. ×
41. √   42. ×   43. √   44. √

五、简答题

1.（1）商品的二因素是使用价值和价值。商品是使用价值和价值的统一。商品的使用价值是指商品能够满足人们某种需要的属性，是商品的自然属性，反映人和自然的关系。使用价值构成社会财富的物质内容，是一个永恒的范畴。商品的价值是指凝结在商品中的无差别的一般人类劳动，它是包含在一切商品中的同质的东西，并决定着商品交换的比例，是商品的社会属性。

（2）劳动二重性是指具体劳动和抽象劳动。具体劳动是指从劳动的具体形态考察的劳动。生产商品的劳动在劳动目的、劳动资料、劳动对象、劳动方法、劳动结果上都各不相同。这种在一定的具体形式下进行的劳动称为具体劳动。具体劳动是劳动的自然属性，反映人和自然的关系，它是人类社会存在和发展的永恒条件。抽象劳动是指撇开或抽出了各种具体形式的无差别的一般人类劳动，即人的体力和脑力。抽象劳动是劳动的社会属性，反映人与人之间的经济关系，是商品生产所特有的历史范畴。

（3）劳动二重性与商品二因素的关系。劳动二重性与商品二因素存在密切联系：一方面，商品的二因素是由劳动二重性决定的，因为生产商品的劳动既是具体劳动又是抽象劳动，生产出具有使用价值和价值的商品，具体劳动创造商品的使用价值，抽象劳动创造商品的价值。另一方面，商品二因素也反映了生产商品的劳动二重性。商品的使用价值反映了有差别的人类的具体劳动，而商品的价值则反映了人类无差别的抽象劳动。

2. 生产商品的劳动具有二重性，即具体劳动和抽象劳动，二者的含义和关系如下。

（1）具体劳动。具体劳动是指从劳动的具体形态考察的劳动。生产商品的劳动在劳动目的、劳动资料、劳动对象、劳动方法、劳动结果上都各不相同。这种在一定的具体形式下进行的劳动称为具体劳动。具体劳动创造使用价值，是劳动的自然属性，反映人和自然的关系，是人类社会存在和发展的永恒条件。

（2）抽象劳动。抽象劳动是指撇开或抽出各种具体形式的无差别的一般人类劳动，即人的体力和脑力。抽象劳动创造商品的价值，是劳动的社会属性，反映人与人之间的经济关系，是商品生产所特有的历史范畴。

（3）具体劳动和抽象劳动的关系。二者是对立统一的辩证关系。

二者的统一性表现在：具体劳动和抽象劳动不是两次劳动或两种劳动，而是同一劳动过程的两个不同方面，在时间上和空间上都不能分开。抽象劳动寓于具体劳动之中，抽象劳动又是具体劳动彼此联系的体现，也是商品生产者借以相互联系的桥梁。

二者的对立性表现在：第一，具体劳动是指劳动的具体形式，抽象劳动则是抽象掉了劳动的具体形式之后的人的体力和脑力的消耗；具体劳动是创造使用价值的劳动，抽象劳动是创造价值的劳动，是价值的唯一源泉；具体劳动反映人和自然的关系，抽象劳动反映人和人的关系。第二，具体劳动是实现抽象劳动的必要前提。第三，商品交换成功必然使二者分离。第四，二者在转化的数量上可能不一致。

3. （1）商品的价值量不是由生产商品的个别劳动时间决定的，而是由生产商品的社会必要劳动时间决定的。

（2）商品的价值量和社会劳动生产率的关系是：在单位时间内，商品的价值总量与劳动生产率无关；但是，单位商品的价值量与劳动生产率成反比。劳动生产率越高，同一劳动在单位时间内生产的商品就越多，用于生产单个商品的社会必要劳动时间就越少，单位商品的价值量就越小；反之，则相反。

4. （1）商品经济是以交换为目的、包含商品生产和商品交换的经济形式。

（2）商品经济产生和发展的两个重要条件是社会分工和生产资料与劳动产品属于不同的所有者。其中，社会分工是商品经济产生的前提条件，生产资料和劳动产品属于不同的所有者是商品经济产生的决定性条件。

（3）商品经济主要有自主性、平等性、竞争性和开放性四个特征。

（4）商品经济的基本矛盾是私人劳动和社会劳动的矛盾。

5. （1）货币是从商品世界中分离出来的固定地充当一般等价物的特殊商品，货币的本质就是一般等价物。

（2）货币的职能主要有五种：价值尺度、流通手段、贮藏手段、支付手段和世界货币。

6. 商品流通中所需要的货币量取决于下列因素：一是待流通的商品数量，二是商品的价格水平，三是货币的流通速度。

商品价格与商品数量的乘积就是商品价格总额。在一定时期内，流通中所需要的货币量与商品的价格总额成正比，与同一单位货币的流通速度成反比。这就是金属货币流通规律。

7. 通货膨胀是指纸币的发行量超过商品流通中所需要的金属货币量，从而引起纸币贬值、物价上涨的现象。通货紧缩是指纸币的发行量少于流通中所需要的金属货币量，从而引起纸币升值、物价下跌的现象。

通货膨胀的危害：严重的通货膨胀将危及国民经济的正常运行，降低人们的生活水平，扭曲价格体系。

通货紧缩的危害：持续的通货紧缩会使消费者推迟购买，使企业削减生产，形成开工不足，引发企业破产，导致就业减少，最终导致经济衰退或萧条。

因此，要保持国民经济的持续、快速、健康发展，既要防止通货膨胀，又要防范通货紧缩。

8. （1）价值规律是商品的价值如何决定和如何实现的规律，其基本内容和要求是：商品的价值量决定于生产商品的社会必要劳动时间，商品必须按照价值量相等的原则进行交换。价值规律是商品经济的基本规律。

（2）价值规律作用的表现形式是：价格围绕价值上下波动。

（3）价值规律的一般作用主要表现为：第一，调节生产资料和劳动力在各个部门之间的分配。第二，刺激商品生产者改进技术、改善经营管理、提高劳动生产率，从而促进社会生产力的发展。第三，调节商品生产者的利益分配，促使商品生产者优胜劣汰和经济分化。

六、计算分析题

1. （1）设去年劳动生产率为1，由于供求一致，价格与价值相等，商品的单位价格为1元，因而该商品的单位价值也为1元。今年社会劳动生产率提高了25%，因而今年的劳动生产率为 $1 \times (1+25\%) = 1.25$，该商品的单位价值量为 $1/1.25 = 0.8$ 元。根据供求对价格的影响作用原理：因为社会生产的该种商品数量为1000万件，社会对该种商品的需求量为1500万件；所以社会必需的价值量为 $0.8 \times 1500 = 1200$ 万元；由此该商品的单位价格为 $0.8 \times 1500/1000 = 1.2$ 元。

（2）单位商品的价格是1.2元，价值是0.8元；1.2-0.8=0.4元，单位商品价格高于价值0.4元。

（3）单位商品价值量与劳动生产率成反比。因为劳动生产率越高，同一劳动在单位时间内生产的商品就越多，用于生产单位商品的社会必要劳动时间就越少，单位商品的价值量就越小。

（4）计算结果说明了商品价值量不是由某个生产者个人生产商品所需要的劳动时间决定的，而是由生产商品的社会必要劳动时间、当时社会平均生产条件下生产这种商品的社会所必需的劳动时间总量决定的，商品交换以价值量为基础实行等价交换。

2.（1）货币流通规律的基本公式是：流通中所需的货币量＝商品价格总额÷同一单位货币的平均流通速度，用公式表示是：$M=PQ/V$。

（2）根据一定时期流通中所需要的货币量公式，计算出当年所需要的货币流通量为：（14 000+4000-3500-2500）÷8=1500亿元，即当年所需要的货币流通量为1500亿元。

（3）当年发行纸币2000亿元，超过流通中所需要的1500亿元的货币需求量，因此引起纸币贬值，纸币贬值后的每元值=1500/2000=0.75元，因而每元纸币贬值 1-0.75=0.25元。

（4）上述计算结果说明纸币流通规律是以货币流通规律为基础的，因为纸币只是价值符号，其发行规模受到流通中所需要的金属货币量的限制。如果纸币发行量超过了商品流通所需要的金属货币量，就会引起纸币贬值、物价上涨的现象，即出现通货膨胀。

第三章 资本和剩余价值

第一节 重要知识点

生产经营者或企业进行生产经营活动的目的是什么？毫无疑问是赚钱，即获得剩余价值或利润。要获得剩余价值或利润，就必须投入一定数量的资本，资本是怎么形成的？资本的最初表现形式是货币，但货币本身并不是资本，货币是怎样转化为资本的？货币转化为资本需要具备一定的条件。

一、劳动力成为商品是货币转化为资本的根本条件

货币有两种不同的用途：当作货币使用和当作资本使用。

当作货币使用的货币，也就是充当商品流通媒介的货币，其流通形式是商品—货币—商品（$W—G—W$），这种流通形式叫商品流通；当作资本使用的货币，其流通形式与当作货币使用的货币正好相反，是货币—商品—货币（$G—W—G$），这种流通形式叫资本流通。

商品流通与资本流通有很多方面的区别：第一，流通形式不同。其包括买卖顺序、起点和终点不同。第二，流通目的不同。商品流通的目的是获得商品的使用价值，而资本流通的目的是获得价值。第三，流通限度不同。商品流通是有限的，商品生产者用货币购买到了某种商品之后，这种商品就退出流通领域，进入消费（包括生产消费）领域。而资本流通是无限的，商品生产者将商品卖掉获得货币之后，会将货币继续投入生产，继续赚钱。

如果生产者卖出商品后收回的货币与他购买商品时投入的货币在数量上相等，是毫无意义的，也是生产者很不满意的。因此，资本流通的完整公式应该是货币—商品—更多的货币（$G—W—G'$），其中 $G'=G+\Delta G$，马克思把这个增值的货币额（ΔG）叫作剩余价值。这样一来，货币就在特殊的运动中发生了价值增值，就变成了资本。因此，资本就是能够带来剩余价值的价值。

这个公式表面上看似乎仅仅是商业资本特有的运动形式，实际上是资本的总公式，即任何资本共同的或一般的运动形式。为什么把这个公式叫作资本的总公式？因为这个公式同样适用于产业资本和生息资本（主要是借贷资本）的运动形式。资本总公式从表

面上看存在一个矛盾。

（一）资本总公式及其内在矛盾

资本总公式包含的一个矛盾就是价值增值与价值规律的客观要求（等价交换）的矛盾。按照价值规律的要求，商品要进行等价交换，等价交换的结果不会发生价值增值，但是资本总公式却表明，资本流通的结果确实发生了价值增值，所以存在矛盾。但这个矛盾只是表面上存在，实际上不存在。要解释资本总公式的矛盾实际上不存在，就要说明资本是怎么增值的，即剩余价值是怎么产生的。

剩余价值不能在流通中产生。因为，在商品流通中，等价交换不会产生剩余价值。不等价交换也不会产生剩余价值，只能对原有价值量重新分配，一部分生产经营者所增加的价值正是另一部分生产经营者所损失的价值，总价值量不会增加。

剩余价值的产生能否完全离开流通领域？完全离开流通领域也不能产生剩余价值。因为，生产者如果不把货币投入流通领域，既不买也不卖，把货币贮藏起来，不管贮藏多久，也绝不会产生剩余价值，相反还会贬值。

由此可见，剩余价值的产生，既不在流通领域，又不能离开流通领域，这就是解决资本总公式矛盾的条件。那么，剩余价值到底是怎么产生的？我们排除了货币本身和买卖行为之后，只剩下生产者用货币在市场上购买到的商品这个因素了，必须从这个商品身上去找原因。生产经营者必须在市场上用货币购买到一种特殊的商品。这种特殊商品的使用，不仅要能够创造价值，而且要能够创造出一个比自身价值更大的价值。这种特殊的商品不是生产资料，而是劳动力。因此，劳动力成为商品是货币转化为资本的根本条件和关键。

（二）劳动力转化为商品

1. 什么是劳动力

每个正常的人均具有一定的劳动能力，人的劳动能力包括体力和脑力两个方面。按照马克思的观点，劳动力是指人的劳动能力，是存在于劳动者身体之内并在劳动过程中所运用的体力和脑力的总和。这一定义主要包括以下三层意思：第一，劳动力是人所特有的一种劳动能力。这一方面将劳动力与自然力区别开来，另一方面又将人的劳动能力（生产能力）与其他能力（如消费能力）区别开来。第二，劳动力是存在于劳动者身体即活的人体之内的劳动能力。劳动力的存在是以人的生命和健康为基础的，如果人失去了生命，也就没有了劳动能力；如果人的身体不健康，那么人的劳动能力也会降低。第三，劳动力是劳动者在劳动过程中所运用的体力和脑力的总和。人的躯体活动产生体力，人的大脑活动产生脑力（智力），一切劳动都要同时消耗体力和脑力。随着社会的不断发展，脑力劳动的作用越来越重要。

劳动力并不是在任何社会都是商品。例如，在原始社会、奴隶社会和封建社会，劳动力都不是商品，到资本主义社会，劳动力才成为商品。由此可见，劳动力成为商品是有条件的。

2. 劳动力成为商品的条件

劳动力要成为商品，必须具备哪些条件？必须具备以下两个条件：一是劳动力的所有者即劳动者有完全的人身自由。劳动者必须是完全的自由人，有权自由地出卖自己的劳动力商品。劳动者如果没有人身自由，就无权将自己的劳动力当作商品自由地出卖给别人。二是劳动力的所有者即劳动者除了自己的劳动力之外，一无所有或者所拥有的生产资料数量过少，不得不出卖自己的劳动力。如果劳动者拥有较多的生产资料，就可以自己创办企业，从事生产经营活动。在资本主义社会，这两个条件同时具备，因而在资本主义社会，劳动力成为商品。在我国，劳动力是不是商品？在私营经济、个体经济和外资经济中，绝大多数劳动者的劳动力都是商品；在公有制经济中，劳动者的劳动力也是商品，劳动者是主人与劳动力是商品并不矛盾。

劳动力既然成为商品，那么，它也应该具有商品的两个因素：价值和使用价值。

3. 劳动力商品的价值和使用价值

劳动力商品的价值和其他商品的价值一样，也应该是由生产和再生产劳动力这种商品所需要的社会必要劳动时间决定的，但是劳动力商品的价值决定与其他商品的价值决定相比较，有其特殊性，不能直接用劳动时间来计算。例如，我们不能说生产一个劳动力需要16年或18年。劳动力存在于人体之内，劳动力的生产和再生产，必须以劳动者的生存为前提即以活的人体存在为前提。劳动者要生存、发展，必须消费一定数量的生活资料。因而生产和再生产劳动力这种商品所需要的社会必要劳动时间，可以还原或转化为生产和再生产劳动者必要的生活资料所需要的社会必要劳动时间。劳动力的价值应该包括哪些部分？

众所周知，劳动者要生存，每天都要吃、穿、用、住、行。因此，劳动力的价值首先包括维持劳动者本人（或自身）生存所需要的生活资料的价值。例如，一个劳动者平均每天要花掉50元左右的消费资料。一般来说，成年劳动者都不是孤身一人，都有家庭，劳动者除了养活自己之外，还要养活其父母、子女甚至配偶，以延续劳动力。因此，劳动力的价值还应包括维持劳动者家属生存所需要的生活资料的价值。一个人要成为合格的劳动力，需要具有一定的劳动技能，因而需要接受教育和培训，所以，劳动力的价值还应包括劳动者掌握一定的生产技术和劳动技能所花费的教育与训练费用。

综上所述，劳动力的价值具体包括三项内容：一是维持劳动者自身生存所需要的生活资料的价值，二是维持劳动者家属生存或抚养后代所需要的生活资料的价值，三是劳动者掌握一定的生产技术和劳动技能所花费的教育与训练的费用。

此外，劳动力价值的特殊性还表现在：它包含着历史的和道德的因素。历史的因素是指在同一个国家的不同历史时期，由于社会经济文化水平和自然条件等不同，纳入劳动者的物质生活和精神生活平均必需的生活资料的数量、质量与范围不同，劳动力的价值也不同；在不同的国家，劳动力的价值也是不同的。道德的因素是指在一个国家的一定历史时期，劳动者所必需的生活资料的数量和范围是可以确定的，而且有一个最低的界限，劳动者在生活上不可缺少的生活资料的价值，是劳动力价值的最低界限，也就是最低工资标准。

与其他商品相比，劳动力商品的使用价值更具有特殊性，劳动力商品的最大特点，表现在它的使用价值上。一般商品在消费过程中，随着其使用价值的消失，它的价值也随之消失或转移到新的产品中去，不发生价值增值。而劳动力这种商品则不同，它在消费的过程中，不仅能够创造出新价值，而且能够创造出比自身价值更大的价值即剩余价值。资本家之所以购买劳动力，看中的正是它的这种特殊的使用价值。

二、剩余价值的生产过程与不变资本和可变资本的划分

剩余价值是由雇佣工人在生产过程中创造出来的，因此，首先要分析资本主义的生产过程。资本主义生产过程的结果，一方面是生产出了使用价值，另一方面是创造出了剩余价值。资本主义生产过程一方面是生产使用价值的劳动过程，另一方面是创造剩余价值的价值增值过程，是劳动过程和价值增值过程的统一。

（一）剩余价值生产过程是劳动过程和价值增值过程的统一

价值增值是在价值形成的基础上实现的。如果资本家销售商品收回的价值仅与预付资本相等，没有超过预付资本的余额，即没有剩余价值，这只是单纯的价值形成过程。要使价值增值，关键在于使劳动力新创造的价值大于劳动力自身的价值（工资）。而要做到这一点，就必须延长劳动者的劳动时间。延长了劳动时间后，销售商品收回的价值就会大于预付资本的价值，即能够获得剩余价值，这样，价值形成过程就转变成了价值增值过程。

由此可见，价值增值过程就是超过一定点而延长了的价值形成过程。这个"一定点"就是劳动者（雇佣工人）用于再生产自己劳动力价值（工资）的必要劳动时间。雇佣工人一天的劳动时间分为两部分：一部分是必要劳动时间，用于再生产劳动力的价值；另一部分是剩余劳动时间，用于为资本家生产剩余价值。因此，剩余价值就是由雇佣工人在剩余劳动时间内创造的、被资本家无偿占有的超过劳动力价值的那部分价值。整个资本主义剥削的秘密就在这里。剩余价值可以用字母 m 表示。

资本家要赚钱，就必须先预付资本，如预付 1000 万元。这些预付资本应该怎么使用？一部分（如 800 万元）要用来购买生产资料，即用来建厂房、购买机器设备和原材料等；另一部分（如 200 万元）要用来购买劳动力。这两部分资本在剩余价值生产过程中所起的作用是不同的，马克思根据这两部分资本在剩余价值生产过程中所起作用的不同，把资本区分为不变资本和可变资本。

（二）不变资本和可变资本的划分标准及意义

用来购买生产资料的那部分资本，以厂房、机器设备和原材料等具体形式存在于生产过程中，它们在生产过程中被消耗，原材料的物质形态被改变，生产出新产品。生产资料的价值通过工人的具体劳动转移到新产品中去，不会发生价值量的变化。因此，这种以生产资料的形式存在、在生产过程中不改变自己价值量的资本叫作"不变资本"，用字母 c（不变资本的英文全称是"constant capital"）表示。

用来购买劳动力的那部分资本，与不变资本完全不同。在生产过程中其价值不是转移到新产品中去，而是由工人再生产出来。同时，劳动力发挥作用的结果，不仅再生产出劳动力的价值，而且生产出了剩余价值，发生了价值的增值。因此，这种以劳动力的形式存在、在生产过程中发生了价值增值的资本叫作"可变资本"，用字母 v（可变资本的英文全称是"variable capital"）表示。

马克思把资本区分为不变资本和可变资本具有重要意义。一是进一步揭示了剩余价值的源泉和资本主义剥削的实质。因为，这种区分表明了剩余价值不是由全部预付资本产生的，更不是由不变资本创造的，而是由可变资本即雇佣工人创造的。二是为计算资本家对工人的剥削程度提供了科学依据。剩余价值率（m'）表示资本家对工人的剥削程度，又叫剥削率，计算公式为 $m'=m/v$。三是为研究资本有机构成理论、利润和平均利润理论、生产价格理论等一系列重大理论问题提供了理论依据。

资本主义企业或资本家的生产目的是获得更多的剩余价值。那么，企业或资本家会采取哪些方法来实现这个目的？剩余价值的生产方法有很多，如增加劳动者人数、提高劳动生产率等。现在我们假定生产规模不变即劳动者人数不变，也可以通过劳动时间的变化来增加剩余价值量。具体来说，又有两种基本方法：绝对剩余价值生产和相对剩余价值生产。

三、剩余价值的两种基本生产方法及其相互关系

（一）绝对剩余价值生产和相对剩余价值生产及其实现

剩余价值是雇佣工人在剩余劳动时间内创造的，要生产出更多的剩余价值，就要增加剩余劳动时间。在必要劳动时间一定的条件下，工作日越长，剩余劳动时间就越长，因而雇佣工人创造的剩余价值量就越多，因此，资本家为了获得更多的剩余价值，一定会延长工人的劳动时间。假设原来工人一天的劳动时间为 8 小时，必要劳动时间和剩余劳动时间各为 4 小时，假设一个工人每小时能够创造 40 元的价值，那么，一个工人每天得到的工资为 160 元，为资本家创造的剩余价值也为 160 元，剩余价值率就是 100%（$m'=m/v=160/160=100\%$）。假设现在资本家将工人一天的劳动时间由原来的 8 小时延长到 12 小时，必要劳动时间仍然保持 4 小时不变，那么剩余劳动时间就由原来的 4 小时绝对延长到了 8 小时。剩余价值率就由原来的 100% 提高到 200%（8/4）。这种在必要劳动时间不变的条件下，依靠工作日的绝对延长从而使剩余劳动时间绝对延长而生产的剩余价值，

叫作绝对剩余价值。生产这种剩余价值的方法就叫作绝对剩余价值生产的方法。

资本家还用提高工人劳动强度的方法来榨取更多的剩余价值。这种方法从表面上看，工作日没有延长，但是工人在相同的时间内支出了更多的劳动量，这实际上和延长工作日是一样的。因此，个别企业由于提高劳动强度而生产的剩余价值，也属于绝对剩余价值。

工人一天的劳动时间能够无限延长吗？显然不能。因为，延长工人的劳动时间会受两个因素限制：一是工人的生理限制。工人在一天 24 小时之内，必须花费一定的时间用于吃饭、睡觉等，不可能将 24 小时全部用于劳动。二是社会和道德的限制。工人在一天内还需要一定的时间用于家务劳动、社会交往、文体活动以及教育和抚养子女等。因此，工人在一天内能够用于劳动的时间是很有限的。例如，现在的法定工作时间是每天 8 小时，不能超过 8 小时。但是，资本家对剩余价值的追求是无限的，因此，资本家还会采取其他方法获得更多的剩余价值。资本家虽然不能随便延长工人一天的剩余劳动时间，但是他可以缩短工人一天的必要劳动时间。

假设工人一天的劳动时间保持 8 小时不变，资本家将工人的必要劳动时间由原来的 4 小时缩短到 3 小时，那么，剩余劳动时间就由原来的 4 小时相对延长到了 5 小时，剩余价值率也就由原来的 100%大幅提高到 166.7%，效果明显，潜力较大。这种在工作日长度不变的条件下，资本家通过缩短工人的必要劳动时间从而使剩余劳动时间相对延长而生产的剩余价值，就叫作相对剩余价值。生产这种剩余价值的方法就是相对剩余价值生产的方法。

要生产出相对剩余价值，就要缩短工人的必要劳动时间，也就是要降低工人劳动力的价值即工资。例如，原来支付给工人一天的工资是 160 元，现在只支付 120 元。资本家可以降低工人的工资，但不能降低工人的实际生活水平，否则，工人的劳动力就得不到恢复。因此，要降低劳动力的价值，就要降低再生产劳动力所必需的生活资料的价值，即要使生活资料变得比以前便宜，因而就必须提高生活资料和生产资料生产部门的劳动生产率即整个社会的劳动生产率。

可见，必要劳动时间的缩短或相对剩余价值的生产是整个社会劳动生产率水平提高的结果。

那么，社会劳动生产率的提高又是怎么实现的？社会劳动生产率的提高是从个别企业开始的。个别企业的资本家为了获得更多的剩余价值，会首先采用新技术，使用更加先进的机器设备，提高劳动生产率。这样，就可以缩短生产商品的个别劳动时间，使商品的个别价值低于社会价值，于是，个别企业的资本家就获得了比其他企业更多的剩余价值即超额剩余价值。所谓超额剩余价值，是指个别企业由于提高劳动生产率而使生产的商品的个别价值低于社会价值，但仍按社会价值出售其商品所得的剩余价值。超额剩余价值等于商品的社会价值减去个别价值。超额剩余价值实际上是相对剩余价值的一种特殊形态，因为它也是劳动生产率提高的结果。

超额剩余价值是个别企业的资本家获得的，是一种暂时的现象。因为每个企业的资本家都想获得更多的剩余价值，所以，每个企业都会采用新技术，使用更加先进的机器设备，提高本企业的劳动生产率，当大多数企业的劳动生产率都提高后，整个社会的劳动生产率水平就提高了，商品的社会价值也就随之降低，商品的个别价值与社会价值的差额即超额剩余价值就会消失。但是，社会劳动生产率的提高，又使大多数企业能够获得相对剩余价值。所以，相对剩余价值也是各个企业自发竞争和追求超额剩余价值的结果。

（二）绝对剩余价值生产和相对剩余价值生产的关系

绝对剩余价值生产和相对剩余价值生产作为剩余价值生产的两种基本方法，既有联系，又有区别。

二者的联系是：绝对剩余价值生产是剩余价值生产的一般基础。因为只有将工作日绝对延长到必要劳动时间以上，才能无偿产生剩余价值。同时，绝对剩余价值生产又是相对剩余价值生产的出发点。

二者的区别主要有两个方面：第一，在资本主义发展的不同时期，两者的地位和作用不同。在资本主义发展初期，绝对剩余价值生产起主要的作用；在当代资本主义社会，相对剩余价值生产成为生产剩余价值的主要方法。第二，二者依赖的条件不同。绝对剩余价值生产只同工作日的长短有关，与技术进步无关；而相对剩余价值生产要以技术进步为前提。

四、资本主义工资的本质及其基本形式

（一）资本主义工资的现象与本质

在资本主义社会，工人为资本家劳动，生产产品，资本家给工人支付工资。工人劳动一天，资本家支付一天的工资，如200元；工人生产一件产品，资本家支付一件产品的工资，如50元；工人劳动一个月，资本家就支付一个月的工资，如5000元。这就给人们造成一种假象，好像工人得到的工资是工人全部劳动的报酬，工资似乎是"劳动的价值或价格"。其实，工人出卖给资本家的不是劳动，而是劳动力。因为，劳动不是商品，不能买卖。为什么说劳动不是商品？这是因为以下几点。

（1）劳动在出卖之前不是独立存在的。因而工人不能把劳动当作商品卖给资本家。

（2）如果劳动是商品，也有价值，那就等于说劳动的价值就是劳动。这是同义的反复。

（3）如果劳动是商品，就会违背价值规律或剩余价值规律。如果劳动是商品，就要进行等价交换，工人付出了多少劳动，创造了多少价值，就要得到多少报酬（工资），那资本家就没有剩余价值了，因而就会违背剩余价值规律；如果不进行等价交换，又会违背价值规律。

因此，劳动不是商品，工人出卖给资本家的不是劳动，而是劳动力。工资的本质是劳动力价值或价格的转化形式。资本主义社会中，工资是劳动力价值或价格的转化形式，体现了资本家对工人的剥削关系。公有制经济中，工资也是劳动力价值或价格的转化形式，但不体现剥削关系。在资本主义社会，企业以什么为标准来计算工人的工资数量？这是工资的基本形式问题。

（二）工资的基本形式及其关系

计算和支付工人工资数量的标准主要有两种：一种是按照工人劳动时间的长短计算和支付工资，这种工资形式叫作计时工资；另一种是按照标准质量的劳动成果的数量计算和支付工资，这种工资叫作计件工资。计时工资和计件工资的本质相同，计时工资是计件工资的基础，计件工资是计时工资的转化形式。

（三）工资的变动及其国民差异

分析资本主义社会工人的工资水平及其变动趋势，主要应该看工人实际工资水平的高低。这就需要考察名义工资和实际工资及其关系。所谓名义工资，是指工人出卖劳动力所得到的货币工资。所谓实际工资，就是指工人用货币工资在市场上所能购买到的生活资料和服务的数量。工人实际工资的高低除取决于名义工资数量外，还取决于生活资料和服务的价格水平、房租高低、税负多少等多种因素。如果考虑物价因素，名义工资和实际工资的关系如表3-1所示。

表3-1　名义工资和实际工资的关系

名称	物价不变	物价上涨		物价下跌	
名义工资	提高	降低或不变	提高	不变或提高	降低
实际工资	提高	降低	不确定	提高	不确定

分析资本主义社会工人工资水平的变动，还要考察相对工资和工资的国民差异问题。

相对工资是指与资本家获得的剩余价值相比较的工资，也叫比较工资。在资本主义发展中，相对工资有下降趋势。工资和剩余价值是工人创造的新价值的两部分，在新价值已定的条件下，剩余价值部分增加，工资部分就会相应减少。这种剩余价值和工资水平此消彼长的关系，反映了资本家和工人之间的利益对立。

工资的国民差异，是指各个资本主义国家之间工人的工资水平以及一国内部不同工人之间的工资水平存在的差别。各个资本主义国家之间工人的工资水平之所以存在差异，是由各个国家的历史文化因素和经济发展水平的不同引起的。一国内部不同工人之间工资水平的差异是由多种因素引起的。

第二节　巩固练习题

一、名词解释

1. 资本　2. 不变资本　3. 可变资本　4. 劳动力　5. 剩余价值　6. 绝对剩余价值　7. 相对剩余价值　8. 超额剩余价值　9. 剩余价值率　10. 工资　11. 计时工资　12. 计件工资　13. 名义工资　14. 实际工资　15. 相对工资

二、单项选择题

1. 资本的总公式是（　　）。
   A. $W—G—W$　　　　　　　　B. $G—W—G$
   C. $W—G—W'$　　　　　　　　D. $G—W—G'$
2. 作为资本的货币与作为商品流通手段的货币的根本区别在于能否（　　）。
   A. 购买到商品　　　　　　　　B. 购买到生产资料
   C. 购买到消费资料　　　　　　D. 带来剩余价值
3. 下列说法正确的是（　　）。
   A. 资本最初总是表现为一定数量的货币
   B. 货币本身就是资本
   C. 商品流通和资本流通没有本质区别
   D. 商品流通和资本流通是一回事
4. 资本总公式的矛盾是（　　）。
   A. 等价交换与价值形成的矛盾　　B. 等价交换与价值增值的矛盾
   C. 商品使用价值与价值的矛盾　　D. 生产过程与流通过程的矛盾
5. 关于剩余价值的产生，下列说法正确的是（　　）。
   A. 离开流通领域能够产生剩余价值
   B. 不等价交换可以产生剩余价值
   C. 等价交换可以产生剩余价值
   D. 剩余价值不能从流通中产生
6. 货币转化为资本的根本条件或关键是（　　）。
   A. 劳动成为商品　　　　　　　B. 劳动者成为商品
   C. 生产资料成为商品　　　　　D. 劳动力成为商品
7. 劳动力商品的价值构成不包括（　　）。
   A. 维持劳动者自身生存所需要的生活资料的价值
   B. 劳动者抚养后代所必需的生活资料的价值
   C. 劳动者掌握一定的生产技术所花费的教育和训练的费用
   D. 劳动者进行生产所必需的生产资料的价值
8. 劳动力商品使用价值的特殊性表现在它包含着历史和道德的因素，它在使用过程中能够（　　）。
   A. 转移和保存自身的价值　　　B. 转移生产资料的价值
   C. 创造出商品的使用价值　　　D. 创造出比自身价值更大的价值
9. 剩余价值生产过程是（　　）。
   A. 劳动过程和价值形成过程的统一
   B. 劳动过程和价值增值过程的统一
   C. 价值转移过程和价值形成过程的统一

D. 价值转移过程和价值增值过程的统一

10. 马克思根据资本在价值增值过程中的不同作用将其分为（　　）。
    A. 固定资本和流动资本　　　　B. 不变资本和可变资本
    C. 货币资本和商品资本　　　　D. 货币资本和生产资本

11. 在价值增值过程中，不变资本与可变资本的区别在于（　　）。
    A. 前者不转移价值而后者转移价值
    B. 前者转移价值慢而后者转移价值快
    C. 前者价值增值少而后者价值增值多
    D. 前者不发生价值增值而后者发生价值增值

12. 剩余价值率是剩余价值量与（　　）的比率。
    A. 预付不变资本　　　　　　　B. 全部预付资本
    C. 社会总资本　　　　　　　　D. 预付可变资本

13. 商品价值的构成可以表示为（　　）。
    A. $c+v$　　B. $v+m$　　C. $c+m$　　D. $c+v+m$

14. 在商品的价值中，劳动者新创造的价值是（　　）。
    A. $c+v$　　B. $v+m$　　C. $c+m$　　D. $c+v+m$

15. 相对剩余价值生产的条件是（　　）。
    A. 社会劳动生产率降低　　　　B. 个别劳动生产率提高
    C. 工作时间延长　　　　　　　D. 社会劳动生产率提高

16. 相对剩余价值是（　　）。
    A. 个别资本家提高剥削程度的结果
    B. 一个行业提高劳动生产率的结果
    C. 个别企业提高劳动生产率的结果
    D. 整个社会提高劳动生产率的结果

17. 绝对剩余价值是（　　）。
    A. 延长工作日增加剩余劳动时间的结果
    B. 工作日不变缩短必要劳动时间的结果
    C. 个别企业提高劳动生产率的结果
    D. 整个社会提高劳动生产率的结果

18. 商品的个别价值低于社会价值的差额是（　　）。
    A. 绝对剩余价值　　　　　　　B. 相对剩余价值
    C. 超额剩余价值　　　　　　　D. 平均剩余价值

19. 下列关于超额剩余价值的说法，错误的是（　　）。
    A. 是个别企业首先提高劳动生产率的结果
    B. 是本企业工人的剩余劳动创造的
    C. 是商品的个别价值低于社会价值的差额
    D. 是由本企业先进的机器设备创造的

20. 绝对剩余价值生产和相对剩余价值生产的区别是（　　）。
    A. 前者是后者的基础和出发点　　B. 后者是前者的基础和出发点
    C. 前者以生产技术变革为条件　　D. 后者以生产技术变革为条件
21. 超额剩余价值的源泉是（　　）。
    A. 先进的机器设备　　　　　　B. 本企业工人的必要劳动
    C. 别的企业工人的必要劳动　　D. 本企业工人的剩余劳动
22. 在资本主义社会，资本家雇用工人进行劳动并支付相应的工资。工资的本质是（　　）。
    A. 劳动的价值或价格　　　　　B. 劳动力的价值或价格
    C. 工人剩余劳动的价值或价格　D. 工人全部劳动的价值或价格
23. 名义工资和实际工资的关系是（　　）。
    A. 二者始终一致　　　　　　　B. 二者之间存在差别
    C. 前者上升后者下降　　　　　D. 前者下降后者上升
24. 资本主义工资的两种基本形式是（　　）。
    A. 计时工资和计件工资　　　　B. 名义工资和实际工资
    C. 绝对工资和相对工资　　　　D. 周工资和月工资
25. 在名义工资不变的条件下，如果物价上涨，则实际工资（　　）。
    A. 提高　　　　　　　　　　　B. 下降
    C. 不变　　　　　　　　　　　D. 无法判断
26. 生产资料的价值是通过商品生产者的（　　）。
    A. 具体劳动转移到商品价值中去的
    B. 抽象劳动转移到商品价值中去的
    C. 具体劳动新创造出来的
    D. 抽象劳动新创造出来的
27. 劳动力成为商品的两个条件是劳动者（　　）。
    A. 有完全的人身自由和没有生产资料与生活资料
    B. 有完全的人身自由和拥有生产资料与生活资料
    C. 没有人身自由和拥有生产资料与生活资料
    D. 没有人身自由和没有生产资料与生活资料
28. 个别资本家提高劳动生产率的直接目的是（　　）。
    A. 获取绝对剩余价值　　　　　B. 获取相对剩余价值
    C. 获取超额剩余价值　　　　　D. 降低劳动力价值
29. 价值增值过程是超过"一定点"而延长了的价值形成过程，这个"一定点"是指（　　）。
    A. 工人生产使用价值的时间
    B. 工人补偿劳动力价值的时间
    C. 工人转移生产资料价值的时间

D. 工人创造新价值的时间

30. 劳动力成为商品是货币转化为资本的前提条件，这是因为（　　）。
    A. 资本家购买的是劳动力的价值
    B. 劳动力商品具有价值和使用价值
    C. 货币所有者购买的劳动力能够带来剩余价值
    D. 劳动力自身的价值能够在消费过程中转移到新的商品中去

31. 能够准确反映资本主义剥削程度的指标是（　　）。
    A. 利润率　　　　　　　　　B. 利息率
    C. 剩余价值率　　　　　　　D. 平均利润率

32. 劳动力价值的决定的一个重要特点是（　　）。
    A. 它由剩余价值决定　　　　B. 它包含历史和道德的因素
    C. 它由自身的使用价值决定　D. 它由市场供求关系决定

33. 资本主义工资之所以掩盖了剥削，是因为它（　　）。
    A. 表现为劳动的价值或价格　B. 表现为劳动力的价值或价格
    C. 是工人必要劳动创造的价值　D. 是工人剩余劳动创造的价值

34. 马克思通过对资本主义生产中价值增值过程的分析，把雇佣工人的劳动时间分为（　　）。
    A. 生产使用价值的时间和生产价值的时间
    B. 转移旧价值的时间和创造新价值的时间
    C. 生产生产资料价值的时间和生产剩余价值的时间
    D. 再生产劳动力价值的时间和生产剩余价值的时间

三、多项选择题

1. 从对 $G—W—G'$ 资本总公式的分析中可以发现（　　）。
    A. 资本以追求剩余价值为目的
    B. 剩余价值是在流通过程中产生的
    C. 货币要转化为资本，必须能带来剩余价值
    D. 剩余价值是在生产过程中产生的
    E. 剩余价值不是在流通中产生的，但也不能离开流通

2. 剩余价值（　　）。
    A. 是工人创造的超过劳动力价值的价值
    B. 其源泉是劳动力的使用价值
    C. 是工人在剩余劳动时间里创造的价值
    D. 有私人剩余价值和公有剩余价值之分
    E. 体现了投资者与工人之间的某种经济关系

3. 资本（　　）。
    A. 是能够带来剩余价值的价值
    B. 是一个历史范畴
    C. 不是物而是一种社会生产关系
    D. 具有垫支性、增值性、运动性
    E. 是厂房、机器等生产资料本身
4. 资本的共性特征有（　　）。
    A. 垫支性　　　　B. 运动性　　　　C. 增值性
    D. 风险性　　　　E. 剥削性
5. 资本家增加剩余价值总量的办法有（　　）。
    A. 延长剩余劳动时间
    B. 增加雇佣劳动者人数
    C. 压低雇佣工人工资
    D. 提高雇佣工人劳动强度
    E. 加强经营管理，提高劳动生产率
6. 相对剩余价值是（　　）。
    A. 在必要劳动时间不变的前提下通过延长工作日实现的
    B. 在工作日不变的前提下通过缩短必要劳动时间实现的
    C. 个别企业追求超额剩余价值的结果
    D. 社会劳动生产率提高的结果
    E. 劳动力价值提高的结果
7. 超额剩余价值是（　　）。
    A. 个别企业首先提高劳动生产率的结果
    B. 商品的个别价值低于社会价值的差额
    C. 本企业工人剩余劳动创造的
    D. 暂时的现象
    E. 由本企业先进的机器设备创造的
8. 下列关于工资的说法，正确的有（　　）。
    A. 工资的本质是劳动力的价值或价格
    B. 工资的本质是劳动的价值或价格
    C. 工资表现为劳动的价值或价格
    D. 工资的基本形式是名义工资和实际工资
    E. 工资的基本形式是计时工资和计件工资
9. 相对剩余价值生产和绝对剩余价值生产的联系与区别是（　　）。
    A. 前者是后者的基础和出发点
    B. 后者是前者的基础和出发点
    C. 前者以生产技术变革为条件

D. 后者以生产技术变革为条件

E. 前者与生产技术的高低无关

10. 劳动力商品（　　）。

    A. 有使用价值和价值

    B. 与其他商品毫无区别

    C. 其价值决定包含历史的和道德的因素

    D. 其价值的大小不能直接用劳动时间来决定

    E. 其使用价值的特殊性在于它是价值和剩余价值的源泉

11. 相对剩余价值是（　　）。

    A. 单个资本家提高剥削程度的结果

    B. 某个行业提高劳动生产率的结果

    C. 单个企业提高劳动生产率的结果

    D. 整个社会提高劳动生产率的结果

    E. 个别企业追逐超额剩余价值的结果

12. 资本家获取绝对剩余价值的方法有（　　）。

    A. 提高劳动生产率　　　　B. 延长工作日长度

    C. 改进生产技术　　　　　D. 提高劳动强度

    E. 缩短必要劳动时间

13. 资本流通公式与商品流通公式的区别在于（　　）。

    A. 前者以商品为媒介，后者以货币为媒介

    B. 前者以货币为媒介，后者以商品为媒介

    C. 前者的目的在于获取更多的价值，后者的目的在于使用价值

    D. 前者是为了卖而买，后者是为了买而卖

    E. 前者是为了买而卖，后者是为了卖而买

14. 美国导演迈克尔·摩尔在他的最新纪录片《资本主义：一个爱情故事》问世以来，一直颇受关注。"资本主义"为何与"爱情故事"联系起来呢？摩尔解释说，这是一种"贪婪之爱"，喜爱财富的人不仅爱他们自己的钱，也爱你口袋中的钱……很多人不敢说出它的名字，真见鬼，就说出来吧。这就是"资本主义"。对金钱的"贪欲"与资本主义连为一体，是因为（　　）。

    A. 资本就是人格化的资本

    B. 赚钱体现了人的天然本性

    C. 资本的生命在于不断运动和不断增值

    D. 追逐剩余价值是资本主义生产方式的绝对规律

15. 伴随着生产力发展，科技进步及阶级关系调整，当代资本主义社会的劳资关系和分配关系发生了很大变化。其中资本家及其代理人为缓和劳资关系所采取的激励制度有（　　）。

    A. 职工参与决策制度　　　　B. 职工终身雇佣制度

C. 职工选举管理制度　　　　　D. 职工持股制度

四、判断题

1. 货币是资本的最初表现形式，所以货币本身就是资本。（　　）
2. 资本的总公式是 $G—W—G$。（　　）
3. 资本总公式的矛盾是等价交换与不等价交换的矛盾。（　　）
4. 货币与资本的根本区别在于能否带来剩余价值。（　　）
5. 剩余价值不能在流通中产生，又不能离开流通而产生。（　　）
6. 劳动力成为商品是货币转换为资本的根本条件。（　　）
7. 货币转化为资本的前提和关键是劳动力成为商品。（　　）
8. 劳动力商品的最大特点在于它的使用价值的特殊性。（　　）
9. 劳动力商品的使用价值是剩余价值的唯一源泉。（　　）
10. 资本主义生产过程表现为劳动过程和价值增值过程的统一。（　　）
11. 价值增值过程就是超过一定点而延长了的价值形成过程。（　　）
12. 剩余价值规律是资本主义的基本经济规律。（　　）
13. 剩余价值规律不是资本主义特有的规律，而是市场经济发展的一般规律。（　　）
14. 剩余价值率是剩余价值与预付总资本的比率。（　　）
15. 相对剩余价值的生产是整个社会提高劳动生产率的结果。（　　）
16. 绝对剩余价值的生产是相对剩余价值生产的基础和出发点。（　　）
17. 资本主义工资的本质是劳动力价值或价格的转化形式。（　　）
18. 工资的本质是劳动力的价值或价格，但表现为劳动的价值或价格。（　　）
19. 计件工资是计时工资的基础，计时工资是计件工资的转化形式。（　　）
20. 不变资本是价值增值的必要条件，因此不变资本也是剩余价值的源泉。（　　）
21. 工人给资本家做工，资本家付给工人工资，因此工资是工人劳动的价值或价格。（　　）
22. 超额剩余价值是个别企业首先提高劳动生产率的结果。（　　）
23. 劳动力商品使用价值的特殊性表现在能够创造出比自身价值更大的价值。（　　）
24. 劳动力是存在于劳动者身体之内并在劳动过程中所运用的体力和脑力的总和。（　　）
25. 劳动力商品的价值决定有一个特殊性，即它包含着历史和道德的因素。（　　）
26. 区分不变资本和可变资本的依据是资本的不同部分的价值周转方式不同。（　　）
27. 资本主义工资的两种基本形式是名义工资和实际工资。（　　）
28. 相对工资是与资本家获得的剩余价值相比较的工资，也叫比较工资。（　　）
29. 工资的国民差异是指各个资本主义国家之间的工资水平存在的差别。（　　）

30. 我国现阶段公有制经济中的劳动力具有商品的属性，但不一定成为商品。(   )
31. 资本主义生产过程是劳动过程和价值形成过程的统一。   （   ）
32. 剩余价值率是剩余价值量与预付可变资本的比率。   （   ）
33. 资本主义工资的两种基本形式是计时工资和计件工资。   （   ）
34. 对于个别企业来说，超额剩余价值通常只是暂时的现象。   （   ）

五、简答题

1. 为什么说劳动力成为商品是货币转化为资本的条件？
2. 劳动力商品的价值是怎样决定的？有何特点？
3. 相对剩余价值是怎样生产出来的？
4. 简述不变资本与可变资本划分的依据和意义。
5. 为什么说工资的本质是劳动力的价值或价格，而不是劳动的价值或价格？

六、案例分析题

随着社会主义市场经济的发展，我国一些居民由于手中积累了大量的货币财富，因此成为"资本家"。从其货币财富的来源来看，大致可以分为三种情况：一是一些人通过自身劳动与智力的超常发挥，在合乎社会主义市场经济规范的条件下，取得了大量的超过他人的收入，这些收入资本化后就使其变成了资本家。二是一些人通过占有优越的自然条件或社会条件，垄断性地取得大量的超过他人的收入，而成为资本家。三是一些人通过社会不允许的欺诈、阴谋盘算、巧取豪夺等不道德、不仁义的手段，占有或是剥夺了他人的财产而成为巨富的资本家。请回答以下几个问题：

（1）什么是资本？资本有哪些特征与属性？
（2）请用政治经济学的基本原理分析上述现象合理与否。
（3）在我国社会主义市场经济中，我国私营经济中是否存在剥削？怎么看待？

第三节　参考答案

一、名词解释

1. 资本是指能带来剩余价值的价值。资本在物质内容上和现象上表现为一定数量的货币和生产资料，但货币和生产资料本身并不就是资本，只有当货币和生产资料用于剥削雇佣工人的剩余劳动而带来剩余价值时才成为资本。所以，资本的本质不是物，而是体现资本家和雇佣工人之间剥削与被剥削的生产关系。

2. 不变资本是"可变资本"的对称，是指以生产资料（包括厂房、机器设备、工具、原材料等）的形式存在的那一部分资本。在生产过程中，经过工人的具体劳动，其价值逐步或一次全部转移到新产品中去，而不增大其原有价值，所以叫不变资本。不变资本不是剩余价值的来源，是资本家占有剩余价值的必要条件。

3. 可变资本是"不变资本"的对称，是指用来购买劳动力的那部分资本或者说支付工人工资的那部分资本。在生产过程中，工人的劳动不仅再生产出劳动力价值，而且创造出剩余价值。这部分资本能发生量的变化，所以叫可变资本。可变资本是剩余价值的来源。

4. 劳动力是指人的劳动能力，是存在于劳动者身体之内并在劳动过程中所运用的体力和脑力的总和。劳动力成为商品是货币转化为资本的根本条件，劳动力要成为商品，必须具备两个基本条件：一是劳动力的所有者有完全的人身自由；二是劳动力所有者除了自身的劳动力外，一无所有，既没有生产资料，也没有生活资料。

5. 剩余价值是指由雇佣工人在剩余劳动时间内创造的超过劳动力价值的价值。在资本主义社会，剩余价值被资本家无偿占有，体现了资本家与雇佣工人之间剥削与被剥削的关系。剩余价值是马克思主义政治经济学中的一个核心概念。

6. 绝对剩余价值是指在必要劳动时间不变的条件下，延长工作日的长度使剩余劳动时间绝对延长而生产出来的剩余价值。绝对剩余价值的生产与生产技术水平的高低无关。

7. 相对剩余价值是指在工作日长度不变的条件下，由于必要劳动时间缩短，剩余劳动时间相应延长所生产出来的剩余价值。相对剩余价值生产的关键在于缩短必要劳动时间。相对剩余价值生产要以整个社会劳动生产率提高为条件。

8. 超额剩余价值是指个别企业生产的商品的个别价值低于社会价值，而仍按社会价值出售其商品所获得的那部分剩余价值，是商品的个别价值低于社会价值的差额。超额剩余价值是个别企业首先提高劳动生产率的结果，也是由工人的剩余劳动创造的，个别企业获得超额剩余价值的状况是暂时的。

9. 剩余价值率是指剩余价值（m）与可变资本（v）的比率，或工人的剩余劳动时间与必要劳动时间的比率。计算公式为 $m'=m/v$ 或剩余劳动时间/必要劳动时间。剩余价值率反映了资本家对工人的剥削程度。

10. 工资是指劳动力的价值或价格的转化形式，这是工资的本质。工资在现象上表现为劳动的价值或价格，是由资本主义生产关系决定的，工资体现了资本家对工人的剥削关系。工资的基本形式是计时工资和计件工资。

11. 计时工资是指按照工人的劳动时间支付的工资，即按照劳动时间支付的劳动力价值，是工资的两种基本形式之一，是计件工资的基础。

12. 计件工资是指按照标准质量的劳动成果的数量支付的工资，是工资的两种基本形式之一，是计时工资的转化形式。

13. 名义工资是指工人出卖劳动力所得到的货币额，即货币工资。名义工资一般不能准确反映工人的实际生活水平。

14. 实际工资是指工人用货币工资在市场上能够购买到的生活资料和服务的数量。实际工资能够反映劳动者的实际生活水平。

15. 相对工资是指与资本家获得的剩余价值相比较的工资，也叫比较工资。相对工资存在下降的趋势。工资和剩余价值是工人创造的新价值，剩余价值部分增加，工资部分就会相应减少，这种剩余价值与工资水平此消彼长的关系，反映了资本家和工人之间的利益对立。

二、单项选择题

1. D   2. D   3. A   4. B   5. D   6. D   7. D   8. D   9. B   10. B
11. D 12. D 13. D 14. B 15. D 16. D 17. A 18. C 19. D 20. D
21. D 22. B 23. B 24. A 25. B 26. A 27. A 28. C 29. B 30. C
31. C 32. B 33. A 34. D

三、多项选择题

1. ACDE   2. ABCDE   3. ABCD   4. ABC   5. ABCDE
6. BCD   7. ABCD   8. ACE   9. BC   10. ACDE
11. DE   12. BD   13. ACD   14. CD   15. ABD

四、判断题

1. ×   2. ×   3. ×   4. √   5. √
6. √   7. ×   8. √   9. √   10. √
11. √ 12. √ 13. √ 14. × 15. √
16. √ 17. √ 18. √ 19. √ 20. ×
21. × 22. √ 23. √ 24. √ 25. √
26. √ 27. × 28. √ 29. √ 30. √
31. × 32. √ 33. √ 34. √

五、简答题

1. 资本最初表现为一定数量的货币，但货币本身并不是资本。货币要转化为资本，就必须带来剩余价值，资本是能够带来剩余价值的价值。

剩余价值不是在流通领域产生的，无论是等价交换还是不等价交换，都不能产生剩余价值。剩余价值是在生产领域中产生的，它是由雇佣工人的剩余劳动创造的超过劳动力价值的被资本家无偿占有的价值。但它的产生不能离开流通领域，只有通过流通领域，资本家才能购买到特殊商品劳动力，它的使用不仅能创造价值，而且能创造比自身价值更大的价值，才可能使货币转化为资本。

所以，劳动力成为商品是货币转化为资本的根本条件。

2. 劳动力的价值和其他商品的价值一样，也是由生产和再生产这种商品的社会必要劳动时间决定的。具体来说，劳动力的价值包括三个部分：一是维持劳动者自身生存所需要的生活资料的价值，以满足生产和再生产劳动力的基本生活需要。二是维持劳动者家属生存所需要的生活资料的价值，用以延续后代，保持劳动力源源不断地供应。三是劳动者的教育或训练费用。总的来说，劳动力的价值是由生产、发展、维持和延续劳动力所必需的生活资料的价值来决定的。

劳动力价值的决定，又和其他商品价值的决定有不同的特点，还包含一个历史和道德的因素。

3. 相对剩余价值是指在劳动日长度不变的条件下，由于必要劳动时间缩短、剩余劳动时间相应延长而产生的剩余价值。

要生产出相对剩余价值，关键在于缩短必要劳动时间。要缩短必要劳动时间，必须降低劳动力价值。在工人实际生活水平不降低的条件下，要降低劳动力价值，就必须降低再生产劳动力所必需的生活资料的价值，只有生活资料的价值普遍降低了，劳动力的价值才能降低。要降低生活资料的价值，必须提高有关生产部门——包括同生产生活资料直接、间接相关的生产资料部门的劳动生产率。可见，缩短必要劳动时间，生产相对剩余价值，是整个社会劳动生产率提高的结果。

4. （1）区分不变资本和可变资本的依据是资本的不同组成部分在剩余价值生产过程中的不同作用。以生产资料的形式存在的资本，它的价值在生产过程中被转移到新产品中去，并不改变自己的价值量，所以叫不变资本，可用英文字母"c"表示。以劳动力的形式存在的资本，它的价值在生产过程中由工人的劳动再生产出来，并且生产出大于它自身的价值，从而使价值发生了增值，所以叫可变资本，可用英文字母"v"表示。

（2）将资本区分为不变资本和可变资本是马克思首先进行的，这种区分具有非常重要的意义。第一，揭示了剩余价值的真正来源。剩余价值不是由全部资本产生的，也不是由不变资本产生的，而是由可变资本产生的，雇佣工人的剩余劳动是剩余价值产生的唯一源泉；第二，为考察资本主义剥削程度提供了科学依据。剩余价值率（剩余价值/可变资本）科学反映了资本家对工人的剥削程度。

5. （1）如果劳动是商品，价值量就无法计算；劳动不是独立存在的实体，不能作为商品出卖；把劳动看作商品，不是违反价值规律，就是违背剩余价值规律。因此，劳动不是商品，劳动者出卖的不是劳动，工资的本质不是劳动的价值或价格。

（2）劳动力才是商品，劳动者出卖的是自己的劳动力。因此，工资的本质是劳动力的价值或价格的转化形式，而不是劳动的价值或价格。

（3）马克思在区分劳动力和劳动的基础上，创立了科学的工资理论。

六、案例分析题

（1）资本是能够带来剩余价值的价值，它是一种生产关系。从资本的价值运动形式看，资本具有一般共同属性：一是垫支性，二是运动性，三是增值性。资本与不同社会经济制度结合在一起，表现为不同的社会属性，这体现资本的特殊性质。

（2）上述现象是否合理，要具体分析。第一，如果是通过自身的努力，积累了超过他人的财富，这种资本的形成途径就是合理的，是完全符合社会主义市场经济原则和道德规范的，是经济发展和社会进步的重大推动力量之一，应当大力肯定和保护。第二，对于那些通过占有优越的自然条件和社会条件获得大大超过他人的收入而成为资本家的人，政府应当通过政策的途径对他们的高收入进行必要的扣除或调节。第三，那些通过非正常途径取得高收入而成为资本家的，由于收入和资本的形成中，充满了不道德、不仁义，甚至充满了残酷的掠夺与占有，它既不符合社会主义市场经济的规范，也与社会主义道德规范相冲突。因此，对于这样的资本形成途径应坚决取缔。

（3）我国私营经济中存在一定程度的剥削，但现阶段这种剥削对发展经济、增加就业和收入还具有一定的积极作用，所以，在一定范围内、一定程度上还应允许存在，但是，政府应该对私营经济加强监管，促使私营经济规范发展。

第四章 资本积累

第一节 重要知识点

第三章已经讲过,生产剩余价值的两种基本方法是绝对剩余价值生产和相对剩余价值生产,这两种生产方法都可以在生产规模不变的条件下采用。其实,要生产出更多的剩余价值,还可以通过扩大生产规模来实现。而要扩大生产规模,就必须增加厂房、机器设备、原材料以及劳动力的数量,因此,必须增加资本的投入。增加的资本从何而来?增加资本的途径有很多,如向银行借款、发行股票或债券筹集资本等,这些途径要求很高,一般小微型企业行不通。除了这些筹资途径之外,还可以通过自身进行积累,这就是资本积累。

一、资本积累的实质及资本积累规模决定因素

(一)扩大再生产和资本积累的含义及实质

人类为了生存和发展,任何时候都不能停止消费,因而也不能停止生产,社会生产必须连续不断地进行。不断重复、不断更新的生产或连续不断、重复进行的社会生产就是再生产。再生产按照规模是否变化可以分为简单再生产和扩大再生产两种类型。简单再生产是指在原有的规模上重复进行的再生产,扩大再生产是指在扩大的规模上重复进行的再生产。再生产按照内容不同可以分为物质资料再生产、资本价值再生产和生产关系再生产三个方面。社会再生产的主要形式和特点不是简单再生产,而是扩大再生产。

资本主义扩大再生产,就是资本家把剩余价值的一部分作为资本投入生产,用来购买追加的生产资料和劳动力,使生产在扩大的规模上重复进行的资本主义再生产。例如,某个资本家去年投入生产的资本总额是 1000 万元,其中不变资本为 800 万元,可变资本为 200 万元,经过一年的生产经营获得了 200 万元的剩余价值,今年该资本家将 100 万元的剩余价值作为追加资本投入生产,这样该资本家今年的投资规模就增加到 1100 万元,今年的生产规模就扩大了。资本主义再生产的主要形式和特点是扩大再生产,要扩大生产规模,就必须把剩余价值的一部分转化为追加资本。

把剩余价值再转化为资本或者剩余价值的资本化,就叫作资本积累。从剩余价值到资本的转化过程就是资本的积累过程。剩余价值是资本积累的唯一源泉,资本积累是扩

大再生产的主要源泉。资本家剥削工人的剩余价值越多，资本积累就越多；资本积累越多，就更能增加机器设备、原材料的数量以及雇佣工人的人数，从而获得更多的剩余价值。因此，在扩大再生产过程中，资本家会不断通过剩余价值的资本化来扩大自己的资本、扩大生产规模，又以此扩大对工人的剥削，从而获得更多的剩余价值，这就是资本积累的实质。

资本家为什么要进行资本积累和扩大再生产？主要有内外两个方面的原因：一方面，追求剩余价值是资本家进行资本积累和扩大再生产的内在动力。资本主义生产的目的就是获得更多的剩余价值，这个内在动力推动着资本家不断进行资本积累。另一方面，企业之间的激烈竞争是迫使资本家进行资本积累和扩大再生产的外在压力。企业之间的竞争是以经济实力为基础的，一般来说，在市场竞争中大企业比小企业更有优势，只有不断进行积累，扩大生产规模，提高竞争能力，才能在激烈的市场竞争中立于不败之地，否则就有失败和破产的危险。

资本积累的规模或积累量取决于哪些因素？由于资本积累的源泉是剩余价值，因此，资本积累的规模或积累量是由剩余价值量以及剩余价值分割为积累和消费的比例等因素决定的。在剩余价值分割为积累与消费的比例已定的情况下，决定剩余价值量的因素就是决定资本积累规模或积累量的因素。

（二）决定资本积累规模或积累量的因素

具体来说，决定资本积累规模或积累量的因素主要有以下四个。

（1）对劳动力的剥削程度即剩余价值率的高低。因为，$m=m'×v$。在其他条件相同的情况下，剩余价值率越高，同量的可变资本带来的剩余价值数量就越多，资本积累量就越大。因此，资本家为了获得更多的剩余价值，增加资本积累量，往往通过压低工人的工资、延长工人的劳动时间和提高劳动强度等方法，提高对劳动力的剥削程度，即提高剩余价值率。

（2）劳动生产率水平。劳动生产率包括个别企业的劳动生产率和社会劳动生产率。个别企业劳动生产率提高，能使个别企业获得超额剩余价值，从而使个别企业的资本积累量增加；社会劳动生产率提高，能使多数企业获得相对剩余价值，从而能使企业的资本积累量增加；社会劳动生产率提高，能使生产资料的价值降低，即能使企业减少不变资本的支出，从而能使企业的资本积累量增加；社会劳动生产率的提高还能降低生活资料的价值，即能使资本家降低消费支出，从而能使企业的资本积累量增加。

（3）所用资本和所费资本的差额。所用资本是在生产中所使用的全部预付资本，所费资本是在生产中实际耗费的资本。在生产过程中，所使用的机器设备、厂房等劳动资料能够使用若干年，不是一次全部被消耗掉，而是经过多次使用逐渐消耗掉的，其价值也是一部分一部分地转移到产品中去的，因此，所用资本与所费资本之间必然形成一定的差额，二者差额的大小取决于劳动资料的使用年限的长短，使用年限越长，二者的差额就越大。一般来说，二者的差额越大，越能节省不变资本的投入，从而越有利于资本积累量的增加。当然，二者的差额也不是越大越好。

（4）预付资本总量。在其他条件（如剩余价值率、不变资本与可变资本的比例等）

既定的情况下，预付资本越多，其中的可变资本就越多，资本家就可以雇用更多的工人，因而剩余价值量就越多，从而越有利于增加资本积累。

此外，还有一些因素也会影响到资本积累规模的大小，如资本有机构成的高低等。资本有机构成高低对资本积累规模的影响是：在其他条件（如预付资本总量和剩余价值率）相同的情况下，资本有机构成越高，可变资本的数量就越少，剩余价值量也就越少，因而资本积累规模就越小。

随着企业资本积累的不断增加，企业资本的构成也会发生变化，因此还要进一步研究企业资本的构成。

二、资本有机构成与个别资本增大的形式

（一）资本有机构成及其变化趋势

企业的资本是由哪些部分构成的？任何企业资本的构成都可以从两个方面来考察：一方面是技术构成，另一方面是价值构成。

1. 资本的技术构成

企业要进行生产，需要购买生产资料和劳动力这两种物质要素。因此，从物质构成来看，企业的资本都是由一定数量的生产资料和劳动力构成的，两者之间存在一定的比例。例如，某个纺织厂有1000台纺织机，雇用了2000个工人，那么，纺织机与工人之间的数量比例就是 1∶2。生产资料和劳动力数量比例的大小是由什么决定的？一般来说，这种比例的大小是由各生产部门的特点和生产技术水平决定的。生产技术水平越高的部门或企业，生产资料就越先进，每个劳动者所使用或操作的生产资料的数量就越多，生产资料和劳动力的数量比例就越高；反之，生产技术水平越低，生产资料和劳动力的数量比例就越低。如农业部门生产技术水平较低，劳动者数量较多；工业部门生产技术水平较高，生产资料先进，劳动者数量较少。因此，农业部门生产资料和劳动力的数量比例比工业部门低。这种由生产技术水平决定或反映生产技术水平的生产资料的数量和使用这些生产资料的劳动力数量之间的比例，叫作资本的技术构成。

2. 资本的价值构成

从价值构成来看，生产资料的价值表现为不变资本（c），劳动力的价值表现为可变资本（v）。因而，企业的资本又是由一定数量的不变资本和可变资本构成的，二者之间也存在一定的比例。不变资本和可变资本的比例叫作资本的价值构成，用 $c∶v$ 表示。

资本的技术构成和价值构成之间存在着密切的联系。由于计算价值构成必须知道生产资料和劳动力的数量及其价格，因此，资本的价值构成以资本的技术构成为基础，资本的技术构成决定资本的价值构成，资本的技术构成变化了，资本的价值构成也会发生变化，而资本的价值构成变化通常可以反映资本技术构成的变化，但这种反映并不是同

比例的，因为生产资料和劳动力的价格变化可能不同。马克思把这种由资本的技术构成决定，并反映资本技术构成变化的资本价值构成叫作资本有机构成。资本有机构成用价值构成 $c:v$ 表示。为什么用价值构成表示？因为生产资料的种类有很多，不同生产资料的计量单位不同，因此，一个企业的资本技术构成有很多种不同的比例，而资本价值构成只有一个比例。

资本有机构成理论是马克思主义政治经济学的重要理论。理解这一理论需要注意两个问题：一是资本价值构成的变化，并不都是由技术构成的变化引起的。例如，生产资料和劳动力价格的变化，也会引起资本价值构成的变化，但这种变化不反映技术构成的变化。资本技术构成相同的，资本价值构成可以不同；资本价值构成相同的，资本技术构成也可以不同。二是资本有机构成在不同的生产部门和企业是不一样的，因为它们的生产条件不同。一般来说，重工业部门的资本有机构成比较高，轻工业部门的资本有机构成比较低。

资本有机构成会随着资本积累和技术进步而提高，也会因劳动力价值即工资的上涨而下降。资本有机构成究竟是提高还是下降，取决于许多因素的共同作用。不过，随着资本积累的不断增加和技术的不断进步，资本家为了获得更多的剩余价值并在竞争中处于优势地位，必然努力采用先进的技术装备，这样，用于购买生产资料的不变资本在总资本中所占的比例必然提高。同时，先进技术装备的使用必然大大提高劳动生产率，使每个劳动力能够使用或操作更多的生产资料。资本技术构成的这种变化，反映在价值构成上就是不变资本的比重提高，可变资本的比重降低。因此，在资本积累过程中，随着技术的不断进步，社会的资本有机构成是逐步提高的，这是一种必然的趋势。

资本有机构成的提高需要具备一个前提，这个前提就是个别资本的增大。因为，如果个别资本不增大，企业就没有资金购买先进的机器设备和进行技术改造，资本有机构成就不能提高。所以，资本有机构成的提高要以个别资本的增大为前提。那么，个别资本的增大可以采取哪些形式？可以采取资本积聚和资本集中两种基本形式。

（二）个别资本增大的两种形式及其关系

1. 资本积聚

假设某个资本家去年投入到生产中的资本总额为 1000 万元，其中可变资本为 200 万元，经过一年的生产经营获得了 200 万元的剩余价值。该资本家今年将 200 万元剩余价值中的一半即 100 万元当作资本使用，投入生产，这样该资本家今年投入的资本总额就由去年的 1000 万元增加到 1100 万元。资本家的这种做法就是资本积聚。资本积聚是指个别资本家依靠自身的积累，即将剩余价值转化为资本来增大自己的资本总额。由此可见，资本积累是资本积聚的基础，资本积聚是资本积累的直接结果。资本积累越多，资本积聚的规模就越大，个别资本总额也就越大。

资本积聚的规模会受到一些因素的限制，主要是两个方面：一是受到剩余价值总量和社会财富总量的限制，二是受到社会资本分散程度的限制。有什么形式可以突破上面两种限制？资本集中可以突破。

2. 资本集中

资本集中是指把若干个已经存在的、分散的、规模较小的资本合并或联合起来形成规模较大的资本。资本集中通常又可以通过三种具体形式来实现。

第一种是并购（兼并收购）。并购是资本集中的重要形式，是通过竞争实现的。并购是指大资本兼并或收购中小资本形成更大的资本，俗称"大鱼吃小鱼，小鱼吃虾米"，这种形式可以用公式表示为：甲（乙）=甲。

第二种是联合。联合是指两个以上的实力和规模相当的资本联合起来形成更大的资本。联合一般是强强联合或弱弱联合，是建立在双方信用基础之上的。例如，2015年中国南车股份有限公司和中国北车股份有限公司合并成为中国中车股份有限公司。联合这种形式可以用公式表示为：甲+乙=丙。

第三种形式是创办股份公司、发行股票。这种形式也是以信用为基础的。如贵阳银行在2016年8月，向社会公众公开发行了5亿股股票，每股发行价是8.49元人民币，共筹集到了40多亿元资本，资本规模迅速增加了40多亿元。

由此可见，竞争和信用是资本集中的两个强有力的杠杆。

3. 资本积聚和资本集中的关系

资本积聚和资本集中作为个别资本增大的两种形式，是相互联系、相互促进的。

（1）资本积聚可以促进资本集中。因为随着资本积聚的不断进行，个别资本的规模日益扩大，兼并收购其他中小企业的能力日益增强，从而加快资本集中的速度。

（2）资本集中也可以促进资本积聚。因为资本集中可以使企业的资本规模迅速扩大，企业能够获得更多的剩余价值，从而增加资本积累和资本积聚的规模。

资本积聚和资本集中又有明显的区别。

（1）资本积聚是单个资本的自我积累，资本集中是社会资本的合并或联合。

（2）结果不同。资本积聚会增大社会总额，因为，资本积聚是以个别资本的积累为基础的，随着个别资本规模的增大，社会资本总额也增大；而资本集中不会增大社会资本总额，因为，资本集中是原有资本的合并或联合。如原来甲企业的资本规模是110亿元，乙企业的资本规模是100亿元，两个企业的总资本是210亿元；甲、乙两个企业合并之后资本总额仍然是210亿元，没有增大。

（3）资本增长的速度不同。资本积聚的增长速度较缓慢，是蜗牛爬行式的增长，因为资本积聚受到剩余价值和社会财富的限制；而资本集中的增长速度非常快，是闪电式的增长，因为，资本集中不受剩余价值和社会财富的限制。

为了便于理解和掌握个别资本增大的两种方式及其关系，可以看一首打油诗：资增方式有两种，资本积聚和集中，相互促进联系紧，结果速度各不同。

资本有机构成的提高是社会经济发展的必然趋势。在资本主义条件下，随着资本有机构成的提高，资本积累必然造成相对人口过剩，导致部分工人失业，对工人阶级的生存状况产生重要影响。因此，还要研究相对过剩人口和资本积累的一般规律。

三、相对过剩人口和资本积累的一般规律

（一）相对过剩人口的形成及其基本形式

资本主义社会相对过剩人口的成因可以从资本对劳动力的需求和劳动力的供给两个方面进行分析。

从资本对劳动力的需求来看，随着资本有机构成的提高，资本积累虽然引起资本总量增加，但是不变资本所占的比重提高，可变资本所占的比重降低。资本对劳动力的需求不是取决于资本总量而是取决于可变资本量，随着资本积累和资本有机构成的提高，虽然由于可变资本绝对量增加而使劳动者就业增加，但由于可变资本在总资本中所占比重降低，资本对劳动力的需求会相对减少。此外，在一些部门或企业，由于进行技术改造和采用先进技术，资本有机构成提高，原有资本中的不变资本比重提高，绝对量增加，可变资本比重降低，绝对量减少，从而出现企业解雇或辞退工人的情况。这就是资本有机构成提高情况下资本积累所引起的资本对劳动力需求的绝对减少，即"机器排挤工人"的现象。因此，基于资本有机构成提高的资本积累，会引起资本对劳动力的需求量相对减少甚至绝对减少。

从劳动力的供给来看，劳动力的供给数量绝对增加。首先，随着技术不断进步和机器的广泛使用，许多工作所要求的体力劳动的繁重程度大大减轻，操作也大大简化，这样，资本家可以大量使用童工、女工来取代成年男工。其次，竞争和两极分化会使大批农民和小商品生产者，甚至一些中小资本家破产，加入雇佣工人的队伍。这些因素都会导致劳动力供给的绝对增加。

资本对劳动力的需求相对减少甚至绝对减少，劳动力的供给又绝对增加，这两种因素同时存在，必然形成相对过剩人口。马克思所分析的相对过剩人口，就是指超过资本需要而形成的相对多余的劳动人口。显然，资本主义的这种人口过剩是相对的，而不是绝对的。也就是说，这种相对过剩人口不是社会上绝对多余的人口，不是社会财富和生产能力已经容纳不了的人口，而仅仅是劳动力的供给超过了资本积累对劳动力的需求的过剩人口。所以，相对过剩人口是资本主义积累的必然产物。

相对过剩人口不仅是资本主义积累的必然产物，而且是资本主义生产方式存在和发展的必要条件。首先，相对过剩人口的存在所形成的产业后备军，使资本主义生产的发展随时都能获得可以榨取的劳动力。资本主义生产通常具有周期性，产业后备军就像一个储存劳动力的"蓄水池"，可以随时调节资本对劳动力的需求，资本家可以"召之即来、挥之即去"。其次，由于相对过剩人口的存在，资本家还可以加强对在业工人的剥削。因为，在存在大量失业工人的情况下，劳动力必然供过于求，资本家不仅可以从市场上购买到更廉价的劳动力，还以此相威胁，来压低在业工人的工资，迫使他们提高劳动强度，等等。

资本主义社会的相对过剩人口主要有以下三种基本形式。

（1）流动的过剩人口。流动的过剩人口即暂时从生产过程中被排挤出来的失业工人。流动的过剩人口产生的基本原因，是资本主义国家各个部门生产发展、资本流动和资本有机构成变化的不平衡以及再生产过程中危机与繁荣时期的互相交替进行。

（2）潜在的过剩人口。潜在的过剩人口即在农村靠经营一小块土地和做短工维持生活的人。随着资本主义农业的发展，农业中的大生产排挤小生产，使大量的小生产者破产。同时，由于农业资本有机构成的提高，农业部门对劳动力的需求相对减少。这就必然形成大量的农业过剩人口。这些过剩人口准备随时转移到城市做工，但在转移之前，由于他们拥有一小块土地，从形式上看，又好像没有失业。所以，这种过剩人口叫作潜在的过剩人口。

（3）停滞的过剩人口。停滞的过剩人口即那些没有固定职业，依靠干些杂活、打些零工勉强维持生活的人。这些人的工作极不稳定，劳动时间长，工作条件差而工资又很低。

（二）资本积累的一般规律与工人阶级贫困化

随着资本积累的增加和资本有机构成的提高，社会财富越来越集中到资本家手中，工人阶级的生活状况相对而言更加艰辛。马克思指出："社会的财富即执行职能的资本越大，它的增长的规模和能力越大，从而无产阶级的绝对数量和他们的劳动生产力越大，产业后备军也就越大，无产阶级就越贫困。这就是资本主义积累的绝对的、一般的规律。"可见，资本积累的一般规律是，资本积累必然引起资产阶级的财富膨胀和工人阶级的贫困积累，这两者之间存在必然的联系。

工人阶级的贫困化是指整个工人阶级处于贫困状态的地位，有相对贫困化和绝对贫困化两种表现形式。

工人阶级的相对贫困化，是指工人阶级的收入在国民收入中所占比重日趋下降，而资产阶级所获得的比重日益提高。也就是说，随着资本积累的增长，社会财富在劳动和资本之间的分配更加不平衡，与资产阶级越来越富相比，工人阶级相对越来越穷。当然，工人阶级的相对贫困化与工人的生活水平是否有所提高是两个问题。工人生活水平的提高和工人阶级的相对贫困化是可能同时发生的。随着科技和社会经济的发展，工人的物质生活水平是逐步提高的，但工资在新创造的价值中所占比重却逐步下降。

工人阶级的绝对贫困化，是指工人阶级物质和文化生活状况的绝对恶化，即越来越穷，生活更坏。工人阶级的绝对贫困化不是经常发生的长期的现象，而是间歇性出现的现象，特别是在经济危机和停滞时期表现较为明显。其主要表现是：第一，失业和半失业人数的增加。第二，工人的实际工资下降。第三，生活在贫困线以下的人口大量存在。

第二节 巩固练习题

一、名词解释

1. 资本积累 2. 资本有机构成 3. 资本积聚 4. 资本集中 5. 相对过剩人口

二、单项选择题

1. 资本主义再生产的主要形式和特征是（   ）。
   A. 扩大再生产   B. 简单再生产
   C. 物质资料再生产   D. 生产关系再生产
2. 分析资本主义简单再生产可以发现资本家的全部资本（   ）。
   A. 是由资本家创造的   B. 是由工人创造的
   C. 是由原始资本带来的   D. 是由工人和资本家共同创造的
3. 剩余价值的资本化是（   ）。
   A. 资本积聚   B. 资本积累
   C. 资本集中   D. 资本缩小
4. 资本积累的源泉是（   ）。
   A. 资本集中   B. 资本积累
   C. 剩余价值   D. 资本家省吃俭用
5. 资本主义扩大再生产的源泉是（   ）。
   A. 资本集中   B. 资本积累
   C. 劳动生产率提高   D. 劳动人数增加
6. 所费资本是指（   ）。
   A. 投入生产中的可变资本
   B. 投入生产中的不变资本
   C. 投入生产中的全部资本
   D. 在生产中实际消耗的不变资本和可变资本
7. 资本积聚的基础是（   ）。
   A. 资本积累   B. 资本联合
   C. 资本集中   D. 资本并购
8. 资本的技术构成是指反映生产技术水平的（   ）。
   A. 劳动资料与劳动对象的比例
   B. 不变资本与可变资本的比例
   C. 生产资料与消费资料的比例
   D. 生产资料与劳动力之间的比例

9. 资本的价值构成是指（　　）。
   A. 劳动资料与劳动力的比例
   B. 不变资本与可变资本的比例
   C. 固定资本与流动资本的比例
   D. 生产资本与流通资本的比例
10. 资本的有机构成是指（　　）。
    A. 劳动资料与劳动力的比例
    B. 不变资本与可变资本的比例
    C. 固定资本与流动资本的比例
    D. 由资本的技术构成决定，并且反映技术构成变化的资本价值构成
11. 资本的技术构成与价值构成的关系是（　　）。
    A. 资本的价值构成决定资本的技术构成
    B. 资本的技术构成反映资本的价值构成
    C. 资本的技术构成决定资本的价值构成
    D. 资本的价值构成与资本的技术构成无关
12. 资本有机构成的提高意味着在总资本中（　　）。
    A. 不变资本所占的比重下降　　B. 可变资本所占的比重提高
    C. 不变资本所占的比重提高　　D. 不变资本所占的比重不变
13. 个别资本增大的两种基本形式是（　　）。
    A. 资本积累和资本积聚　　　　B. 资本积累和资本集中
    C. 资本积聚和资本集中　　　　D. 资本竞争和资本垄断
14. 推动资本集中的两个强有力的杠杆是（　　）。
    A. 竞争和垄断　　　　　　　　B. 竞争和信用
    C. 垄断和信用　　　　　　　　D. 资本积累和资本积聚
15. 资本主义社会的相对过剩人口是（　　）。
    A. 人口自然繁殖过多造成的　　B. 生产资料不足造成的
    C. 消费资料不足造成的　　　　D. 资本主义积累的必然结果
16. 无产阶级相对贫困化是指（　　）。
    A. 失业工人大量增加
    B. 大量工人生活在贫困线之下
    C. 无产阶级的经济生活状况的绝对恶化
    D. 工人阶级的收入在国民收入中的比重下降
17. 通过组建股份公司扩大个别资本规模的方式是（　　）。
    A. 资本积聚　　　　　　　　　B. 资本积累
    C. 资本集中　　　　　　　　　D. 资本垄断
18. 不属于决定资本积累量的因素是（　　）。
    A. 剩余价值率的高低　　　　　B. 社会劳动生产率的高低

C. 不变资本数量的多少　　　　D. 预付资本总额的大小

19. 资本积聚和资本集中是（　　）增大的两条途径。
   A. 社会资本　　　　　　　　B. 部门资本
   C. 个别资本　　　　　　　　D. 行业资本

20. 资本有机构成的提高一般是以（　　）增大为前提。
   A. 社会总资本　　　　　　　B. 可变资本
   C. 流通资本　　　　　　　　D. 个别资本

21. 某资本家投资 100 万元，每次投资得到的利润是 25 万元，假定其预付资本的有机构成是 4∶1，那么该资本家每次投资所实现的剩余价值率为（　　）。
   A. 100%　　　　　　　　　　B. 75%
   C. 50%　　　　　　　　　　 D. 125%

22. 某钢铁厂因铁矿石价格上涨，增加了该厂的预付资本数量，这使得该厂的资本构成发生了变化，所变化的资本构成是（　　）。
   A. 资本技术构成　　　　　　B. 资本价值构成
   C. 资本物质构成　　　　　　D. 资本有机构成

23. 某资本家投资 100 万元创办企业从事生产，60 万元用于固定资本，以购买机器设备等，40 万元用于流动资本，以购买原材料和劳动力等（其中购买劳动力支付 10 万元）。一轮生产结束后，该企业的总资本达到 120 万元，那么该企业的剩余价值率为（　　）。
   A. 20%　　　　　　　　　　 B. 50%
   C. 100%　　　　　　　　　　D. 200%

24. 第二次世界大战以后，资本主义国家经历了第三次科技革命，机器大工业发展到自动化阶段。智能化工厂创造出了较高的生产率，显露出巨大的竞争力，企业在"机器换人"中取得了一定的经济效益。这意味着率先使用机器的个别企业（　　）。
   A. 资本技术构成的提高
   B. 剩余价值来源的改变
   C. 所生产商品价值的提高
   D. 获得更多的社会平均利润

三、多项选择题

1. 影响或决定资本积累量的因素有（　　）。
   A. 剩余价值分为积累基金和消费基金的比例
   B. 剩余价值率的高低
   C. 社会劳动生产率的高低
   D. 所用资本与所费资本差额的大小
   E. 预付资本总量（$c+v$）的大小

2. 资本的技术构成是指（　　）。
   A. 从物质形态考察的资本构成
   B. 反映生产技术水平的资本构成
   C. 用生产资料和劳动力比例表现的资本构成
   D. 能反映资本价值构成变化的资本构成
   E. 由资本价值构成决定的资本构成
3. 资本的价值构成是指（　　）。
   A. 从物质形态考察的资本构成
   B. 从价值形态考察的资本构成
   C. 用生产资料和劳动力比例表现的资本构成
   D. 用不变资本和可变资本比例表现的资本构成
   E. 由资本技术构成决定的资本构成
4. 资本有机构成提高表现在全部资本中（　　）。
   A. 不变资本所占比重偏小　　B. 不变资本数量的绝对减少
   C. 可变资本所占比重下降　　D. 可变资本所占比重提高
   E. 不变资本所占比重提高
5. 资本积聚（　　）。
   A. 是通过剩余价值资本化实现的
   B. 是通过把分散的单个资本合并实现的
   C. 是借助竞争和信用两个杠杆实现的
   D. 会增大社会资本总额
   E. 受到剩余价值总量的限制
6. 资本集中是（　　）。
   A. 资本家把本企业的剩余价值转化为资本
   B. 把原来分散的中小资本合并为大资本
   C. 借助竞争和信用两个杠杆实现的
   D. 不会增大社会资本总额
   E. 受到剩余价值总量的限制
7. 资本家进行资本积累的原因有（　　）。
   A. 追求更多的剩余价值　　B. 更好地满足社会需要
   C. 避免在竞争中被淘汰　　D. 降低资本的有机构成
   E. 给失业工人提供再就业的岗位
8. 资本主义制度下相对过剩人口是（　　）。
   A. 人口自然繁殖过多造成的　　B. 生产资料不足造成的
   C. 消费资料不足造成的　　D. 资本主义积累的必然结果
   E. 资本主义生产方式存在和发展的必要条件

9. 资本的技术构成和价值构成的关系是（　　）。
   A. 资本的价值构成以资本的技术构成为基础
   B. 资本的技术构成决定资本的价值构成
   C. 资本的价值构成变化通常反映资本技术构成的变化
   D. 资本的价值构成决定资本的技术构成
   E. 资本价值构成的变化都是由资本技术构成的变化引起的

10. 资本主义制度下相对过剩人口的基本形式主要有（　　）。
    A. 长期的过剩人口　　　　　　B. 临时的过剩人口
    C. 流动的过剩人口　　　　　　D. 潜在的过剩人口
    E. 停滞的过剩人口

11. 资本积累（　　）。
    A. 是剩余价值的资本化　　　　B. 就是资本积聚
    C. 是劳动力的再生产　　　　　D. 是扩大再生产的源泉之一
    E. 是生产关系的再生产

12. 资本主义积累的一般规律是（　　）。
    A. 随着资本积累的增加，生产规模越来越大
    B. 社会财富随资本积累急剧增加
    C. 财富的增加使工人阶级消灭了相对贫困
    D. 社会财富日益集中到资产阶级手中
    E. 工人阶级处于相对或绝对贫困状态

13. 相对人口过剩（　　）。
    A. 是劳动力供给超过了资本对它的需要形成的
    B. 是资本主义社会特有的现象
    C. 即失业，在社会主义市场经济中依然存在
    D. 是产业结构不断调整和优化的产物
    E. 是现代科学技术提高和市场竞争的产物

14. 在社会市场经济中存在相对人口过剩是因为（　　）。
    A. 产业结构不断调整和优化
    B. 就业是由劳动力市场调节
    C. 现代科学技术提高和市场竞争
    D. 人口增长过快导致劳动年龄人口规模过大
    E. 现代商品经济的发展存在周期性波动

15. 当今世界正处在新科技革命和产业革命的交汇点，以机器人技术为代表的科技产业发展十分迅速。机器人在生产过程中的广泛使用，使资本有机构成不断提高。然而就一般意义而言，资本有机构成的提高实际上是（　　）。
    A. 一个社会增长财富和消除贫困的根本途径
    B. 不以人的意志为转移的一般趋势

C. 社会产生相对过剩人口的一个重要原因
D. 由资本的本性决定的

16. 为了追逐最大化的利润，资本家总是想方设法地进行资本积累。而资本积累的源泉是剩余价值。一般而言，资本积累规模的大小取决于（　　）。
A. 所有资本与所费资本之间的差额
B. 劳动生产率的高低
C. 资本家垫付资本的大小
D. 资本家对工人的剥削程度

17. 马克思指出，所谓资本原始积累"只不过是生产者和生产资料分离的历史过程。这个过程所以表现为'原始的'，因为它形成资本以及与之相适应的生产方式的前史"。资本原始积累的主要途径有（　　）。
A. 用资本手段获取市场暴利
B. 用剥削手段榨取剩余价值
C. 用野蛮手段进行殖民掠夺
D. 用暴力手段剥夺农民土地

四、判断题

1. 分析资本主义简单再生产可以发现资本家的不变资本是由工人创造的。（　　）
2. 资本主义再生产是物质资料再生产和资本主义生产关系再生产的统一。（　　）
3. 剩余价值是资本积累的源泉，而资本积累又是扩大再生产的源泉。（　　）
4. 资本积聚和资本集中都是增大个别资本的方式，因此两者没有区别。（　　）
5. 资本有机构成的提高必然会引起资本对劳动力的需求相对减少。（　　）
6. 资本有机构成是指由资本的技术构成决定并反映资本技术构成变化的资本价值构成。（　　）
7. 不变资本和可变资本的比例叫作资本的技术构成。（　　）
8. 生产资料和劳动力的比例叫作资本的价值构成。（　　）
9. 资本集中是个别资本增大的唯一途径。（　　）
10. 竞争和信用是推动资本集中的两个强有力的杠杆。（　　）
11. 相对过剩人口不仅是资本主义积累的必然产物，而且是资本主义生产方式存在和发展的必要条件。（　　）
12. 暂时从生产过程中被排挤出来的失业工人被称为潜在的过剩人口。（　　）
13. 在社会主义市场经济条件下，相对过剩人口规律也会发生作用。（　　）
14. 西方资本主义国家有许多工人家庭拥有小汽车等耐用消费资料，因此，工人已经不存在贫困化了。
15. 资本积聚是将分散的规模较小的资本合并重组为规模更大的资本。（　　）
16. 资本集中是将分散的规模较小的资本合并或联合为规模更大的资本。（　　）

17. 资本集中是指个别资本依靠资本积累来增大自己的资本总额。（   ）
18. 企业的资本价值构成的变化都是由其资本技术构成的变化引起的。（   ）
19. 一般来说，重工业部门的资本有机构成高于轻工业部门的资本有机构成。（   ）
20. 资本积累是剩余价值的资本化，因此社会主义和资本主义的资本积累没有区别。（   ）
21. 资本积聚会增大社会资本总额，资本集中不会增大社会资本总额。（   ）
22. 资本有机构成的提高以个别资本的增大为前提。（   ）
23. 资本的价值构成决定资本的技术构成，资本的技术构成反映资本的价值构成。（   ）
24. 资本有机构成的提高以社会资本的增大为前提。（   ）

五、简答题

1. 影响或决定资本积累量的因素有哪些？
2. 简述个别资本增大的两种形式及其关系。
3. 简述资本的技术构成、价值构成与资本有机构成之间的关系。
4. 资本主义社会的相对过剩人口是怎么形成的？有哪些形式？

第三节 参考答案

一、名词解释

1. 资本积累是指把剩余价值再转化为资本或者剩余价值的资本化。剩余价值向资本的转化就是资本的积累过程。剩余价值是资本积累的源泉，资本积累又是扩大再生产的源泉。资本家不断地使用无偿占有的剩余价值增值资本，来继续榨取更多的剩余价值，以扩大生产规模，扩大对工人的剥削，是资本积累的实质。影响和决定资本积累量的因素主要有剩余价值率的高低、劳动生产率水平、所用资本和所费资本的差额及预付资本总量的大小。

2. 资本有机构成包括技术构成和价值构成两个方面。技术构成是指反映生产技术水平的生产资料和劳动力之间的比例，价值构成是指不变资本和可变资本的比例。资本的技术构成决定资本的价值构成，资本的价值构成反映资本的技术构成。由资本的技术构成决定，并反映资本技术构成变化的资本价值构成叫作资本有机构成，资本有机构成用价值构成即 c/v 表示。资本有机构成呈现逐步提高的趋势。

3. 资本积聚是指个别资本或单个资本依靠自身的积累，即将剩余价值转化为资本来增大自己的资本总额。资本积累是资本积聚的基础，资本积聚是资本积累的直接结果。资本积聚在增大个别资本的同时，也增大了社会总资本；但资本积聚受到积累基金的限制,且增长速度较慢。

4. 资本集中是指将若干已经存在的、分散的、规模较小的资本合并或联合起来形成规模较大的资本。资本集中作为扩大个别资本总额的一种形式,不会增大社会总资本,也不会受到积累基金的限制。资本集中的两个强有力的杠杆是竞争和信用,资本集中的具体途径有:并购、联合、创办股份公司和发行股票。

5. 相对过剩人口是指劳动力的供给超过了资本对它的需要而形成的相对多余的劳动人口。相对过剩人口不仅是资本主义积累的必然结果,而且是资本主义生产方式存在和发展的必要条件。相对过剩人口有三种基本形式:流动的过剩人口、潜在的过剩人口和停滞的过剩人口。

二、单项选择题

1. A 2. B 3. B 4. C 5. B 6. D 7. A 8. D 9. B 10. D
11. C 12. C 13. C 14. B 15. D 16. D 17. C 18. C 19. C 20. D
21. D 22. B 23. D 24. A

三、多项选择题

1. ABCDE 2. ABC 3. BDE 4. CE 5. ADE
6. BCD 7. AC 8. DE 9. ABC 10. CDE
11. AD 12. DE 13. ACDE 14. ABCDE 15. BCD
16. ABCD 17. CD

四、判断题

1. √ 2. √ 3. √ 4. × 5. √
6. √ 7. × 8. × 9. × 10. √
11. √ 12. × 13. √ 14. × 15. ×
16. √ 17. √ 18. √ 19. √ 20. ×
21. √ 22. √ 23. × 24. ×

五、简答题

1. 资本积累就是把剩余价值作为资本使用或者说把剩余价值再转化为资本。剩余价值向资本的转化就是资本的积累过程。资本积累的源泉为剩余价值,在剩余价值分割为积累基金和消费基金的比例不变的条件下,资本积累量和剩余价值量的变化是一致的。决定剩余价值量的因素也就是决定资本积累量的因素。影响或决定资本积累量的基本因素有以下几点。

（1）剩余价值率的高低。剩余价值率越高，即对劳动力的剥削程度越高，同量可变资本带来的剩余价值就越多，从而资本积累量也就越大。

（2）劳动生产率的高低。首先，劳动生产率水平提高，商品的价值就下降，一定量的价值和剩余价值可以表现为更多的生产资料和消费资料，从而使积累量增加。其次，劳动生产率水平提高，可以生产更多的产品和剩余价值，从而使积累量增加。

（3）所用资本和所费资本的差额的大小。

（4）预付资本总量的大小。在其他条件已定的情况下，预付资本总量越大，可变资本量也越大，资本积累量也就越大。

2.（1）个别资本增大的两种形式是资本积聚和资本集中。资本积聚是指个别资本依靠自己的资本积累，即通过剩余价值的资本化来增大资本的总量，是资本积累的直接结果；资本集中是指将若干已经存在的、分散的、规模较小的资本合并或联合起来形成规模较大的资本。资本集中的两个强有力的杠杆是竞争和信用。

（2）资本积聚和资本集中作为个别资本增大的两种形式，是相互联系、相互促进的。第一，资本积聚可以促进资本集中，加速资本集中的进展；第二，资本集中也可以促进资本积聚。

（3）资本积聚和资本集中又是有区别的，二者的区别在于：第一，资本积聚是单个资本的自我积累，资本集中是社会资本的合并或联合。第二，资本积聚会增大社会资本总额，资本集中则不会增大社会资本总额。第三，资本积聚的增长要受到积累基金的限制，它的增长速度较缓慢；而资本集中则不受积累基金的限制，它的增长速度较快，可以在短时间内集中大量资本。

3.（1）任何企业资本的构成都可以从物质构成和价值构成两个方面进行考察。从物质构成来看，企业的资本是由一定数量的生产资料和劳动力构成的，两者之间存在一定的比例。一般来说，这种比例的大小取决于企业生产的特点、生产技术水平的高低以及机器设备的先进程度。这种由生产技术水平决定或反映生产技术水平的生产资料的数量和使用这些生产资料的劳动力数量之间的比例，叫资本的技术构成。从价值构成来看，由于生产资料的价值表现为不变资本 c，劳动力的价值表现为可变资本 v，企业的资本又是由一定数量的不变资本和可变资本构成的。不变资本和可变资本的比例，叫资本的价值构成。

（2）资本的技术构成和资本的价值构成之间存在着密切的联系，构成一个有机的整体。资本的价值构成以资本的技术构成为基础，资本的技术构成决定资本的价值构成；资本的价值构成反映资本技术构成的变化。我们把由资本的技术构成决定，并反映资本技术构成变化的资本价值构成，叫作资本有机构成，用 $c:v$ 表示。

（3）一般来说，资本的技术构成提高，资本的价值构成也会随之提高，资本有机构成也就提高。但三者之间的关系并非完全一致，资本价值构成的变化并不都是由技术构成的变化引起的，资本技术构成相同的，可以有不同的资本价值构成，因为，生产资料和劳动力的价格变化可能不同。价值构成相同的，技术构成也可以不同。

4.（1）资本主义社会的相对过剩人口，是指劳动力的供给超过资本对它的需要而形成的相对多余的劳动人口。相对过剩人口的形成可以从资本对劳动力的需求和劳动力的供给两个方面来分析。

从资本对劳动力的需求来看，随着资本积累的增大，资本有机构成的不断提高，在总资本中可变资本的比例下降，资本对劳动力的需求会相对减少甚至绝对减少。

从劳动力的供给来看，一些因素的影响，导致雇佣工人的总数增加。

这两种趋势同时存在，必然造成大量的劳动者失业，形成相对过剩人口。所以相对过剩人口是资本主义积累的必然产物。

（2）资本主义社会的相对过剩人口有以下三种形式。

第一，流动的过剩人口，指那些暂时从生产过程中被排挤出来的失业工人。

第二，潜在的过剩人口，指那些在农村经营小块土地和做短工维持生活的人。

第三，停滞的过剩人口，指那些没有固定职业，依靠干些杂活、打零工勉强维持生活的人。

第五章 产业资本的运行

第一节 重要知识点

资本的目的是获得剩余价值，资本只有在运动中才能增值，而且只有产业资本才能创造出剩余价值（因为，剩余价值是在生产过程中创造出来的）。因此，我们还要进一步研究产业资本的运动问题，揭示产业资本价值增值的运动规律，指导企业资本的生产经营活动。资本可以分为个别资本和社会资本，个别资本也叫单个资本，是指各自独立发挥资本职能的资本，每个企业所拥有的资本都是个别资本。个别资本的运动包括资本循环和资本周转两种形式。我们研究资本循环和资本周转要以产业资本为对象，因此，本章的两个知识点就是产业资本的循环和产业资本的周转。

一、产业资本循环的三个阶段及其实现的必要条件

产业资本是指投放在物质资料生产部门的资本，它是生产剩余价值的资本，产业资本主要包括农业资本、工业资本和建筑业资本等。产业资本是怎么运动的？在运动中要经过哪些阶段？

众所周知，资本家要生产出新的商品，首先必须用货币到市场上购买生产新商品所需要的生产资料和劳动力，然后让二者结合起来进行生产，生产出包含剩余价值的新商品，新的商品生产出来后，又要回到市场将新的商品卖出去，收回更多的货币。由此可见，产业资本在其循环运动过程中要经过购买、生产和售卖三个阶段。

（一）产业资本循环的三个阶段

（1）购买阶段。购买阶段是指资本家用货币到市场上购买生产资料（Pm）和劳动力（A）这两种生产要素的阶段。用公式表示就是：$G—W$（W 包括生产资料 Pm 和劳动力 A）。在购买阶段，资本首先以货币的形式出现，一方面货币承担着其购买手段和支付手段的职能，另一方面又承担着资本的职能，为生产剩余价值准备条件，因为它购买的是生产剩余价值不可缺少的物质要素。因此，在购买阶段，产业资本采取的职能形式是货币资本。购买阶段的内容是货币变成生产资本。资本家购买到了符合数量和质量要求的生产资料与劳动力之后，产业资本的运动就进入第二个阶段即生产阶段。

（2）生产阶段。生产阶段是指生产资料和劳动力作为资本的要素结合起来，生产新的商品、生产剩余价值的阶段。用公式表示是：$W\cdots P\cdots W'$。在生产阶段，生产资料和劳动力不仅发挥着一般生产要素的作用，更重要的是发挥着资本的作用，执行了生产剩余价值的职能。所以，生产阶段是整个产业资本循环中起决定性作用的阶段。在生产阶段，产业资本采取的职能形式是生产资本，即以生产要素的形式存在的资本。生产阶段的内容是生产资本变成商品资本，包含着剩余价值的新的商品生产出来之后，产业资本的运动就进入第三个阶段即售卖阶段。

（3）售卖阶段。售卖阶段是指资本家又回到市场将包含着剩余价值的商品卖掉，收回更多的货币，使商品再转化为货币的阶段。用公式表示是：$W'—G'$。在售卖阶段，产业资本采取的职能形式是商品资本。商品资本的职能是实现商品的价值和剩余价值。把商品资本变成货币资本是产业资本循环第三阶段的内容。

将产业资本运动的三个阶段连接起来就是产业资本的循环。产业资本循环是指产业资本依次经过购买、生产和售卖三个阶段，相应采取货币资本、生产资本和商品资本三种职能形式，使价值得到增值，最后又回到原来出发点的运动。产业资本循环的总公式可以表示为：$G—W\cdots P\cdots W'—G'$。

（二）产业资本循环顺利实现的条件

产业资本循环要能够顺利实现，应该具备以下两个条件。

1. 产业资本的三种职能形式必须具有空间上的并存性

产业资本的三种职能形式货币资本、生产资本和商品资本必须按一定的比例在空间上并存。产业资本的所有者必须按照一定比例将全部资本分成三个部分，一部分以货币资本形式存在，一部分以生产资本形式存在，一部分以商品资本形式存在。只有这样，产业资本的循环过程才能不间断。

2. 产业资本的三种职能形式必须具有时间上的继起性

货币资本、生产资本和商品资本三种职能形式都要能够顺利实现各自的转化。也就是说，并存的三种职能形式，各自都要连续不断地循环，使三种资本形态相继转化。

产业资本在完成一次循环过程后会不会停止运动？不会，而是继续进行下一个循环。也就是说，产业资本的循环是连续不断、周而复始地进行的。这种周而复始、不断重复的资本循环，就是资本的周转。所以，接下来还要进一步研究资本的周转问题。

二、资本周转速度及其对剩余价值生产的影响

资本周转和资本循环有何关系？二者既有联系，也有区别。

二者的联系是：资本周转与资本循环都是资本的运动形式，资本周转一次实际上就

是资本循环一次。

二者的主要区别是：考察的重点和目的不同。资本循环主要是考察产业资本运动经过的阶段和采取的职能形式以及资本循环顺利实现的条件。资本周转主要是考察资本运动速度的快慢、时间的长短以及它们对剩余价值生产的影响。

（一）资本周转速度的衡量

对于企业或资本家来说，资本周转的速度越快越好。资本周转速度的快慢可以用什么指标来衡量？通常可以用资本周转时间的长短和周转次数的多少来衡量。

1. 资本周转时间

资本周转时间是指资本周转一次即循环一次所经过的时间，也就是资本从预付资本形式开始，又回到预付资本形式为止，中间所经过的时间。由于资本周转或循环要经过生产领域和流通领域，资本在生产领域和流通领域都要经过一定的时间，资本处在生产领域的时间是资本的生产时间，资本处在流通领域的时间是资本的流通时间。因此，资本周转时间包括生产时间和流通时间两部分，是生产时间和流通时间的总和。资本的生产时间又包括两个部分：劳动时间和非劳动时间。劳动时间是指劳动者运用劳动资料对劳动对象进行加工的时间，非劳动时间是指劳动过程中断的时间。它主要包括生产资料储存时间、自然力作用时间和停工时间三个部分。资本的流通时间包括生产资料和劳动力的购买时间与商品的销售时间。

2. 资本的周转次数

资本的周转次数是指一定时间（通常为 1 年）内资本周转的次数。可用 "n" 表示次数，"U" 表示 1 年即 12 个月，"u" 表示资本周转一次所需要的时间，这样，资本周转次数的计算公式可以表示为：资本周转次数（n）=1 年（U）（12 个月）/资本周转一次的时间（u）。

假设某个企业资本周转一次需要 3 个月，那么，这个企业资本的周转次数就是 4 次。资本的周转时间和周转次数与资本的周转速度有何关系？

3. 资本周转速度与周转时间和周转次数的关系

资本的周转时间越长，意味着资本的周转速度越慢，所以，资本周转时间与周转速度成反比。资本周转次数越多，意味着资本周转一次需要的时间就越短，资本的周转速度就越快，所以，资本周转次数与周转速度成正比。资本周转速度的快慢除了由资本周转时间和次数这两个直接因素决定外，还受哪些间接因素的影响？

（二）影响资本周转速度的其他因素和生产资本的划分

资本周转速度的快慢还受生产资本的构成这个间接因素的影响。企业的生产资本从物质形态来看，由厂房、机器设备、工具等劳动资料，原材料、燃料、辅助材料等劳动对象以及劳动力三个部分构成。

厂房、机器设备、工具等劳动资料能够使用若干年，如分别可以使用20年、10年、5年等，它们在物质形态上全部参加生产过程，在若干年的生产过程中发挥作用，它们的价值形式是按照它们在生产过程中的损耗程度，一部分一部分地逐步转移到新产品中去，并随着新产品的销售而逐渐收回。由于它们在使用年限内，物质形式始终固定地处在生产领域发挥作用，也总有一定数量的价值形式固定地处在生产过程，所以把它们叫作固定资本。固定资本的特点可以从物质形式和价值形式两个方面进行分析：物质形式是一次预付，在使用年限内全部参加生产过程并发挥作用；价值形式按照损耗程度逐步地转移到新产品中去，分次回收。

原材料、燃料、辅助材料等劳动对象与厂房、机器设备、工具等劳动资料不同。它们在参加一次生产过程后，物质形式发生变化或全部被消耗，由原来的使用价值变成另一种新的使用价值；价值形式也一次全部转移到新产品中去，并且在产品出售之后，又以货币形式全部收回来。原材料、燃料、辅助材料等消耗之后又要重新购买更新，因此处于流动状态，把它们叫作流动资本。用来购买劳动力的那部分生产资本即可变资本，与原材料等的价值转移相似，其价值也是一次加入到新产品中去，并在产品出售后收回来。例如，工人的工资一般是每个月都要支付一次。因此，也属于流动资本。

固定资本和流动资本的区别主要有四个方面：第一，价值周转方式不同。固定资本是分次转移，流动资本是一次转移。第二，周转时间不同。固定资本周转时间较长，流动资本周转时间较短。第三，价值回收方式不同。固定资本分次回收，流动资本一次回收。第四，物质更新方式不同。固定资本若干年才需要更新一次，流动资本一年更新若干次。

固定资本和流动资本的划分与不变资本和可变资本的划分不能混淆。两种划分的区别主要有以下三个方面：第一，划分的标准不同。生产资本按其在剩余价值生产中所起的作用不同，分为不变资本和可变资本；而按其价值转移方式不同，分为固定资本和流动资本。第二，划分的内容不同。不变资本中的厂房、机器设备等可重复使用的部分属于固定资本，而不变资本中的原材料、燃料等一次生产过程就被消耗掉的部分和用于购买劳动力的资本则属于流动资本。第三，划分的目的不同。将资本划分为不变资本和可变资本，是为了揭示剩余价值的真正来源；而将资本划分为固定资本和流动资本，是为了研究影响资本周转速度的因素以及资本周转速度与剩余价值生产的关系。生产资本的划分类型如表5-1所示。

表5-1 生产资本的划分类型

按资本价值不同组成部分的不同周转方式划分	按生产资本不同组成划分	按资本价值不同组成部分在价值增值过程中的不同作用划分
固定资本	劳动资料	不变资本
流动资本	劳动对象	
	劳动力	可变资本

固定资本的价值是按照它的磨损程度逐渐转移到新产品中去的,固定资本的周转速度与它的磨损程度成正比。固定资本的物质形态存在时间越长、越耐用、磨损越慢,那么,固定资本的周转速度就越慢。固定资本的磨损主要分为有形磨损和无形磨损两种形式。

固定资本的有形磨损又称物质磨损,是指厂房、机器设备等固定资本由于使用或自然力的作用而造成的使用价值(物质上)的损耗。它同资本的物质形态变化相联系,这种磨损由于人们看得见、摸得着,所以叫作有形磨损。有形磨损产生的原因主要有两个:一是使用。使用造成的磨损通常与使用强度、使用时间成正比。二是自然力的腐蚀作用。自然力的腐蚀作用造成的磨损一般与是否使用无直接关系,而主要取决于自然力侵袭的程度、状态和时间,如金属设备腐蚀生锈、建筑材料老化等。除此之外,有形磨损还与机器设备的质量、保养、维护状况有关。

固定资本的无形磨损又称价值磨损,是指机器、设备等固定资本由于科学技术进步、社会劳动生产率提高而造成的价值上的损失。无形磨损产生的原因也有两个:一是由于制造部门的技术改进、劳动生产率提高,生产同样或同性能的机器、设备所需要的社会必要劳动时间减少,从而使原来使用的机器设备贬值;二是制造部门生产出了新的、效能更高的机器设备,造成原来效率较低的机器设备被淘汰。

固定资本的价值根据其磨损程度逐渐转移到新产品中,产品售卖后将这一部分转移的价值从产品的销售收入中提取出来,并以货币的形式积存。当固定资本的实物形态报废时,进行实物更新替代。资本所有者依据固定资本的磨损程度逐渐以货币形式对固定资本进行的价值补偿叫作折旧。提取的补偿金额叫折旧基金,也就是折旧费。它通常以年为单位提取。折旧费的计算公式可以表示为:折旧费=固定资本原始价值/固定资本平均使用年限。提取的折旧费与固定资本原始价值的比率,叫折旧率。其计算公式可以表示为:折旧率=折旧费/固定资本原始价值。例如,某个企业某种机器的原值为10万元,平均使用年限为5年,那么每年提取的折旧费就是10÷5=2万元,折旧率就是2÷10=20%。

固定资本加流动资本统称为预付资本,预付资本也等于不变资本加可变资本。固定资本和流动资本的周转速度是不相同的。固定资本周转速度比较慢,而流动资本的周转速度比较快。那么,怎样计算预付资本的总周转速度?

(三)预付资本的总周转速度

预付资本的总周转速度是指预付资本(包括固定资本和流动资本)的平均周转速度。由于固定资本和流动资本各自的周转速度不同,因此,固定资本和流动资本所占的比重不同,预付资本的总周转速度也会不同。计算预付资本的总周转速度,不能采用简单平均方法,要采用加权平均方法,即要考虑固定资本和流动资本的权重。预付资本的总周转速度可以用预付资本在1年内的周转次数来表示,计算公式为:预付资本的总周转速度(次数)=(1年内固定资本价值周转总额+1年内流动资本价值周转总额)/预付资本总额。

（四）加快资本周转速度对剩余价值生产的影响

对于资本家来说，资本周转速度越快越好，所以，资本家会想方设法加快资本的周转速度。加快资本的周转速度对剩余价值的生产有哪些影响？主要有以下两方面的影响。

1. 可以节省预付资本特别是预付流动资本

为了生产剩余价值，就必须预付一定数量的资本，而预付资本的多少，与资本周转速度直接相关。也就是说，要生产同量的剩余价值，资本周转速度越快，所需要的预付资本特别是预付流动资本数量就越少；反之，则所需预付流动资本数量就越多。因此，加快资本周转速度，可以节省预付资本特别是预付流动资本。

2. 可以增加年剩余价值量和提高年剩余价值率

年剩余价值量，是指企业的预付可变资本在 1 年内带来的剩余价值总量。一般来说，在预付资本量相同的情况下，资本周转速度越快，预付资本中用来购买劳动力的那部分可变资本也周转得越快。可变资本是剩余价值的源泉，可变资本周转越快，既定数量的可变资本发挥的作用就越大，创造的剩余价值就越多，年剩余价值量也就越多。可见，可变资本周转速度与年剩余价值量成正比例关系。如果用 M 表示年剩余价值量，m' 表示剩余价值率，v 表示预付可变资本，n 表示可变资本的周转次数，那么，年剩余价值量的计算公式可以表示为：$M=v\times m'\times n$。这里要区分企业预付的可变资本数量和 1 年内企业实际发挥作用的可变资本数量，企业预付的可变资本数量是既定的，与可变资本的周转速度无关；而 1 年内企业实际发挥作用的可变资本数量则因可变资本的周转速度不同而不同，可变资本的周转速度越快，1 年内企业实际发挥作用的可变资本数量就越多。因此，加快资本周转速度，可以增加年剩余价值量。

年剩余价值率，是指 1 年内生产的剩余价值总量与预付可变资本的比率。如果用 M' 表示年剩余价值率，v 表示预付的可变资本，那么，年剩余价值率的计算公式可以表示为：$M'=M/v=m'\times n$。可见，在剩余价值率一定的条件下，可变资本的周转速度越快，年剩余价值率就越高，年剩余价值率与资本周转速度成正相关关系。因此，加快资本周转速度，可以提高年剩余价值率。年剩余价值率与剩余价值率不能混同。一方面，从质上来看，它们反映的关系不同。剩余价值率是劳动创造的剩余价值与同期预付可变资本的比率。在资本主义条件下，它反映的是资本家对雇佣工人的剥削程度，与资本周转速度无关。年剩余价值率是 1 年内生产的剩余价值量与预付可变资本的比率，它反映的是预付可变资本的增值程度，并受剩余价值率、预付可变资本量和资本周转速度三个因素的制约。另一方面，从量上看，二者通常不相等。一般来说，只要资本周转次数不等于 1，年剩余价值率与剩余价值率就不相等。

资本周转速度越快，意味着剩余价值的实现也越快。

第二节 巩固练习题

一、名词解释

1. 产业资本　2. 资本循环　3. 资本周转　4. 资本周转时间　5. 资本周转次数　6. 固定资本　7. 流动资本　8. 物质磨损　9. 价值磨损　10. 年剩余价值率

二、单项选择题

1. 考察资本循环要以（　　）为对象。
    A. 借贷资本　　　　　　　B. 商业资本
    C. 产业资本　　　　　　　D. 生息资本
2. 在整个产业资本循环中起决定性作用的阶段是（　　）。
    A. 流通阶段　　　　　　　B. 购买阶段
    C. 生产阶段　　　　　　　D. 销售阶段
3. 产业资本在其循环过程中采取的职能形式不包括（　　）。
    A. 货币资本　　　　　　　B. 生产资本
    C. 商品资本　　　　　　　D. 借贷资本
4. 产业资本在其循环的购买阶段所采取的职能形式是（　　）。
    A. 货币资本　　　　　　　B. 生产资本
    C. 商品资本　　　　　　　D. 商业资本
5. 产业资本在其循环的售卖阶段所采取的职能形式是（　　）。
    A. 货币资本　　　　　　　B. 生产资本
    C. 商品资本　　　　　　　D. 商业资本
6. 商品资本的职能是（　　）。
    A. 为生产剩余价值做准备　B. 生产价值和剩余价值
    C. 实现价值和剩余价值　　D. 实现商品和使用价值
7. 在产业资本循环的售卖阶段，资本形态的转化是（　　）。
    A. 货币资本转化为生产资本　B. 生产资本转化为商品资本
    C. 商品资本转化为货币资本　D. 生产资本转化为货币资本
8. 剩余价值的实现是在产业资本循环的（　　）。
    A. 购买阶段　　　　　　　B. 生产阶段
    C. 售卖阶段　　　　　　　D. 流通阶段
9. 产业资本正常循环的条件是（　　）。
    A. 货币资本和商品资本循环的统一
    B. 生产资本和商品资本循环的统一

C. 资本的生产时间和流通时间的统一

D. 三种职能形式在空间上的并存性和时间上的继起性

10. 资本循环研究的是资本运动的（　　）。
   A. 连续性问题　　　　　　B. 速度问题
   C. 实现条件问题　　　　　D. 矛盾性问题

11. 资本周转研究的是资本运动的（　　）。
   A. 连续性问题　　　　　　B. 速度问题
   C. 实现条件问题　　　　　D. 矛盾性问题

12. 资本的生产时间包括（　　）。
   A. 劳动时间和购买时间　　B. 劳动时间和售卖时间
   C. 劳动时间和非劳动时间　D. 非劳动时间和流通时间

13. 从资本周转的角度看，能够区分为固定资本和流动资本的资本是（　　）。
   A. 货币资本　　　　　　　B. 生产资本
   C. 商品资本　　　　　　　D. 流通资本

14. 划分固定资本和流动资本的依据是（　　）。
   A. 资本磨损的快慢
   B. 资本补偿金额多少
   C. 资本的价值周转方式不同
   D. 资本的不同部分在剩余价值生产中的作用不同

15. 划分固定资本和流动资本的依据是生产资本中各部分（　　）。
   A. 价值周转方式不同　　　B. 对价值增值作用不同
   C. 对产品生产效用不同　　D. 对劳动者作用不同

16. 固定资本在其有效使用期限内，由于生产技术进步引起的价值贬值是（　　）。
   A. 有形磨损　　　　　　　B. 物质磨损
   C. 无形磨损　　　　　　　D. 全部磨损

17. 从资本周转的角度来考察，生产资本可以划分为（　　）。
   A. 不变资本和可变资本　　B. 固定资本和流动资本
   C. 货币资本和商品资本　　D. 产业资本和商业资本

18. 预付资本的总周转速度是指（　　）。
   A. 1年内流动资本的周转速度
   B. 1年内固定资本的周转速度
   C. 固定资本不同部分的平均周转速度
   D. 预付资本不同组成部分的平均周转速度

19. 年剩余价值率表示1年内（　　）。
   A. 预付总资本的增值程度　B. 预付流动资本的增值程度
   C. 预付固定资本的增值程度　D. 预付可变资本的增值程度

20. 不属于产业资本循环形式的是（ ）。
    A. 货币资本循环   B. 生产资本循环
    C. 商品资本循环   D. 借贷资本循环
21. 表明了资本主义的生产目的，但造成了剩余价值从流通中产生的假象的产业资本循环形式是（ ）。
    A. 货币资本循环   B. 生产资本循环
    C. 商品资本循环   D. 借贷资本循环
22. 衡量产业资本周转速度的指标是（ ）。
    A. 周转时间和周转成本   B. 周转时间和周转次数
    C. 周转次数和周转成本   D. 周转成本和周转意愿
23. 产业资本的三种职能形式是（ ）。
    A. 不变资本、可变资本和生产资本
    B. 固定资本、流动资本和货币资本
    C. 商品资本、商业资本和借贷资本
    D. 货币资本、生产资本和商品资本
24. 下列时间中不属于生产时间的是（ ）。
    A. 购买生产资料的时间   B. 生产资料的储备时间
    C. 停工时间   D. 自然力作用于产品的时间
25. 生产资料中既属于不变资本又属于固定资本的是（ ）。
    A. 原料材料   B. 动力燃料
    C. 劳动资料   D. 劳动对象

三、多项选择题

1. 货币资本是（ ）。
    A. 以货币形式存在的资本   B. 产业资本循环的第一个职能形式
    C. 生产资本的组成部分   D. 在生产过程中生产剩余价值的资本
    E. 用来购买生产资料和劳动力，为生产剩余价值做准备的资本
2. 产业资本的现实循环包括（ ）。
    A. 货币资本循环   B. 生产资本循环
    C. 生息资本循环   D. 借贷资本循环
    E. 商品资本循环
3. 资本的生产时间包括（ ）。
    A. 购买时间   B. 劳动时间
    C. 正常的停工时间   D. 生产资料的储备时间
    E. 自然力独立作用于劳动对象的时间

4. 产业资本的循环必须经过的阶段有（　　）。
   A. 购买阶段　　　　　　　　B. 使用阶段
   C. 生产阶段　　　　　　　　D. 修理阶段
   E. 销售或售卖阶段

5. 衡量产业资本周转速度的指标有（　　）。
   A. 周转时间　　　　　　　　B. 周转次数
   C. 周转成本　　　　　　　　D. 周转的复杂程度
   E. 周转意愿

6. 以厂房、机器设备、工具形式存在的资本属于（　　）。
   A. 流动资本　　　　　　　　B. 固定资本
   C. 不变资本　　　　　　　　D. 可变资本
   E. 生产资本

7. 畜牧场中的种牛或奶牛属于（　　）。
   A. 不变资本　　　　　　　　B. 可变资本
   C. 固定资本　　　　　　　　D. 流动资本
   E. 生产资本

8. 运输公司中用于货物运输的汽车是该公司的（　　）。
   A. 劳动资料　　　　　　　　B. 劳动对象
   C. 固定资本　　　　　　　　D. 流动资本
   E. 生产资本

9. 资本周转时间包括（　　）。
   A. 劳动时间　　　　　　　　B. 生产资料的购买时间
   C. 商品的售卖时间　　　　　D. 停工时间和原材料储备时间
   E. 自然力作用于劳动对象的时间

10. 加快资本周转速度可以（　　）。
    A. 节省预付资本特别是节省预付流动资本
    B. 增加年剩余价值量和提高年剩余价值率
    C. 加速资本或剩余价值的流通
    D. 减少甚至避免固定资本的价值磨损
    E. 提高剩余价值率和企业的盈利水平

11. 资本家用来购买劳动力的资本属于（　　）。
    A. 不变资本　　　　　　　　B. 可变资本
    C. 固定资本　　　　　　　　D. 流动资本
    E. 生产资本

12. 产业资本循环的生产阶段（　　）。
    A. 是生产剩余价值的阶段
    B. 是决定性阶段

C. 资本在形态上由生产资本转化为商品资本

D. 资本的形态由生产要素形式转化为商品形式

E. 资本在数量上也发生了变化，发生了增殖

13. 资本周转（　　）。

    A. 速度与资本周转时间成反比

    B. 速度与资本周转次数成反比

    C. 速度与资本周转次数成正比

    D. 时间包括资本生产时间和流通时间

    E. 是周而复始、连续不断的资本循环

14. 下列属于固定资本无形磨损的有（　　）。

    A. 机器设备因使用而造成的损耗

    B. 新机器设备因价值降低而造成原有设备价值损失

    C. 厂房因自然灾害造成的破损

    D. 出现了更高效的新机器，导致原有机器被淘汰

    E. 因自然力作用造成机器设备生锈

15. 预付资本的总周转速度（　　）。

    A. 是指预付资本的不同组成部分的平均周转速度

    B. 与预付资本中固定资本的比重成反比

    C. 与预付资本中固定资本的比重成正比

    D. 与预付资本中流动资本的比重成反比

    E. 与预付资本中流动资本的比重成正比

四、判断题

1. 产业资本循环是购买商品和销售商品两个阶段的统一。　　　　　　（　　）
2. 产业资本的现实循环是流通过程和生产过程的统一。　　　　　　　（　　）
3. 表明了资本主义的生产目的，但造成了剩余价值从流通中产生的假象的产业资本循环形式是货币资本循环。　　　　　　　　　　　　　　　　　　（　　）
4. 产业资本正常循环的条件是三种职能形式在空间上的并存性和时间上的继起性。
　　　　　　　　　　　　　　　　　　　　　　　　　　　　　　　（　　）
5. 资本周转速度与周转时间成正比，与周转次数成反比。　　　　　　（　　）
6. 资本的生产时间就是劳动时间。　　　　　　　　　　　　　　　　（　　）
7. 资本的周转时间是生产时间和流通时间的总和。　　　　　　　　　（　　）
8. 连续不断、周而复始的资本循环就是资本周转。　　　　　　　　　（　　）
9. 区分固定资本和流动资本的标准是资本的实物形式是否移动。　　　（　　）
10. 不变资本就是固定资本，可变资本就是流动资本。　　　　　　　　（　　）
11. 以厂房、机器设备和工具形式存在的资本之所以是固定资本，是因为这部分资

本的物质形态始终不变。   (   )
12. 生产资本的不同组成部分的周转时间大致相同。   (   )
13. 固定资本的周转速度与它的磨损程度成正比。   (   )
14. 固定资本的物质磨损仅仅是在生产过程中的使用而引起的。   (   )
15. 固定资本的无形磨损是指由于技术进步引起的价值上的损失。   (   )
16. 预付资本总周转速度与固定资本的比重成正比，与流动资本的比重成反比。
                                                               (   )
17. 剩余价值率和年剩余价值率都是剩余价值与可变资本的比率，因此二者的实质相同。
                                                               (   )
18. 年剩余价值率是年剩余价值量与预付可变资本的比率。   (   )
19. 产业资本是指投放在物质资料生产部门的资本，是生产剩余价值的职能资本。
                                                               (   )
20. 流动资本是指以原料、燃料、辅助材料等形式存在的和购买劳动力的资本。
                                                               (   )
21. 固定资本是指以厂房、机器设备、工具等劳动资料形式存在的资本。(   )
22. 加快资本周转速度可以增加年剩余价值量和提高年剩余价值率。   (   )
23. 加快资本周转速度可以节省生产资本的预付量。   (   )
24. 产业资本的三种循环形式是货币资本循环、生产资本循环和商品资本循环。
                                                               (   )
25. 生产资本划分为固定资本和流动资本的依据是价值周转方式不同。 (   )

五、简答题

1. 产业资本的循环运动要经过哪些阶段和采取哪些职能形式？
2. 简述产业资本循环及其正常进行的基本条件。
3. 简述资本周转时间的构成。
4. 简述影响预付资本总周转速度的因素。
5. 论述资本周转速度对剩余价值的影响。

第三节　参考答案

一、名词解释

1. 产业资本是指投放在工业、农业和建筑业等物质资料生产部门的资本，它是生产剩余价值的职能资本，最能表明资本运行的本质。
2. 资本循环是指产业资本从其最初的形态即货币资本的职能形态出发，依次经过购买、生产和售卖三个阶段,并相应变换三种职能形式,使价值得到增值,最后又回到原来出发点的运动。资本循环的总公式是 $G—W\cdots P\cdots W'—G'$。资本循环不仅是生产过程和流通过程的统一,而且是三种循环形式的统一。资本循环正常进行的条件是:产业资本的三种职能形式在空间上并存,在时间上继起。

3. 资本周转是一个不断重复的循环,资本的循环不是被当作一个孤立的行为,而是被当作周期性的过程来看待时,就是资本周转。资本周转是产业资本在运动中的周期性循环。资本周转研究的重点和目的是资本运动的速度及其对剩余价值生产的影响。

4. 资本周转时间是指从预付资本形式开始,又回到预付资本形式为止,中间所经过的时间。资本周转要经过生产领域和流通领域,因此,资本周转时间包括资本的生产时间和流通时间两部分,是生产时间和流通时间的总和。资本周转时间与资本周转速度成反比。

5. 资本周转次数是指资本在一定时间内周转的次数。计算公式是:资本周转次数=1年(12个月)/资本周转一次的时间(月)。资本周转次数与资本周转速度成正比,1年内资本周转次数越多,资本周转速度就越快。

6. 固定资本是指以厂房、机器设备、生产工具等劳动资料的形式存在的那部分资本。其特点是:一般能够使用若干年,在生产过程中,其物质形态全部参与生产过程,而价值却逐步转移到新产品中去,所以叫固定资本。

7. 流动资本是指以原料、燃料和辅助材料等劳动对象形式存在的以及用于购买劳动力的那部分资本。其特点是:在生产过程开始时一次性投入,在生产过程中一次性全部消耗,其价值一次性全部转移到新产品中去,并从产品的销售收入中全部收回,在下一个生产过程开始时重新投入。支付给劳动力的工资也是一次性支付,工人通过自己的劳动创造出这一部分价值,随商品销售一次性全部收回,所以叫流动资本。

8. 物质磨损也称有形磨损,是指固定资本由于使用和自然力的作用所引起的使用价值(物质上)的损耗。产生有形磨损的原因有两个:一是由于在生产过程中的使用而造成的磨损;二是由于受自然力的腐蚀作用而造成的磨损,如金属由于氧化而生锈。

9. 价值磨损也称无形磨损,是指固定资本由于技术进步所引起的价值上的损失。产生无形磨损的原因有两个:一是由于技术的改进,生产同样机器设备所需要的社会必要劳动时间减少,从而使原来使用的机器设备发生贬值。二是出现了效能更高的新机器设备,造成原来效率低的机器设备贬值。

10. 年剩余价值率是指1年内生产的剩余价值量和预付可变资本的比率。计算公式为 $M'=M/v=m'\times v\times n/v=m'\times n$。年剩余价值率与剩余价值率是两个不同的概念。年剩余价值率反映的是1年内预付可变资本的增值程度,剩余价值率反映的是资本家对工人的剥削程度。只有当预付可变资本的周转速度等于1时,两者才会相等。

二、单项选择题

1. C 2. C 3. D 4. A 5. C 6. C 7. C 8. C 9. D 10. A

11. B 12. C 13. B 14. C 15. A 16. C 17. B 18. D 19. D 20. D
21. A 22. B 23. D 24. A 25. C

三、多项选择题

1. ABE 2. ABE 3. BCDE 4. ACE 5. AB
6. BCE 7. ACE 8. ACE 9. ABCDE 10. ABCD
11. BDE 12. ABCDE 13. ACDE 14. BD 15. ABE

四、判断题

1. × 2. √ 3. √ 4. √ 5. ×
6. × 7. √ 8. √ 9. × 10. ×
11. × 12. √ 13. √ 14. × 15. √
16. × 17. × 18. √ 19. √ 20. √
21. √ 22. √ 23. √ 24. √ 25. √

五、简答题

1. 产业资本是指投放在工业、农业和建筑业等物质资料生产部门的资本，它是生产剩余价值的职能资本。产业资本的循环运动要经过购买、生产和售卖三个阶段，相应采取货币资本、生产资本和商品资本三种职能形式。

（1）购买阶段。购买阶段即资本家或企业用货币到市场上购买生产资料和劳动力这两种生产要素的阶段，用公式表示是：$G—W$。在购买阶段，产业资本采取的职能形式是货币资本，其职能是为生产剩余价值做准备。

（2）生产阶段。生产阶段即资本家或企业把生产资料和劳动力这两种生产要素结合起来，生产商品和剩余价值的阶段，用公式表示是：$W\cdots P\cdots W'$。在生产阶段，产业资本采取的职能形式是生产资本，其职能是生产剩余价值，生产阶段是整个产业资本循环过程中起决定性作用的阶段。

（3）售卖阶段。售卖阶段即资本家或企业又回到市场，将新生产出来的包含着剩余价值的商品卖掉，收回货币，使商品转化为货币的阶段，用公式表示是：$W'—G'$。在售卖阶段，产业资本采取的职能形式是商品资本，其职能是实现价值和剩余价值。

产业资本依次经历购买、生产和售卖三个阶段，相应采取货币资本、生产资本和商品资本三种职能形式，使价值得到增值，最后又恢复到原来出发点的运动过程，就是产业资本循环。产业资本循环的公式是：$G—W\cdots P\cdots W'—G'$。

2. （1）产业资本是指投放在工业、农业和建筑业等物质资料生产部门的资本，它是生产剩余价值的职能资本。产业资本循环是指产业资本依次经历购买、生产和售卖三个阶段，相应采取货币资本、生产资本和商品资本三种职能形式，使价值得到增值，最后又恢复到原来出发点的运动过程。产业资本循环的公式是：$G—W\cdots P\cdots W'—G'$。

（2）产业资本循环正常进行的基本条件有两个：第一，产业资本的三种职能形式必须具有空间上的并存性。即产业资本的三种职能形式货币资本、生产资本和商品资本必须按一定的比例在空间上同时存在。产业资本的所有者必须按照一定比例将全部资本分成三个部分，一部分以货币资本形式存在，一部分以生产资本形式存在，一部分以商品资本形式存在。只有这样，产业资本的循环过程才能不间断。第二，产业资本的三种职能形式必须具有时间上的继起性。即货币资本、生产资本和商品资本三种职能形式都要能够顺利地实现各自的转化，也就是并存的三种职能形式，各自都要连续不断地循环，使三种资本形态相继转化。

3. 资本周转时间是指预付资本周转一次即循环一次所经过的时间，也就是预付资本以一定的形式为起点，到它带着利润以同样的形式返回出发点所经过的时间。资本周转时间由资本的生产时间与流通时间构成。

资本的生产时间是指资本处在生产领域的时间，包括劳动时间和非劳动时间两部分。非劳动时间又包括生产资料的储备时间、自然力作用的时间和停工时间。资本的流通时间是指资本处在流通领域的时间，包括购买时间和售卖时间。

资本的周转时间与周转速度成反比，即资本周转时间越长，周转速度就越慢；反之，资本周转时间越短，周转速度就越快。

4. 预付资本的总周转速度是指包括固定资本和流动资本在内的预付资本的不同组成部分的平均周转速度。其计算公式是：预付资本的总周转速度=（固定资本年周转价值总额+流动资本年周转价值总额）/预付资本总量。由公式可以发现，影响预付资本总周转速度的因素主要有以下两点。

（1）固定资本和流动资本各自的周转速度快慢。

（2）固定资本和流动资本在预付资本中所占的比重。由于固定资本周转速度较慢，流动资本周转速度较快，因此，预付资本的总周转速度与固定资本的比重成反比，与流动资本的比重成正比。即固定资本所占比重越大，则预付资本的总周转速度就越慢；反之，流动资本所占比重越大，预付资本的总周转速度就越快。

5. 资本周转速度的快慢对剩余价值的生产和实现有着重大的影响。

（1）资本周转速度对预付资本投入量有重大影响。从固定资本来说，加快资本周转速度，一方面可以减少甚至避免无形磨损的损失；另一方面可以加速固定资本的更新，提高固定资本的利用率。从流动资本来说，加快资本周转速度，可以节省预付的流动资本。

（2）资本周转速度对年剩余价值量和年剩余价值率有重大影响。加快资本周转速度可以增加年剩余价值量。年剩余价值量，是指企业的预付可变资本在1年内带来的剩余价值总量。一般来说，在预付资本量相同的情况下，资本周转速度越快，预付资本中用来购买劳动力的那部分可变资本也周转得越快。由于可变资本是剩余价值的源泉，可变资本周转越快，既定数量的可变资本发挥的作用就越大，创造的剩余价值就越多，年剩余价值量也就越多。可见，可变资本周转速度与年剩余价值量成正比例关系。如果用 M 表示年剩余价值量，m 表示剩余价值率，v 表示预付可变资本，n 表示可变资本的周转次数，那么，年剩余价值量的计算公式可以表示为：$M=v \times m' \times n$。

加快资本周转速度可以提高年剩余价值率。年剩余价值率，是指 1 年内生产的剩余价值总量与预付可变资本的比率。如果用 M' 表示年剩余价值率，v 表示预付的可变资本，那么，年剩余价值率的计算公式可以表示为：$M'=M/v=m' \times n$。可见，在剩余价值率一定的条件下，可变资本的周转速度越快，年剩余价值率就越高，年剩余价值率与资本周转速度成正相关关系。因此，加快资本周转速度，可以提高年剩余价值率。

第六章 社会总资本的运行

第一节 重要知识点

在第四章，我们从微观层面研究了个别资本的运动问题。资本可分为个别资本和社会总资本。因此，资本的运动也有个别资本的运动和社会总资本的运动两个层面。在研究了个别资本的运动之后，还要从宏观层面研究社会总资本的运动。这就是本章要讲的内容。

一、社会总资本再生产的中心问题及社会总产品的构成

要研究社会总资本的运行或再生产问题，首先要理解"社会总资本"这一概念，社会总资本是由个别资本构成的，因此，要从个别资本谈起。

（一）个别资本和社会总资本及其运动

1. 个别资本和社会总资本的含义

在商品经济和市场经济条件下，生产资料被各个不同的独立的企业或资本家所占有和使用，每个企业或资本家的资本在再生产过程中独立地发挥作用，它们各自通过自身的循环与周转，实现自己的价值增值，每个企业或资本家的资本都是个别资本。

个别资本是指各自独立发挥资本职能的资本，也叫单个资本。或者说，当资本独立地从事剩余价值的生产和实现活动来发挥资本的职能作用时，就是个别资本。个别资本从规模来看有大有小，有的个别资本规模相当大，如美国沃尔玛公司的资本、埃克森美孚公司的资本、苹果公司的资本等，资本规模达到上万亿美元；有的个别资本规模则较小，如一些小微型企业的资本，资本规模可能只有数百万美元甚至数十万美元。

在社会分工和生产社会化条件下，各个企业的单个资本不是孤立存在的，而是相互联系、相互依存、相互制约的，它们构成一个有机的整体。这种相互联系、相互依存、相互制约的所有个别资本的总和，就构成社会总资本或社会资本。社会总资本的构成具有广泛性和系统性。广泛性是指社会总资本所包含的个别资本，不仅有投资在生产资料生产部门的资本，也有投资在消费资料生产部门的资本；不仅有投资在物质生产部门的

资本，也有投资在服务部门的资本。系统性是指构成社会总资本这个有机整体的各产业及产业内部各部门的资本投放都必须符合一定的客观比例，而投在各产业和部门的资本，其各自运行也必须互相配合。

资本只有在运动中才能增值，因此，个别资本和社会总资本都要运动（或运行），相互联系、相互依存、相互制约的个别资本运动的总和，构成社会总资本的运动。

2. 个别资本运动和社会总资本的异同

既然社会总资本是由全部个别资本在运动中相互联系、相互依存、相互制约而形成的有机整体，那么，社会总资本的运动与个别资本的运动就必然存在一些共同之处，个别资本运动所具有的内容、形式等，社会总资本的运动也应具有。第一，运动的内容都包含着生产剩余价值的生产消费；第二，运动的形式都要经过购买、生产和售卖三个阶段，采取货币资本、生产资本和商品资本三种职能形式；第三，运动的目的都是实现价值增值。

但是，作为由个别资本构成的有机整体，社会总资本的运动也必然具有一些独有的特征。第一，社会总资本的运行不仅包括生产剩余价值的生产消费，而且包括个人消费。在个别资本的运动过程中，尽管也可以观察到资本家或工人会将剩余价值或工资用于个人消费。但这种个人消费以及相应的商品流通，是存在于个别资本的运动过程之外的。而从全社会的范围来看，资本家和工人消费的过程，同时也是生产个人消费品的资本家出售自己产品的过程。因此，个人消费以及与此相适应的商品流通就包含在社会总资本的运动过程中。第二，社会总资本的运行不仅包括预付资本的流通，而且包括全部剩余价值的流通。由于资本家将部分剩余价值用于个人消费，因此，个别资本的运动过程只包括预付资本的流通，以及用于追加资本的那部分剩余价值的流通。而在社会总资本的运动过程中，资本家将部分剩余价值用于个人生活消费的过程，同时也是生产消费资料的资本家出售其产品的过程。因而，社会总资本的运动过程就包含预付资本和全部剩余价值的流通。第三，研究社会总资本的运动既要考察价值补偿、又要考察实物补偿。对个别资本运动的研究通常假定市场能够提供充足的生产资料、消费资料和劳动力，企业生产的产品也能顺利出售。因而，个别资本的运动只需考察价值补偿问题，无须考察实物补偿问题。但社会总资本包括全部的个别资本，社会总资本的运动所需要的全部生产资料和消费资料只能从自身获得补偿，因而，对社会总资本运动的研究不仅要考察价值补偿，更要考察实物补偿问题。由此可见，社会总资本的运行要比个别资本的运行复杂得多。

（二）研究社会总资本再生产（运行）的出发点和社会总资本再生产的中心问题

在研究个别资本的再生产或运行过程时，我们假定企业不存在产品的销售问题，生产出的产品都能卖出，生产出的剩余价值都能实现。但是，当我们研究社会总资本的再生产或运行过程时，就不能再做出这种假定了。因为，每个企业生产出来的产品能否卖出、剩余价值能否实现，都会影响社会总资本的再生产能否实现。在研究个别资本的运动时，只要考虑企业的价值补偿就可以了，但是研究社会总资本的运动时，不仅要考虑价值补偿，而且要考虑实物补偿。因此，研究社会总资本的运行，必须从社会总产品即社会总商品资本出发。因为，只有研究总商品资本的运行，才能全面地把握社会总资本运行的内容和特点，并揭示社会总资本运行的规律。

1. 研究社会总资本运行的出发点是社会总产品

社会总产品是指社会的各个物质生产部门在一定时期（通常为1年）内所生产出来的全部物质资料的总和。社会总产品是研究社会总资本运行的出发点。

2. 社会总资本再生产的中心（核心）问题是社会总产品的实现问题

社会总产品的实现是指社会总产品和服务的各个组成部分经过流通进入消费，在价值上得到补偿，在使用价值上得到替换。社会总产品的实现包括价值补偿和实物补偿两个方面。所谓价值补偿，就是指社会总产品通过商品流通环节获得货币回流，以补偿生产中资本家预付的不变资本和可变资本，并获得剩余价值的过程。所谓实物补偿，就是指社会总产品通过出售获得货币后，重新取得再生产所必需生产资料和消费资料的过程。社会总产品的实现问题是社会总资本运行的中心问题，这是由于如下原因。

（1）社会总产品的价值补偿是社会总资本再生产正常运行的前提或基础。社会总资本的再生产要正常进行，最基本的条件是社会总产品必须全部销售出去，以便补偿预付的不变资本和可变资本的价值，并取得剩余价值。只有这样，才能重新购买生产资料和劳动力，以维持正常的再生产。

（2）社会总产品的实物补偿是维持社会总资本再生产正常进行的关键。因为，有了货币资本，如果买不到生产资料和消费资料，再生产也不能正常进行。社会总资本的再生产要顺利进行，其关键是上一个生产过程所消耗掉的生产资料和消费资料能够得到替换。

（3）社会总产品的实现条件是这个中心问题的中心。

由于社会总产品各个部分的更替或补偿过程，同时就是社会总产品的实现过程，因此，社会总产品的补偿问题即实现问题，是社会总资本再生产的中心问题。

为了研究社会总产品的实现条件，就必须了解社会总产品的构成和社会生产的部类。

（三）社会总产品的构成和社会生产的部类

1. 社会总产品的双重构成

社会总产品的构成包括实物构成和价值构成两个方面。从实物形态看，社会总产品按照其最终用途可以分为生产资料和消费资料两大类型。从价值形态看，单个商品的价值包括不变资本、可变资本和剩余价值三个部分，因此，社会总产品的价值也可以分为不变资本（c）、可变资本（v）和剩余价值（m）三个部分。将社会总产品从实物形态上分为生产资料和消费资料两大类型,从价值形态上分为不变资本、可变资本和剩余价值三个部分,是马克思研究社会总资本运行或再生产的第一个基本理论前提。

2. 社会生产的两大部类

与社会总产品从实物形态上分为生产资料和消费资料两大类型相适应,马克思将整个社会生产划分为生产资料生产和消费资料生产两大部类,生产资料生产部类为第一部类(Ⅰ),消费资料生产部类为第二部类(Ⅱ)。将整个社会生产分为生产资料生产和消费资料生产两大部类,是马克思研究社会总资本运行或再生产的第二个基本理论前提。

社会总产品的实物构成和价值构成原理,反映了社会总产品的实物补偿与价值补偿之间的相互联系、相互制约关系;同时,可以将对社会总资本再生产的研究简化为对生产资料生产部类(Ⅰ)和消费资料生产部类(Ⅱ)的资本运动中的实物补偿和价值补偿的研究。

接下来,我们具体研究社会总资本再生产的实现问题,重点是实现条件。

二、社会总资本再生产的实现条件

社会总资本的再生产也有简单再生产和扩大再生产之分,简单再生产是扩大再生产的基础和起点,研究社会总资本简单再生产的实现问题有利于揭示社会总资本扩大再生产的一般性规律。因此,有必要分别研究社会总资本的简单再生产和扩大再生产的实现条件。首先研究社会总资本简单再生产的实现条件。

(一)社会总资本简单再生产的实现条件

社会总资本的简单再生产,是指生产规模不变的社会总资本再生产,其基本特点就是资本家将剩余价值全部用于个人消费,而没有资本积累。

1. 几个假设

社会总资本简单再生产的实现过程和实现条件也是十分复杂的问题,为了便于研究,将复杂问题简单化,需要排除一些次要的影响因素。因此,有必要先提出以下几个假设。

(1)假设考察的是纯粹的资本主义经济,只存在资本家和工人两个阶级,剩余价值的分配不涉及其他集团。

(2)假设生产周期为1年,不变资本价值在1年内被完全消耗并转移到新产品中去,下一年必须全部更新。

(3)假设市场处于供求状态,商品按照其价值出售,商品价格与其价值一致。

(4)假设没有对外贸易,全部社会产品都在国内得到实现。各个国家都力求对外贸易基本平衡。因此这个假设是可以的。

（5）假设两大部类的生产技术和资本有机构成不变。

（6）假设两大部类的剩余价值率（m'）都为100%（这主要是为了计算简便）。

2. 社会总资本简单再生产的图式

社会总资本简单再生产的实现也就是社会总产品的实现。为了使抽象问题具体化，马克思还假设社会总产品的价值量为9000个单位，在实物形态上是由生产资料和消费资料构成的，其中，生产资料的价值量要多一些。假设生产资料和消费资料的价值量分别为6000个和3000个单位，分别由第一部类和第二部类生产出来。9000个单位的社会总产品在价值上由不变资本（c）、可变资本（v）和剩余价值（m）三个部分构成。假设两大部类的资本有机构成（$c:v$）为4:1，这样社会总产品的构成图式如图6-1所示。

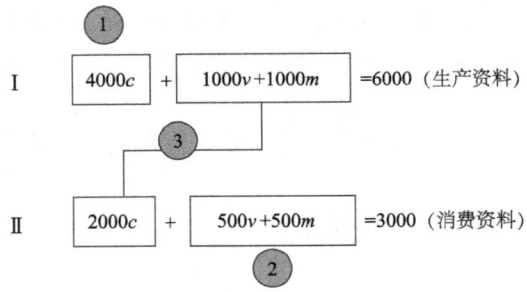

图6-1 简单再生产的两大部类之间交换图式

在价值为6000个单位的生产资料中，价值为4000个单位的生产资料（Ⅰ $4000c$）是第一部类的资本家在上个年度投入的机器设备和原材料等生产资料，经过本年度的生产过程生产出来的新的机器设备和原材料等生产资料，这部分新的生产资料归第一部类的资本家所有。价值为$1000v$和$1000m$的生产资料是第一部类的工人本年度新创造的生产资料，其中价值为1000个单位的生产资料（Ⅰ $1000v$）是第一部类的工人本年度得到的工资总额；价值为1000个单位的剩余价值（Ⅰ $1000m$）是第一部类的资本家本年度得到的剩余价值总额，也是以生产资料的形式存在。

在价值为3000个单位的消费资料中，价值为2000个单位的消费资料（Ⅱ $2000c$）是第二部类的资本家上个年度投入的机器设备和原材料等生产资料，经过1年的生产过程生产出来的消费资料，这部分消费资料归第二部类的资本家所有。价值为$500v$和$500m$的消费资料是第二部类的工人本年度新创造的消费资料，其中，价值为500个单位的消费资料（Ⅱ $500v$）是第二部类的工人本年度得到的工资总额；价值为500个单位的剩余价值（Ⅱ $500m$）是第二部类的资本家本年度得到的剩余价值总额，也是以消费资料的形式存在。

为了使下一个年度的社会总资本简单再生产能够连续进行，这两大部类的产品包括它们的各个组成部分都必须得到实现，即都必须实现价值补偿和实物替换。

3. 社会总资本简单再生产的实现过程

社会总资本简单再生产的实现过程也就是社会总产品的实现过程。社会总产品怎么才能实现？当然要通过交换才能实现。我们假设不使用货币，商品交换是物与物的直接交换。具体来说，社会总产品是通过以下三个方面的交换实现的。

1）第一部类内部各部门和各企业之间的交换

第一部类中价值为 4000 个单位的生产资料（Ⅰ$4000c$）是用来生产生产资料的生产资料，如钢铁、汽车、机器和煤炭等，第一部类在下一个年度要继续进行简单再生产也需要这些生产资料。因而这一部分生产资料可以通过第一部类内部各部门和各企业之间的交换得到实现。例如，钢铁厂用自己生产的钢铁与汽车厂生产的汽车、机器厂生产的机器、煤炭厂开采的煤炭以及其他企业生产的生产资料相交换；同样，汽车厂用自己生产的汽车与钢铁厂生产的钢铁、机器厂生产的机器、煤炭厂开采的煤炭以及其他企业生产的生产资料相交换；机器厂用自己生产的机器与钢铁厂生产的钢铁、汽车厂生产的汽车、煤炭厂开采的煤炭以及其他企业生产的生产资料相交换；煤炭厂用自己开采的煤炭与钢铁厂生产的钢铁、汽车厂生产的汽车、机器厂生产的机器以及其他企业生产的生产资料相交换；等等。通过第一部类内部各部门和各企业之间的无数次交换，第一部类中价值 4000 个单位的生产资料得到了实现。

2）第二部类内部各部门和各企业的工人、资本家之间的交换

第二部类中价值为 $500v$ 的消费资料是第二部类的工人得到的工资，要全部用于工人的个人消费；$500m$ 的消费资料是第二部类的资本家得到的剩余价值，也要全部用于资本家的个人消费。因此，这些消费资料可以通过第二部类内部不同部门和企业的工人和资本家之间的交换得到实现。例如，食品厂的工人和资本家用自己得到的食品与服装厂的工人和资本家得到的服装、家电厂的工人和资本家得到的家电、家具厂的工人和资本家得到的家具以及其他企业的工人和资本家得到的消费资料相交换；同样，服装厂的工人和资本家用自己得到的服装与食品厂的工人和资本家得到的食品、家电厂的工人和资本家得到的家电、家具厂的工人和资本家得到的家具以及其他企业的工人和资本家得到的消费资料相交换；家电厂的工人和资本家用自己得到的家电与食品厂的工人和资本家得到的食品、服装厂的工人和资本家得到的服装、家具厂的工人和资本家得到的家具以及其他企业的工人和资本家得到的消费资料相交换；家具厂的工人和资本家用自己得到的家具与食品厂的工人和资本家得到的食品、服装厂的工人和资本家得到的服装、家电厂的工人和资本家得到的家电以及其他企业的工人和资本家得到的消费资料相交换；等等。通过第二部类内部各部门和各企业的工人和资本家之间的无数次交换，第二部类中价值 $500v$ 和 $500m$ 的消费资料得到了实现。

经过第一部类内部和第二部类内部的交换，两大部类都还剩下一部分产品没有实现。第一部类剩下的产品是本部类的工人和资本家得到的生产资料（Ⅰ$1000v+$Ⅰ$1000m$），如钢铁、汽车、机器、煤炭等。这些生产资料不能满足工人和资本家的生活需要，工人和资本家需要的是能够满足生活需要的消费资料，如食品、服装、家电和家具等。因此，

这些生产资料不能在第一部类内部实现，需要与第二部类的消费资料相交换。第二部类剩下的产品是资本家拥有的消费资料（Ⅱ2000c），如食品、服装、家电和家具等。但是，第二部类在下一个年度要继续进行简单再生产需要生产资料。因此，这些消费资料不能在第二部类内部实现，需要与第一部类的生产资料相交换。

3）两大部类之间的交换

两大部类之间的交换是指第一部类的工人和资本家用他们得到的钢铁、汽车、机器和煤炭等生产资料，与第二部类的资本家拥有的食品、服装、家电和家具等消费资料相交换。通过两大部类之间的无数次交换，第一部类价值为2000个单位的生产资料（Ⅰ1000v+Ⅰ1000m）和第二部类价值为2000个单位的消费资料（Ⅱ2000c）都得到了实现。第一部类的工人和资本家得到了所需要的消费资料，第二部类的资本家得到了所需要的生产资料。

经过以上三个方面无数次的交换，社会总产品的各个部分在价值上都得到了补偿，在实物上都得到了替换，全部社会总产品都得到了实现。因此，下一个年度社会总资本的简单再生产就可以正常进行了。

4. 社会总资本简单再生产的实现条件

上述分析表明，社会总产品的价值补偿与实物补偿是通过两大部类内部和两大部类之间的无数次交换实现的。由此可见，要维持社会总资本的简单再生产，必须具备以下三个实现条件。

1）基本实现条件

社会总资本简单再生产的基本实现条件是Ⅰ（$v+m$）=Ⅱc。基本实现条件的经济含义是，第一部类工人得到的工资即v和资本家得到的剩余价值即m之和应等于第二部类的不变资本价值，或者说第一部类工人以工资形式得到的生产资料和资本家以剩余价值形式得到的生产资料之和应正好满足第二部类的资本家进行简单再生产对生产资料的需求。这个基本的实现条件表明了社会总资本简单再生产过程中，社会生产两大部类之间存在相互依存、相互制约的内在联系。

根据上述基本的实现条件，可以推导出生产资料和消费资料的实现条件。

2）生产资料的实现条件

生产资料的实现条件是Ⅰ（$c+v+m$）=Ⅰc+Ⅱc。生产资料实现条件的经济含义是，第一部类全部生产资料的价值应等于两大部类的不变资本价值之和，或者说第一部类生产的全部生产资料应正好满足两大部类进行简单再生产对生产资料的需求。生产资料的实现条件表明了第一部类生产资料的生产同两大部类对生产资料的需求必须保持平衡。

3）消费资料的实现条件

消费资料的实现条件是Ⅱ（$c+v+m$）=Ⅰ（$v+m$）+Ⅱ（$v+m$）。消费资料实现条件的经济含义是，第二部类全部消费资料的价值应等于两大部类的工人得到的工资v和资本家得到的剩余价值m之和，或者说第二部类生产的全部消费资料应正好满足两大部类在简单再生产条件下工人和资本家对消费资料的需求。消费资料的实现条件表明了第二部类消费资料的生产同两大部类对消费资料的需求必须保持平衡。

在研究了社会总资本简单再生产的实现条件之后，还要继续研究社会总资本扩大再生产的实现条件，扩大再生产的实现条件比简单再生产更加复杂。

（二）社会总资本扩大再生产的实现条件

社会总资本的扩大再生产是指在社会总资本的循环运动中生产规模不断扩大的再生产。社会总资本的扩大再生产以资本积累为基础，可以通过生产要素投入的增加或生产要素产出效率的提高或二者相结合而得到实现。在生产技术和生产效率不变的条件下，通过增加生产要素投入的数量来扩大生产规模，属于外延式扩大再生产；通过提高生产要素的产出效率来扩大生产规模，属于内涵式扩大再生产；同时采用两种方式来扩大生产规模，可以称为混合式扩大再生产。我们假定资本家进行外延式扩大再生产。

要进行外延式扩大再生产（以下简称扩大再生产）就需要增加资本的投入数量，因而资本家或投资者需要进行资本积累，也就是要把获得的剩余价值 m 分为两个部分使用：一部分用于资本家个人及其家庭成员的生活消费；另一部分用于生产，作为追加的资本。用于资本家个人及其家庭成员生活消费的剩余价值用 mx（或 m/x）表示，这样用于生产的剩余价值就等于 $m-mx$。用于生产的剩余价值 $m-mx$ 又要分为两个部分，其中一部分作为追加的不变资本，用 Δc 表示，用来购买追加的生产资料；另一部分作为追加的可变资本，用 Δv 表示，用来购买追加的劳动力。因此，剩余价值 m 要分为三个部分，即 $m=\Delta c+\Delta v+mx$。

1. 社会总资本扩大再生产的前提条件

要进行扩大再生产，就需要增加生产资料和劳动力的数量，因此，只有追加的资本还不够，还需要有追加的生产资料和消费资料。为了使社会总资本的扩大再生产成为可能，社会总产品在价值上和物质上必须具备以下前提条件。

（1）生产资料的前提条件。即要有多余的或追加的生产资料能够满足两大部类进行扩大再生产对生产资料的需求，也就是第一部类提供的生产资料要大于两大部类进行简单再生产对生产资料的需求。用公式表示就是：Ⅰ$(c+v+m)$＞Ⅰ$c+$Ⅱc，可以简化为Ⅰ$(v+m)$＞Ⅱc。

（2）消费资料的前提条件。即要有多余的或追加的消费资料能够满足两大部类追加的劳动力对消费资料的需求，也就是第二部类提供的消费资料要大于简单再生产条件下两大部类的工人和资本家对生产资料的需求。用公式表示就是：Ⅱ$(c+v+m)$＞Ⅰ$(v+mx)+$Ⅱ$(v+mx)$，可以简化为Ⅱ$(c+m-mx)$＞Ⅰ$(v+mx)$。

只有同时具备上述两个前提条件，资本积累才有可能转化为实际的扩大再生产。但是具备了上述两个前提条件，扩大再生产还只是具备了可能性，要使可能性转化为现实性，社会总产品全部都要实现。因此，两大部类的产品必须进行调整和重新组合，两大部类之间必须建立新的平衡关系。

2. 社会总资本扩大再生产的实现

1）社会总资本扩大再生产条件下社会总产品的图式

社会总资本的扩大再生产需要具备两个前提条件，因此，两大部类的产品必须进行调整和重新组合。假设第一部类的产品构成保持不变，仍然为 Ⅰ $4000c+1000v+1000m=6000$，根据两个前提条件，第二部类的产品构成可以调整为 Ⅱ $1500c+750v+750m=3000$。

要进行扩大再生产，两大部类都必须进行资本积累，增加资本的投入数量。假定第一部类的积累率为50%，即资本家将剩余价值1000中的一半即500用于个人及其家庭人员的生活消费，用 $500mx$ 表示；另一半500用于积累，用（$500m-mx$）表示。用于积累的500（$m-mx$）追加资本按照资本有机构成4∶1的比例进行分配，这样追加的不变资本 Δc 为400，追加的可变资本 Δv 为100。因而，第一部类的产品就重新组合为：Ⅰ（$4000c+400\Delta c$）+（$1000v+100\Delta v$）+$500mx=6000$。其中 Ⅰ（$4000c+400\Delta c$）即4400个单位的生产资料满足第一部类进行扩大再生产对生产资料的需求，剩余的 Ⅰ（$1000v+100\Delta v$）+$500mx$ 即1600个单位的生产资料不能在第一部类内部实现，需要与第二部类的消费资料相交换。第二部类已有1500个单位的消费资料需要与第一部类的生产资料相交换，因此，第二部类需要增加100个单位的不变资本即 $100\Delta c$；由于第二部类的资本有机构成为2∶1，因此，第二部类只需要增加50个单位的可变资本即 $50\Delta v$，第二部类的资本家用于个人及其家庭人员生活消费的剩余价值即 $mx=750-100-50=600$。这样，第二部类的产品经过积累就重新组合为 Ⅱ（$1500c+100\Delta c$）+（$750v+50\Delta v$）+$600mx=3000$。扩大再生产的两大部类之间交换图式如图6-2所示。

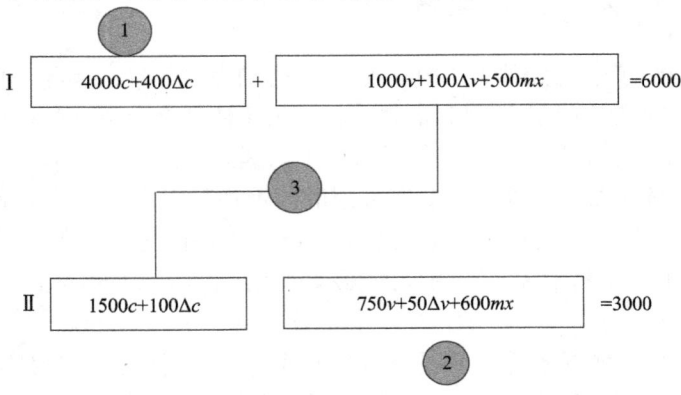

图6-2 扩大再生产的两大部类之间交换图式

2）社会总资本扩大再生产的实现过程

社会总资本的扩大再生产要能顺利实现，全部社会总产品都必须实现，社会总产品是通过三个方面的交换实现的：第一部类内部各部门和各企业之间的交换，第二部类内部各部门和各企业的工人、资本家之间的交换，两大部类之间的交换。具体交换过程与简单再生产相同。通过三个方面的交换，6000个单位的生产资料和3000个单位的消费资料即9000个单位的社会总产品都得到了实现，下一个年度社会总资本的扩大再生产就可以进行了。

3）社会总资本扩大再生产的实现条件

从上面的分析我们可以发现，社会总资本的扩大再生产要具备三个实现条件。

（1）基本实现条件。社会总资本扩大再生产的基本实现条件是 Ⅰ（$v+\Delta v+mx$）= Ⅱ（$c+\Delta c$）。基本实现条件的经济含义是，第一部类原有工人得到的工资 v 和追加的工人得到的工资 Δv 以及资本家用于个人及其家庭人员生活消费的剩余价值 mx 之和应等于第二部类的不变资本价值 c 和追加的不变资本价值 Δc 之和，或者说第一部类原有工人和追加工人以工资形式得到的生产资料以及资本家以用于消费的那部分剩余价值形式得到的生产资料之和应正好满足第二部类的资本家进行扩大再生产对生产资料的需求。这个基本的实现条件表明了社会总资本扩大再生产过程中，社会生产两大部类之间存在相互依存、相互制约的内在联系。

根据上述基本的实现条件，可以推导出生产资料和消费资料的实现条件。

（2）生产资料的实现条件。生产资料的实现条件是 Ⅰ（$c+v+m$）= Ⅰ（$c+\Delta c$）+ Ⅱ（$c+\Delta c$）。生产资料实现条件的经济含义是，第一部类全部生产资料的价值应等于两大部类原有的不变资本价值 c 和追加的不变资本价值 Δc 之和，或者说第一部类生产的全部生产资料应正好满足两大部类进行扩大再生产对生产资料的需求。生产资料的实现条件表明了第一部类生产资料的生产同两大部类对生产资料的需求必须保持平衡。

（3）消费资料的实现条件。消费资料的实现条件是 Ⅱ（$c+v+m$）= Ⅰ（$v+\Delta v+mx$）+ Ⅱ（$v+\Delta v+mx$）。消费资料实现条件的经济含义是，第二部类全部消费资料的价值应等于两大部类原有工人得到的工资 v 和追加的工人得到的工资 Δv 以及资本家得到的用于个人及其家庭人员生活消费的剩余价值 mx 之和，或者说第二部类生产的全部消费资料应正好满足两大部类在扩大再生产条件下工人和资本家对消费资料的需求。消费资料的实现条件表明了第二部类消费资料的生产同两大部类对消费资料的需求必须保持平衡。

上面对社会总资本扩大再生产的分析是以假定生产技术和资本有机构成不变为前提的。其结果就是，每年由剩余价值转化而来的追加资本都按照固定不变的比例分为追加的不变资本和追加的可变资本。由此，不变资本和可变资本的增速，生产资料和消费资料的增速必然是相同的。但事实上社会的生产技术是不断进步的，随着资本积累的进行，资本有机构成也是不断提高的，不变资本的比重会不断提高，可变资本的比重会不断下降，因而，生产资料的生产与消费资料的生产相比，会呈现优先增长的趋势，这种必然发生的现象就是生产资料生产的优先增长规律。

（三）生产资料生产的优先增长规律

1. 生产资料生产优先增长规律存在的前提条件

生产资料生产优先增长的前提是技术进步和资本有机构成提高。举例分析如下。

假设去年两大部类的生产规模为生产 9000 个单位的产品，其中生产资料为 6000 个单位，消费资料为 3000 个单位。第一部类生产资料的构成为Ⅰ$4000c+1000v+1000m$=6000，第二部类消费资料的构成为Ⅱ$1500c+750v+750m$=3000。今年第一部类的资本家将剩余价值m的一半即500作为追加资本投入生产经营，追加资本的有机构成由原来的4∶1提高到9∶1，因而追加的不变资本Δc为450个单位，追加的可变资本Δv为50个单位，资本家用于个人及其家庭成员生活消费的剩余价值即mx为500个单位，这样第一部类生产资料的构成要重新组合为：Ⅰ（$4000c+450\Delta c$）+（$1000v+50\Delta v$）+$500mx$=6000，第一部类有1550个单位的生产资料需要与第二部类的消费资料相交换。由于第二部类已经安排了1500个单位的消费资料，因而还需要追加50个单位的消费资料即50个单位的不变资本，假设第二部类追加资本的有机构成由原来的2∶1提高到5∶1，因此，只需要追加10个单位的可变资本，第二部类的资本家用于个人及其家庭成员生活消费的剩余价值即mx为750-60=690个单位，这样第二部类消费资料的构成要重新组合为：Ⅱ（$1500c+50\Delta c$）+（$750v+10\Delta v$）+$690mx$=3000。

由于两大部类的剩余价值率都假定为100%，因此，经过一年的生产经营，今年第一部类生产资料的产量为：Ⅰ$4450c+1050v+1050m$=6550；第二部类消费资料的产量为：Ⅱ$1550c+760v+760mx$=3070。生产资料的产量由去年的6000个单位增长到6550个单位，增长了9.17%；消费资料的产量由去年的3000个单位增长到3070个单位，只增长了2.33%。在生产资料中，用来生产生产资料的生产资料由去年的4000个单位增长到4450个单位，增长了11.25%；用来生产消费资料的生产资料由去年的2000个单位增长到2100个单位，增长5.00%。由此可见，生产资料生产的增长速度（9.166%）快于消费资料生产的增长速度（2.333%）；生产生产资料的生产资料生产的增长速度（11.25%）快于生产消费资料的生产资料生产的增长速度（5.00%）。

2. 生产资料生产优先增长规律的含义及其表现

生产资料生产优先增长规律，是指在技术进步和资本有机构成提高的条件下，在社会总资本的扩大再生产过程中，生产资料的生产会呈现优先增长的趋势。这一规律有两个表现：一是生产资料生产的增长速度快于消费资料生产的增长速度，即第一部类生产的增长快于第二部类生产的增长；二是生产生产资料的生产资料生产的增长快于生产消费资料的生产资料生产的增长，即Ⅰc的增长快于Ⅰ（$v+m$）的增长。当然，生产资料生产的优先增长，并不意味着生产资料的生产可以脱离消费资料的生产而孤立地、片面地发展，更不意味着生产资料的生产比消费资料的生产增长得越快越好。因为，生产资料生产部门的工人和资本家都必须依赖第二部类为他们提供消费资料。况且，生产生产资料终究不是目的，生产的目的归根到底是生产出数量更多质量更好的消费资料，因此，生产资料的生产必须受到消费资料生产的制约。

前面的分析表明，无论是简单再生产还是扩大再生产，社会生产的两大部类及其内部各部门之间必须保持适当的比例关系。但在资本主义经济中，这样的比例关系是经常失调的，从而使社会资本的再生产发生困难，表现为经济危机频繁发生。因此，我们还要研究资本主义经济危机的有关问题。

三、资本主义经济危机的实质、根源及其物质基础

经济危机是资本主义再生产过程中各种矛盾综合作用下的集中爆发,同时,也是这些矛盾的强制解决。资本主义经济发展的历史,就是经济危机周期性爆发的历史。

(一)资本主义经济危机的表现、实质和根源

资本主义几百年的发展历史表明,资本主义是在经济周期性危机不断重复的过程中向前发展的。从 1825 年英国爆发第一次商品普遍过剩的经济危机开始,资本主义在其后的发展进程中,几乎每隔 8~10 年就爆发一次比较严重的经济危机。经济危机的周期性爆发,也集中地反映了资本主义生产方式的内在矛盾和历史局限性。

1. 资本主义经济危机的表现

资本主义经济危机是指资本主义再生产过程中周期性爆发的生产相对过剩的危机;是建立在机器大工业基础上的资本主义生产方式特有的经济现象;是资本主义再生产周期的决定阶段,既是前一周期的终结,又是新周期的起点。经济危机的主要表现是:大量商品卖不出去,大量生产资料被闲置,生产迅速萎缩;大批工厂、商店和银行破产倒闭;信用关系遭到严重破坏;大批工人失业,实际工资下降,劳动大众生活恶化,经济陷入瘫痪状态,整个社会陷入混乱和恐慌之中。

2. 资本主义经济危机的实质

生产过剩是资本主义经济危机中最主要的现象,因此,资本主义经济危机是生产过剩的危机。但是,资本主义制度下的这种生产过剩不是生产的绝对过剩。因为在危机到来的时候,一方面,资本家的大量产品卖不出去;另一方面,日益增多的失业工人却为得不到必需的生活资料而发愁。所以,资本主义的生产过剩不是绝对过剩,而只是相对过剩。资本主义经济危机的实质是生产相对过剩。相对过剩是指相对于劳动人民有支付能力的需要来说社会生产的商品显得过剩,并不是与人民的实际需求相比的绝对过剩。

3. 资本主义经济危机的根源

经济危机的可能性,在资本主义以前的简单商品经济时期就已经存在,自从物物交换发展到以货币为媒介的商品交换,买和卖在空间上和时间上分离就已经包含经济危机的可能性,但这仅仅是一种可能,经济危机并没有变为现实。而到了资本主义社会,这种可能性才转变为现实性,生产过剩的经济危机是资本主义经济特有的现象。

在资本主义社会中,生产过剩的经济危机的根源在于资本主义制度本身,在于资本主义的基本矛盾,即生产社会化与资本主义私有制之间的矛盾。在资本主义社会,随着社会分工的广泛发展,商品经济占统治地位,每个资本主义企业都成为社会化大生产这个复杂体系中的一个环节。它在客观上服务于整个社会、满足社会需要,应受社会调节。

但是，由于生产资料私有制的统治，生产完全从属于资本家的利益，生产成果都被资本家占有。而资本家生产的唯一目的就是生产并占有剩余价值，资本家为了获得更多的剩余价值，就会不断地扩大生产规模。因此，生产社会化与资本主义私有制之间存在着矛盾。资本主义的这一基本矛盾主要有两种表现形式：第一，个别企业生产的有组织性、有计划性和整个社会生产的无政府状态之间的矛盾。资本主义单个企业的生产，是在资本家或其代理人的统一领导下有组织、有计划进行的；而整个社会生产却基本上处于无政府状态。社会再生产过程中比例关系的失调，特别是生产与消费需要之间比例关系的失调，是资本主义私有制造成的必然结果。私有制把社会生产割裂开来，各个资本家都各行其是，必然导致比例关系严重失调。比例关系严重失调是引起经济危机的重要原因之一。第二，生产无限扩大的趋势与广大劳动人民有支付能力的需求相对缩小之间的矛盾，即生产和消费之间的矛盾。在追逐高额剩余价值或利润的驱使下，所有资本家都不断扩大生产规模，加强对工人的剥削，结果是劳动者有支付能力的需求落后于这个社会生产的增长，导致大量商品卖不出去。生产与消费的矛盾以及生产的无政府状态，作为资本主义基本矛盾的两个具体表现是紧密联系在一起的。正是它们的结合，决定了生产相对过剩的经济危机必然周期性地爆发。

（二）资本主义再生产的周期性及经济危机的物质基础

1. 资本主义再生产的周期性

资本主义经济危机周期性地爆发，使资本主义再生产具有周期性。典型的资本主义再生产周期，包括危机、萧条、复苏和高涨四个阶段。

（1）危机阶段。作为资本主义再生产周期的开始阶段，生产力的破坏以暴风骤雨般的形式表现出来。危机是再生产周期的决定性阶段，它既是上一个再生产周期的结束点，又是新周期的起点。

（2）萧条阶段。生产和商品价格的下降、企业的破产倒闭、失业的增加等都已停止。但是，社会购买力仍然很低，商品销售仍然困难。

（3）复苏阶段。这一阶段实现了经济的全面恢复。

（4）高涨阶段。消费日渐旺盛，市场容量增加迅猛，推动着市场迅速膨胀。这又为下一次生产过剩的经济危机的到来提供了条件。

2. 资本主义经济危机周期性发生的物质基础

资本主义经济危机周期性发生的物质基础，是固定资本更新。资本主义经济危机或金融危机的爆发，虽然有货币等各种因素起作用，但固定资本的大规模更新始终是经济危机周期性爆发的物质基础。这是由于如下原因。

（1）固定资本的大规模更新为暂时摆脱经济危机提供了物质基础。因为，大规模的固定资本更新，刺激了对生产资料的需求，从而促进了生产资料生产的恢复和发展，并进而促进了消费资料生产的恢复和发展，从而为经济复苏和高涨阶段的到来提供了物质基础。

（2）固定资本的大规模更新为新的经济危机的到来创造了物质条件。当资本主义经济从萧条走向复苏和高涨阶段以后，资本家大规模地更新固定资本，使社会生产规模迅速扩大，生产的扩大又重新超过有支付能力的需求，这又为新的经济危机的到来创造了物质条件，经济危机不可避免地会再次爆发。

3. 资本主义经济危机的影响或后果

资本主义周期性地爆发经济危机，充分表明了资本主义制度存在着不可克服的内在矛盾，暴露了资本主义制度的历史暂时性。具体来说，对资本主义有以下影响或后果。

（1）经济危机使社会生产力遭到严重破坏。每一次经济危机都不可避免地使大量企业破产倒闭，使社会已经形成的生产力倒退几年甚至几十年。

（2）经济危机促使资本主义社会各种矛盾尖锐化。经济危机促使资本主义基本矛盾进一步加深；同时还加剧了资本主义社会中资产阶级和工人阶级之间的矛盾等多种矛盾。

（3）经济危机暴露了资本主义的历史过渡性。说明资本主义生产关系已经严重阻碍了生产力的发展，资本主义生产方式已经成为生产力发展的桎梏。

第二节　巩固练习题

一、名词解释

1. 个别资本　2. 社会总资本　3. 社会总产品　4. 社会总产品的实现　5. 经济危机

二、单项选择题

1. 社会总资本运行的特征之一是（　　）。
   A. 只包括生产消费，不包括个人生活消费
   B. 只包括个人生活消费，不包括生产消费
   C. 既不包括生产消费，也不包括个人生活消费
   D. 不仅包括生产消费，而且包括个人生活消费
2. 社会总产品的价值构成包括（　　）。
   A. 生产资料和消费资料　　　　B. 固定资本和流动资本
   C. 个别资本和社会资本　　　　D. 不变资本、可变资本和剩余价值
3. 社会总产品的补偿是指（　　）。
   A. 社会总产品的消费　　　　　B. 社会总产品的构成
   C. 社会总产品的实现　　　　　D. 社会总产品的买卖

4. 社会总资本运动的中心问题是社会总产品的（　　）。
   A. 生产问题　　B. 分配问题　　C. 消费问题　　D. 实现问题
5. 社会总产品从实物构成来看，可分为（　　）。
   A. 生产资料和消费资料　　　　B. 劳动资料和劳动对象
   C. 劳动对象和消费资料　　　　D. 劳动资料和消费资料
6. 社会总资本简单再生产的基本实现条件是（　　）。
   A. Ⅰ$(v+m)$ = Ⅱc
   B. Ⅰ$(v+m)$ > Ⅱc
   C. Ⅰ$(v+\Delta v+mx)$ = Ⅱ$(c+\Delta c)$
   D. Ⅰ$(c+v+m)$ = Ⅰ$(c+\Delta c)$ + Ⅱ$(c+\Delta c)$
7. 社会总资本简单再生产的实现条件不包括（　　）。
   A. Ⅰ$(v+m)$ = Ⅱc
   B. Ⅱ$(v+m)$ = Ⅰc
   C. Ⅰ$(c+v+m)$ = Ⅰc + Ⅱc
   D. Ⅱ$(c+v+m)$ = Ⅰ$(v+m)$ + Ⅱ$(v+m)$
8. 社会总资本扩大再生产实现的前提条件之一是（　　）。
   A. Ⅰ$(v+m)$ < Ⅱc　　　　　B. Ⅰ$(v+m)$ > Ⅱc
   C. Ⅱ$(v+m)$ > Ⅰc　　　　　D. Ⅱ$(v+m)$ = Ⅰc
9. 社会总资本扩大再生产的基本实现条件是（　　）。
   A. Ⅰ$(v+m)$ = Ⅱc
   B. Ⅰ$(v+m)$ > Ⅱc
   C. Ⅰ$(v+\Delta v+mx)$ = Ⅱ$(c+\Delta c)$
   D. Ⅰ$(c+v+m)$ = Ⅰ$(c+\Delta c)$ + Ⅱ$(c+\Delta c)$
10. 社会总资本扩大再生产的实现条件不包括（　　）。
    A. Ⅱ$(v+\Delta v+mx)$ = Ⅰ$(c+\Delta c)$
    B. Ⅰ$(v+\Delta v+mx)$ = Ⅱ$(c+\Delta c)$
    C. Ⅰ$(c+v+m)$ = Ⅰ$(c+\Delta c)$ + Ⅱ$(c+\Delta c)$
    D. Ⅱ$(c+v+m)$ = Ⅰ$(v+\Delta v+mx)$ + Ⅱ$(v+\Delta v+mx)$
11. 不属于生产资料生产优先增长规律表现的是（　　）。
    A. 增长最快的是制造生产资料的生产资料生产
    B. 增长次快的是制造消费资料的生产资料生产
    C. 增长最慢的是消费资料的生产
    D. 增长最快的是制造消费资料的生产资料生产
12. 资本主义经济危机的实质是（　　）。
    A. 生产绝对过剩　　　　　　B. 生产相对过剩
    C. 生产绝对短缺　　　　　　D. 生产相对短缺

13. 资本主义经济危机的根源是（　　）。
    A. 生产绝对过剩
    B. 消费需求不足
    C. 资本主义的基本矛盾
    D. 固定资本的大规模更新或再生产
14. 资本主义经济危机周期性爆发的物质基础是（　　）。
    A. 资本与投资的结构和水平　　B. 经济结构和市场环境的制约
    C. 固定资本的大规模更新或再生产　D. 资本主义的基本矛盾
15. 资本主义的基本矛盾是（　　）。
    A. 生产与分配的矛盾
    B. 生产与消费的矛盾
    C. 私人劳动与社会劳动的矛盾
    D. 生产社会化和资本主义私有制之间的矛盾
16. 社会生产是连续不断进行的，这种连续不断重复的生产就是再生产。每次经济危机发生期间，总有许多企业或因产品积压或因订单缺乏等致使其无法继续进行再生产而被迫倒闭。那些因产品积压而倒闭的企业主要是由于无法实现其生产过程中的（　　）。
    A. 劳动补偿　　　　　　　　B. 价值补偿
    C. 实物补偿　　　　　　　　D. 增殖补偿
17. 2011年9月美国爆发的"占领华尔街"抗议活动中，示威者打出"我们是99%"的标语，向极富阶级表示不满。漫画所显示的美国社会财富占有的两极分化，是资本主义制度下（　　）。
    A. 劳资冲突的集中体现　　　B. 生产社会化的必然产物
    C. 资本积累的必然结果　　　D. 虚拟资本泡沫化的恶果

三、多项选择题

1. 社会资本扩大再生产条件下的剩余价值（　　）。
    A. 全部用于积累
    B. 全部用于个人消费
    C. 分为积累基金和消费基金两个部分
    D. 用于积累的部分划分为追加的不变资本和追加的可变资本
    E. 用于消费的部分作为资本家的个人消费
2. 社会资本简单再生产的实现条件包括（　　）。
    A. $\mathrm{I}(v+m) = \mathrm{II} c$
    B. $\mathrm{II}(v+m) = \mathrm{I} c$
    C. $\mathrm{I}(c+v+m) = \mathrm{I} c + \mathrm{II} c$
    D. $\mathrm{II}(c+v+m) = \mathrm{I}(v+m) + \mathrm{II}(v+m)$

E. Ⅰ($v+\Delta v+mx$) = Ⅱ($c+\Delta c$)

3. 社会资本扩大再生产的实现条件是（　　）。
   A. Ⅰ($c+v+m$) = Ⅰc + Ⅱc
   B. Ⅱ($v+\Delta v+mx$) = Ⅰ($c+\Delta c$)
   C. Ⅰ($v+\Delta v+mx$) = Ⅱ($c+\Delta c$)
   D. Ⅰ($c+v+m$) = Ⅰ($c+\Delta c$) + Ⅱ($c+\Delta c$)
   E. Ⅱ($c+v+m$) = Ⅰ($v+\Delta v+mx$) + Ⅱ($v+\Delta v+mx$)

4. 生产资料生产优先增长规律意味着（　　）。
   A. 生产资料生产增长得越快越好
   B. 消费资料生产不能优先发展
   C. 生产资料生产的增长会快于消费资料生产的增长
   D. 生产资料生产不能脱离消费资料生产孤立增长
   E. 消费资料生产可以脱离生产资料生产而独立存在

5. 资本主义再生产周期经历的阶段一般包括（　　）。
   A. 危机阶段　　　　B. 萧条阶段
   C. 平衡阶段　　　　D. 复苏阶段
   E. 高涨阶段

6. 马克思指出："资本主义积累不断地并且同它的能力和规模化成比例地生产出相对的，即超过资本增殖的平均需要的，因而是过剩的或追加的工人人口。""过剩的工人人口是积累或资本主义基础上的财富发展的必然产物，但是这种过剩人口反过来又成为资本主义积累的杠杆，甚至成为资本主义生产方式存在的一个条件。"上述论断表明（　　）。
   A. 资本主义生产周期性特征需要有相对过剩的人口规律与之相适应
   B. 资本主义社会过剩人口之所以是相对的，是因为它不为资本价值增值所需要
   C. 资本主义积累必然导致工人人口的供给相对于资本的需要而过剩
   D. 资本主义积累使得资本主义社会的人口失业规模呈现越来越大的趋势。

7. 通过对社会资本简单再生产实现过程中交换关系的分析，可以看出（　　）。
   A. Ⅰc是通过第Ⅰ部类内部交换实现的
   B. Ⅱ($v+m$)是通过第Ⅱ部类内部交换实现的
   C. Ⅰ($v+m$)是通过和Ⅱ($v+m$)交换实现的
   D. Ⅰ($v+m$)是通过和Ⅱc交换实现的

8. 历史经验表明经济危机往往孕育着新的科技革命，1857年世界经济危机引发了电气革命，推动人类社会从蒸汽时代进入电气时代。1929年的世界经济危机，引发了电子革命推动人类社会从电气时代进入电子时代，由此证明（　　）。
   A. 科技革命是摆脱社会危机的根本出路
   B. 科学技术是社会形态更替的根本标志
   C. 社会实践的需要是科技发展的强大动力

D. 科技创新能够推动社会经济跨越式发展

9. 2008 年由美国次贷危机引发了全球性的经济危机，很多西方人感叹这一危机从根本上仍未超出 100 多年前马克思在《资本论》对资本主义经济危机的精辟分析，马克思对资本主义经济危机科学分析的原创性主要有（   ）。

    A. 指明经济危机的实质是生产相对过剩
    B. 提示造成相对过剩的制度原因是生产资料的资本主义私有制
    C. 指出经济危机的深层根源是人性的贪婪
    D. 强调政府对经济危机的干预是摆脱经济危机的根本出路

10. 马克思说："一切现实的危机的最终原因始终是：群众贫穷和群众的消费受到限制，而与此对立，资本主义生产却竭力发展生产力，好像只有社会的绝对的消费能力才是生产力发展的界限。"这段论述表明（   ）。

    A. 社会的绝对的消费能力导致了经济危机的发生
    B. 经济危机的发生根本上在于资本主义的基本矛盾
    C. 资本积累与无限扩大生产也是经济危机发生的原因
    D. 经济危机的发生与劳动群众的贫穷及消费能力受到限制有关

四、判断题

1. 相互联系、相互依存的个别资本的总和构成社会总资本或社会资本。（   ）
2. 社会资本的运行与个别资本的运行既有共同点、又有不同点。（   ）
3. 社会总产品是研究社会总资本运行的出发点。（   ）
4. 考察社会总资本再生产的出发点和核心是剩余价值的实现问题。（   ）
5. 社会总资本运行的中心问题是研究社会总产品的实现问题。（   ）
6. 社会总资本运行的中心问题是社会总资本运行的速度问题。（   ）
7. 从实物构成来看，社会总产品分为劳动资料和劳动对象。（   ）
8. 社会总资本运行的中心问题是研究社会总产品的生产问题。（   ）
9. 社会总资本简单再生产的基本实现条件是Ⅱ$(v+m)$=Ⅰc。（   ）
10. 社会总资本扩大再生产的前提条件之一是Ⅱ$(v+m)$＞Ⅰc。（   ）
11. 社会总资本扩大再生产的基本实现条件是Ⅰ$(v+\Delta v+mx)$=Ⅱ$(c+\Delta c)$。（   ）
12. 生产资料的生产可以脱离消费资料的生产而孤立地、片面地发展。（   ）
13. 生产资料生产比消费资料生产增长得越快越好。（   ）
14. 固定资本更新是经济危机周期性爆发的物质基础而不是原因。（   ）
15. 资本主义经济危机的实质是生产绝对过剩。（   ）
16. 资本主义经济危机的根源是资本主义的基本矛盾。（   ）
17. 社会总资本运行的内容只包括生产消费，不包括个人生活消费。（   ）
18. 个别资本运行的内容只包括生产消费，不包括个人生活消费。（   ）
19. 资本主义经济危机的实质是生产相对过剩。（   ）

20. 固定资本的大规模更新是资本主义经济危机周期性爆发的原因。　　　（　　）

五、简答题

1. 简述研究社会总资本运动的两个基本理论前提。
2. 怎样理解社会总资本运行的中心问题是社会总产品的实现问题？
3. 简述资本主义经济危机的实质和根源。

第三节　参考答案

一、名词解释

1. 个别资本也叫单个资本，是指能够独立发挥职能，各自通过自身的循环和周转，实现价值增值的资本。每个企业的资本都是个别资本，每个个别资本都是社会总资本的有机组成部分。

2. 社会总资本即社会资本，是指相互联系、相互依存、相互制约的全社会所有单个资本的总和。社会总资本的构成具有广泛性和系统性。广泛性是指社会总资本所包含的个别资本，不仅有投资在生产资料生产部门的资本，也有投资在消费资料生产部门的资本；不仅有投资在物资生产部门的资本，也有投资在服务部门的资本。系统性是指构成社会总资本这个有机整体的各产业及产业内部各部门的资本投放都必须符合一定的客观比例，而投在各产业和部门的资本，其各自运行也必须互相配合。

3. 社会总产品是指社会的物质生产部门在一定时期（通常为1年）内所生产的全部物质资料的总和。社会总产品按最终用途可以分为用于生产性消费的生产资料和用于生活消费的消费资料两类。社会总产品是分析社会总资本运行的出发点，社会总产品的实现问题是研究社会总资本运行的中心问题。

4. 社会总产品的实现是指社会总产品和服务的各个组成部分经过流通进入消费，在价值上得到补偿，在使用价值上得到替换。社会总产品的实现问题是社会总资本运行的中心问题。

5. 经济危机是指资本主义再生产过程中周期性爆发的生产相对过剩危机。经济危机的主要表现是：商品大量积压，物价大跌，工厂、商店、银行大量倒闭，失业人数剧增，整个社会陷入混乱之中。资本主义经济危机的实质是生产相对过剩，根源在于资本主义的基本矛盾，即生产社会化和资本主义私人占有之间的矛盾。

二、单项选择题

1. D　2. D　3. C　4. D　5. A　6. A　7. B　8. B　9. C

10. A 11. D 12. B 13. C 14. C 15. D 16. B 17. C

三、多项选择题

1. CDE   2. ACD   3. CDE   4. CD   5. ABDE
6. ABC   7. ABD   8. CD   9. AB   10. BCD

四、判断题

1. √   2. √   3. √   4. ×   5. √
6. ×   7. ×   8. ×   9. ×   10. ×
11. √   12. ×   13. ×   14. √   15. √
16. √   17. ×   18. √   19. √   20. ×

五、简答题

1. 研究社会总资本运行的两个基本理论前提是社会总产品的构成原理以及社会生产划分为两大部类的原理。

（1）社会总产品的构成原理。社会总产品从实物构成看，按照其最终用途，可以分为生产资料和消费资料两大类，用于生产消费的属于生产资料，用于个人生活消费的属于消费资料。从价值构成看，社会总产品的价值由不变资本、可变资本和剩余价值三部分构成。

（2）社会生产划分为两大部类的原理。按产品的最终用途，可以将社会生产划分为两大部类：生产生产资料的部门为第一部类；生产消费资料的部门为第二部类。

2. 研究社会总资本运行的中心问题是社会总产品的实现问题。

（1）社会总产品的实现问题就是社会总产品各部分的价值补偿和实物补偿问题。价值补偿是指社会总产品通过商品流通环节获得货币回流，以补偿生产中资本家预付的不变资本和可变资本，并获得剩余价值的过程。所谓实物补偿是指社会总产品通过出售获得货币后，重新取得再生产所必需生产资料和消费资料的过程。

（2）社会总产品的实现问题是社会总资本运行的中心问题，这是因为：第一，社会总产品的价值补偿是社会总资本正常运行的基础。社会总资本的再生产要正常进行，最基本的条件是社会总产品必须全部销售出去，以便补偿预付的不变资本和可变资本的价值，并取得剩余价值。只有这样，才能重新购买生产资料和劳动力，以维持正常的再生产。第二，社会总产品的实物补偿是维持社会总资本再生产正常进行的关键。社会总资本的再生产要顺利进行，其关键是上一个生产过程所消耗掉的生产资料和消费资料能够得到替换。第三，社会总产品的实现条件是这个中心问题的中心。

3. （1）资本主义经济危机是生产过剩的危机，因为，生产过剩是资本主义经济危机中最主要的现象。但是资本主义制度下的生产过剩不是生产的绝对过剩，而只是相对过剩。因此，资本主义经济危机的实质是生产相对过剩。

（2）资本主义经济危机的根源，在于资本主义的基本矛盾，即生产社会化和资本主义私有制之间的矛盾。这一基本矛盾主要有两个表现：第一，生产无限扩大的趋势和广大劳动人民有支付能力的需求相对缩小的矛盾；第二，个别企业生产的有组织性和整个社会生产的无政府状态之间的矛盾。这两个表现决定了资本主义必然周期性地爆发生产相对过剩的经济危机。

第七章 剩余价值的分配

第一节 重要知识点

在资本主义社会，资本的具体形式有很多，如产业资本（包括工业资本、农业资本和建筑业资本等）、商业资本和借贷资本等，这些资本都要参与剩余价值的分配。因此，剩余价值被瓜分成产业利润、商业利润、利息和地租等多种形式。这些都是剩余价值转化而来的，是各种资本瓜分剩余价值的结果。由于剩余价值是由物质生产部门的工人创造出来的，因此，首先应该在物质生产部门进行分配。

一、利润和平均利润

（一）剩余价值转化为利润

1. 生产成本

由于剩余价值包含在商品的价值中，因此，要从商品的价值开始分析。任何商品的价值都包括三个部分，即不变资本价值 c、可变资本价值 v 和剩余价值 m，用公式表示，商品的价值 $w=c+v+m$。剩余价值 m 是由可变资本即工人创造的，不变资本不创造剩余价值。但是，资本家不承认、也不接受不变资本和可变资本的区分，在资本家看来，他投入的每一元资本都是一样的，都是为了赚钱，而且都要赚钱。没有雇佣工人的劳动资本家固然不能获得剩余价值，但是如果没有不变资本或生产资料，资本家同样也不能获得剩余价值。

因此，资本家认为，无论是用于购买生产资料的不变资本，还是用于购买劳动力的可变资本，都应该给他带来剩余价值。因而资本家会把商品价值中的"$c+v$"看成一个整体。这样商品的价值 $w=c+v+m=(c+v)+m$。$(c+v)$ 是资本家为了生产商品所实际耗费的资本额，这部分价值实际上就是生产成本或成本价格，用 k 表示，$k=c+v$。商品的价值就转化为成本价格加剩余价值，即 $w=k+m$。成本价格的形成掩盖了不变资本（c）和可变资本（v）的区别，从而掩盖了剩余价值（m）的真正源泉。因此，剩余价值表现为成本价格以上的一个增加额，而不再表现为可变资本价值的增加额。

生产成本这一范畴对资本主义企业的生产有着重要的影响。第一，生产成本的补偿是资本主义企业再生产的条件。生产成本作为资本的消耗，资本家必须通过出卖商品收回这一部分价值，才能重新购买生产要素，使再生产得以继续进行。第二，生产成本是资本家经营企业赚钱还是亏本的标志。商品的销售价格高于生产成本，资本家就盈利；反之，商品的销售价格低于生产成本，资本家就亏本。因此，生产成本是资本家售卖商品价格的最低界限。第三，生产成本的高低是决定资本家胜败的一个关键因素。由于生产成本是商品价值（或价格）的构成部分，商品的生产成本越低，资本家获得的剩余价值就越多。生产成本降低了，资本家还可以在保证剩余价值不减少的前提下降低商品的销售价格，从而使商品的销售数量增加，使商品的竞争能力增强，在竞争中处于有利地位，打败其他竞争对手。因此，每个资本家都会想方设法降低商品的生产成本。

2. 剩余价值转化为利润

生产成本形成后，剩余价值就表现为商品价值中超过生产成本的一个增加额，即表现为资本家所耗费的资本的一个增加额，表面上看，好像剩余价值就是生产成本带来的。不仅如此，资本家还会把剩余价值看成其全部预付资本的增加额。因为，在资本家看来，预付资本中未被消耗的那部分资本，虽然不构成生产成本，但是同样也参加了商品和剩余价值的生产过程，同样也是生产剩余价值不可缺少的物质条件，因而也被看作剩余价值的源泉。例如，某个资本家去年共投入 1000 万元的预付资本，其中 600 万元用来建厂房和购买机器设备等，200 万元用来购买原材料，200 万元用来购买劳动力。一年获得的剩余价值是 200 万元。600 万元的固定资本一年消耗 60 万元，原材料一年消耗 400 万元，可变资本一年消耗 200 万元。这样，该资本家一年的生产成本 $k=c+v=$（60+400）+200=660 万元。200 万元剩余价值首先被看作 660 万元生产成本的增加额，还被看作 1000 万元预付资本的增加额。当剩余价值在观念上被当作全部预付资本的产物，剩余价值就取得了利润形态，即转化为利润，利润用 p 表示。剩余价值转化为利润之后，商品的价值就转化为生产成本加利润，即 $w=k+m$ 转化为 $w=k+p$。

利润和剩余价值的关系。利润和剩余价值既有相同点，也有不同点。二者的相同点是：从实体和数量来说，它们是同一个东西，都是由雇佣工人的剩余劳动创造的价值，二者在本质上是相同的，是资本家阶级和工人阶级这两个不同的阶级站在各自的立场上对同一个东西的两种不同的认识。资本家阶级叫利润，工人阶级叫剩余价值。剩余价值是利润的本质内容，利润是剩余价值的转化形式或现象形态。利润和剩余价值在量上相等，剩余价值是多少，利润就是多少。二者的不同点是：剩余价值是作为可变资本的产物而存在，反映了资本家对工人的剥削关系；而利润表现为全部预付资本的产物，掩盖了剩余价值的真正来源，从而掩盖了资本家对工人的剥削关系。

剩余价值转化为利润后，剩余价值率也转化为利润率。

（二）剩余价值率转化为利润率

1. 利润率的含义及计算

利润率（p'）是利润量即剩余价值量与全部预付资本的比率。计算公式为：

$p'=m/(c+v)$。上例中某个资本家的预付总资本为1000万元，一年获得的剩余价值量为200万元，因此，利润率 $p'=m/(c+v)=200/1000=20\%$。

2. 利润率和剩余价值率的关系

利润率和剩余价值率既有联系、也有区别。

二者的联系是：第一，利润率是剩余价值率的转化形式。二者是用同一个剩余价值量与不同的资本相比较得到的两个不同的比率，剩余价值率是剩余价值量与可变资本的比率，而利润率是剩余价值量与全部预付资本的比率。第二，利润率和剩余价值率按相同的方向变化，剩余价值率是影响利润率高低的一个重要因素。

二者的区别是：利润率和剩余价值率是两个完全不同的范畴，二者在数量和性质上完全不同。第一，量的区别。由于全部预付资本总是大于可变资本，因此利润率（p'）总是小于剩余价值率（m'）。第二，质的区别。利润率和剩余价值率表示不同的关系，剩余价值率表示资本家对工人的剥削程度，而利润率只表示全部预付资本的增值程度。由于利润率总是小于剩余价值率，因此利润率掩盖了资本家对工人的剥削关系和剥削程度。

资本家经营企业的目的就是以最小的预付资本获得最大限度的利润。在预付资本数量一定的情况下，利润量的大小就取决于利润率的高低。利润率越高，就意味着一定数量的预付资本所能获得的利润量越多。因此，资本家会想方设法提高利润率。要提高利润率，首先需要了解利润率受哪些因素影响。

3. 影响利润率高低的因素

影响利润率高低的因素有很多，主要有以下四个因素。

（1）剩余价值率的高低。利润率与剩余价值率成正比关系，剩余价值率越高，一定数量的预付资本所获得的剩余价值总量就越多，因而利润率也越高。因此，一切影响剩余价值率的因素如提高劳动强度、延长工作日、压低工人工资等，都是影响利润率的因素。

（2）资本有机构成的高低。部门的利润率与部门的资本有机构成成反方向变化。在其他条件不变的情况下，某个部门的平均资本有机构成越低，即可变资本在全部预付资本中所占的比例越高，所雇用的劳动力就越多，创造的剩余价值就越多，因而部门的利润率越高；反之，部门的利润率就越低。个别企业资本有机构成的高低同本企业利润率的高低有可能按相同的方向变化。

（3）资本周转速度的快慢。在其他条件不变时，资本周转速度越快，企业获得的年剩余价值量就越多，因而年利润率就越高。

（4）不变资本的节省状况。不变资本越节省，即不变资本越少，利润率就越高。这是因为，节省不变资本，就是节省原材料、燃料和机器设备等生产资料的消耗，在商品价格既定的条件下，节省不变资本，一方面可以增加利润量，提高利润率；另一方面，可以减少预付资本的数量，从而提高利润率。

剩余价值转化为利润之后,利润还要转化为平均利润。

(三)利润转化为平均利润

1. 平均利润率的形成

(1)不同生产部门的利润率存在差别。影响不同部门之间利润率的因素主要有资本有机构成和资本周转速度等,这些因素不同导致部门之间利润率存在差异。例如,机械工业、钢铁工业、船舶工业等重工业部门,资本有机构成较高、资本周转速度较慢,因而利润率和年利润率较低;而食品工业、纺织工业等轻工业部门,资本有机构成较低,资本周转速度较快,因而利润率和年利润率较高。

(2)部门之间利润率的差异必然引起部门之间的竞争和资本的转移。每个资本家或企业的目的都是获得更多的利润,因而必然与其他企业开展竞争。既在部门内部进行竞争,又在部门之间进行竞争。部门之间的竞争,是指各个部门的企业为了争夺有利的投资场所和较高的利润率而进行的竞争,这种竞争表现为资本由利润率低的部门转移到利润率高的部门。资本转移的结果是:原来利润率高的部门生产规模扩大了,产品供过于求,价格就会下降,利润减少,利润率降低;而原来利润率低的部门,由于生产规模缩小,产品供不应求,价格上涨,利润增加,利润率提高。从而形成平均利润率,这是等量资本获得等量利润的客观要求。

下面举例分析平均利润率的形成过程。假定有食品工业、纺织工业和机械工业三个部门,预付资本均为 100 万元,它们的资本有机构成($c:v$)不同,食品工业的资本有机构成为 $70c:30v$,纺织工业的资本有机构成为 $80c:20v$,机械工业的资本有机构成为 $90c:10v$,三个部门的剩余价值率均为 100%。这样三个部门获得的剩余价值量分别为 30 万元、20 万元和 10 万元,三个部门的利润率分别为 30%、20%和 10%。

三个部门投资相同,但利润率不同。这种状况不可能长期存在下去,机械工业部门的资本家,会将他们的一部分资本转移到食品工业部门。资本转移的结果是:机械工业部门的生产规模缩小,产品减少,出现供不应求,价格上涨,利润增加,利润率提高;而食品工业部门的生产规模扩大,产品增加,出现供过于求,价格下降,利润减少,利润率降低。随着资本在各个部门之间的不断转移,最终使得各部门的利润率大致相等,从而形成平均利润率。当各个部门的利润率大致相等时,资本就会停止转移。上述三个部门的平均利润率为 20%。平均利润率的形成过程如表 7-1 所示。

表 7-1 平均利润率的形成过程

生产部门	预付资本	剩余价值率/%	剩余价值量/万元	利润率/%	平均利润率/%
食品工业	$70c+30v$	100	30	30	20
纺织工业	$80c+20v$	100	20	20	20
机械工业	$90c+10v$	100	10	10	20
合计	$210c+60v$		60		20

平均利润率=社会剩余价值总量与社会总资本的比率。

平均利润率的高低主要取决于两个因素：一是各部门利润率水平的高低。各部门的利润率水平越高，平均利润率也就越高；反之，则越低。二是利润率不同部门的资本量在社会总资本中所占的比重大小。利润率高的部门资本所占比重越大，平均利润率就越高；反之，利润率低的部门资本所占比重越大，平均利润率就越低。

平均利润率的形成是部门之间竞争的结果。在各个部门之间形成平均利润率，只是一种发展趋势，并不是绝对平均。平均利润率形成之后，不同部门的利润率仍然会存在某些差异，只是从较长时期看，这种差异会通过利润率的种种变动而大体上被抵消，因而存在一种平均化的动态趋势。

2. 平均利润

平均利润率形成之后，各部门的资本家就要按照平均利润率获得利润。按照平均利润率获得的利润就是平均利润，计算公式是：平均利润=平均利润率×预付资本总额。平均利润的形成进一步掩盖了利润的来源和资本主义的剥削关系。因为，许多部门获得的利润量与本部门工人创造的剩余价值量不一致了，等量资本获得等量利润，似乎利润的多少只和投入的资本量有关，而与本部门工人创造的剩余价值多少无关，这就完全掩盖了利润的来源和本质。

随着利润转化为平均利润，商品的价值也就同时转化为生产价格。

（四）价值转化为生产价格

1. 生产价格的定义及形成

利润转化为平均利润之后，商品的价值也就转化为生产成本加平均利润。商品的生产成本加平均利润，就是商品的生产价格。即生产价格=生产成本+平均利润。生产价格的形成过程如表 7-2 所示。

表 7-2　生产价格的形成过程

生产部门	资本	剩余价值/万元	平均利润率/%	平均利润/万元	价值/万元	生产价格/万元	生产价格与价值之差/万元
食品工业	$70c+30v$	30	20	20	130	120	−10
纺织工业	$80c+20v$	20	20	20	120	120	0
机械工业	$90c+10v$	10	20	20	110	120	+10
合计	$210c+60v$	60	20	20	360	360	0

通过上述分析可以发现，平均利润和生产价格的形成过程，实际上是剩余价值在不同部门之间平均分配的过程。因为，资本有机构成较高的部门如机械工业部门所获得的平均利润额大于本部门工人所创造的剩余价值额；资本有机构成较低的部门如食品工业部门所获得的平均利润额则小于本部门工人所创造的剩余价值额。

平均利润和生产价格的形成并不排斥超额利润的存在。因为，平均利润所反映的是不同部门之间的利润分配关系，部门之间的竞争使利润率平均化；而超额利润所反映的是同一部门内部不同企业之间的利润分配关系，企业之间的竞争使企业之间的利润存在差别。超额剩余价值是商品的个别价值低于社会价值的差额，超额剩余价值不会由于部门之间的竞争而平均化。剩余价值转化为利润，价值转化为生产价格之后，超额剩余价值也就转化为超额利润。超额利润是商品的个别生产价格低于社会生产价格的差额。平均利润和生产价格形成之后，个别企业如果采用先进的生产技术，首先提高劳动生产率，仍然能够获得超额利润。

2. 生产价格形成后价值规律的作用形式发生了变化

生产价格形成之前，价值规律的作用形式是价格围绕价值上下波动。生产价格形成之后，商品的市场价格就不再围绕价值上下波动，而是围绕生产价格上下波动。这是否违背了价值规律的要求？其实，并没有违背，价值规律仍然存在并且要发挥作用，只是价值规律的作用形式发生了变化。这是由于如下几个原因。

（1）全社会的平均利润总额与剩余价值总额相等。从个别生产部门看，资本家所获得的平均利润额与本部门工人所创造的剩余价值额不一定相等，但是从全社会看，各个生产部门的资本家所获得的平均利润总额和整个工人阶级所创造的剩余价值总额是相等的。

（2）全社会商品的生产价格总额与价值总额相等。从个别生产部门看，商品的生产价格同商品的价值并不一定相等，但从全社会看，所有生产部门商品的生产价格总额和商品的价值总额是相等的。

（3）生产价格的变动归根到底是由价值的变动引起的。商品的生产价格是在商品价值的基础上形成的，是价值的转化形式，只要价值中的 c、v、m 任何一个部分发生变化，生产价格都会发生变化。

因此，生产价格的形成，并没有违背价值规律的要求，只是改变了价值规律发生作用的形式。

在资本主义经济活动中，除了产业资本外，还存在商业资本等其他资本形式。商业资本也要参与剩余价值的分配，获得商业利润，接下来我们研究商业资本和商业利润。

二、商业资本和商业利润

（一）商业资本的形成及其作用

1. 商业资本的形成

商业资本也叫商人资本，早在奴隶社会就出现了。它是在流通领域中独立发挥作用，专门经营商品买卖业务以获取利润的职能资本。这里研究的商业资本是资本主义的商业资本，它是从产业资本的职能中分离出来的独立的资本形式。商业资本的运动

形式是 $G-W-G'$。商业资本为什么要分离出来成为独立的资本形式？

产业资本在循环过程中，依次经过购买、生产和售卖三个阶段，相应采取货币资本、生产资本和商品资本三种职能形式。在资本主义初期，商品的生产和销售工作都由产业资本家自己完成。随着资本主义生产的发展，市场的范围和企业的规模不断扩大，产业资本家的商品销售业务日益增多，投入流通过程的资本数量逐渐增加。在这种情况下，产业资本家如果继续从事商品的销售业务，必然会增加其流通资本的数量，从而导致生产资本的减少和利润率的降低。因此，产业资本家要求由专门从事商品销售业务的商业资本家来为其销售商品。这样，产业资本中的商品资本职能就逐渐从产业资本中分离出来，成为独立的资本形式。

2. 商业资本的职能和作用

商业资本的职能没有超出商品资本的职能，都是销售商品，实现商品的价值和剩余价值。因此，商业资本的职能是产业资本的商品资本职能的独立化形式。商品资本的职能转化为商业资本的职能，商业资本成为一种独立的资本，对于产业资本的发展和产业利润的增加，都起着重要的作用。

（1）有利于产业资本家提高经济效益。产业资本家把原来自己承担的商品销售业务转交给商业资本家以后，就能"集中优势兵力打歼灭战"，专门从事商品生产活动，从而有利于改善经营管理、降低生产成本、提高经济效益。

（2）有利于节省流通资本。一个商业资本家可以同时为若干个产业资本家销售商品，将原来产业资本家分散的商品销售集中起来，能够产生规模效应，从而减少流通资本。也能使产业资本家增加生产资本，从而增加利润。

（3）有利于加速产业资本的周转。产业资本家生产出来的商品，只要卖给了商业资本家，其商品资本就可以转化为货币资本，重新投入生产过程，从而加速产业资本的周转。

（4）有利于缩短流通时间。商业资本家专门从事商品销售业务，他们对市场状况、流通渠道和商品行情等都比较熟悉，又比较了解消费者的需要，因而可以大大缩短流通时间，加快商品流转。

当然，商业资本对产业资本的这些积极作用的发挥是有条件的，条件就是全社会的商业资本数量要合理。如果商业资本的数量过多，超过了社会必要的数量，如全民经商，也会产生消极作用，而且是一种浪费。此外，如果有的商业资本家将商品囤积居奇，可能形成虚假的市场需求，促使产业资本家盲目扩大生产规模，从而导致生产和消费的脱节，加深资本主义再生产的矛盾。

商业资本家投入商业资本专门销售商品的目的也是获得商业利润。

（二）商业利润

1. 商业利润的来源及其本质

商业利润是商业资本家从事商品销售业务所获得的利润。商业资本家获得商业利润的具体途径是商品的销售价格高于商品的购买价格。销售价格与购买价格之间的差额就包含着商业利润。这样就造成一种假象，好像商业利润是在流通过程中产生的。其实，流通过程中纯粹的商品买卖活动根本不能产生商业利润，商业利润不过是产业资本家让渡给商业资本家的一部分剩余价值，商业利润的真正来源是产业部门的工人创造的剩余价值。

产业资本家之所以要把一部分剩余价值让渡给商业资本家，是因为商业资本家专门为产业资本家销售商品，完成了应该由产业资本家自己完成的工作，而且能使产业资本家加快资本周转、增加生产资本、增加利润。因此，产业资本家愿意而且也必须把获得的剩余价值的一部分以商业利润的形式作为报酬支付给商业资本家。产业资本家愿意而且必须按照低于生产价格的出厂价格将商品卖给商业资本家，商业资本家再按照生产价格销售商品。这样，商业资本家就获得了产业资本家让渡给他们的那一部分剩余价值。

那么，产业资本家究竟应该将多少剩余价值让渡给商业资本家呢？这是商业利润的数量及其计算问题。

2. 商业利润的数量及其计算

既然商业资本是一种与产业资本并存的独立的资本形式，因而也要获得平均利润，商业利润的数量，同样受平均利润率规律的支配，这是由商业资本家与产业资本家之间的竞争和资本的转移决定的。如果商业资本家得到的商业利润低于平均利润，那么商业资本家就不会从事商品的销售而去从事商品的生产；反之，如果商业资本家得到的商业利润高于平均利润，那么产业资本家会自己销售所生产的商品而不会将商品交给商业资本家去销售。通过商业资本家与产业资本家之间的竞争和资本的转移，最终在产业资本家和商业资本家之间形成统一的平均利润率，商业资本家也获得平均利润。因此，商业利润也相当于平均利润。

商业利润是怎么实现的呢？是通过商业店员的劳动实现的。

3. 商业利润的实现

商业店员（或商业工人）同产业工人一样，也是劳动力的出卖者。他们虽然不创造价值和剩余价值，却实现商品的价值和剩余价值。商业店员的劳动时间也分为必要劳动时间和剩余劳动时间两部分。商业店员在必要劳动时间内销售商品所实现的剩余价值，用来补偿商业资本家支付给他们的工资；在剩余劳动时间内销售商品所实现的剩余价值，除一部分用来补偿商业资本家支付给商业店员工资以外的各种费用开支外，其余部分则被商业资本家作为商业利润无偿占有。商业店员的工作日越长，或者劳动效率越高，所提供的剩余劳动就越多，实现的剩余价值也越多，从而为商业资本家带来的商业利润也就越多。商业资本家就是通过剥削商业店员的剩余劳动，来获得产业资本家让渡给商业资本家的那一部分剩余价值的。可见，商业店员的剩余劳动是商业利润的直接来源，商业资本家对商业店员也存在剥削关系。

假设你有较多的现金，你自己暂时不使用，你会怎么处理？当然是借给别人使用或者存入银行，并且要获得一定的收益。如果你这样做，那么你的这些现金就成为了借贷资本。因此，接下来我们还要研究借贷资本和利息。

三、借贷资本和利息与股份资本和股息

（一）借贷资本的形成及其本质

1. 借贷资本的形成及其来源

借贷资本是从职能资本（包括产业资本和商业资本）的运动中分离出来的独立的资本形式。借贷资本的形成同资本主义再生产过程中的资本循环有着密切联系。一方面，在产业资本和商业资本的循环运动中，会产生暂时闲置的货币资本，如暂时闲置的固定资本折旧费、暂时闲置的流动资本和暂时闲置的用于资本积累的剩余价值。这些暂时闲置的货币资本，如果不能为它的所有者带来收益，就是一种浪费，甚至可能因物价上涨而贬值，这显然同资本要求增值的本质相悖。货币资本的所有者总是千方百计地为这些暂时闲置的资本寻找出路，使其发挥资本的作用。另一方面，在资本循环过程中又出现了货币资本短缺的情况，有些职能资本家暂时又需要货币资本。如需要购置固定资产和原材料、需要支付工资和需要追加资本等，但自有资本又不足，需要借入一定数量的资本。因此，拥有暂时闲置货币资本的资本家就可以将这些货币资本借给需要补充货币资本的职能资本家使用，而借入货币的职能资本家在一定时期后归还借入的货币资本时，必须将获得的一部分剩余价值作为报酬支付给货币资本的所有者。因此，从职能资本的运动过程中游离出来的货币资本由于进行了为获取收益而借贷的特殊运动，便转化为借贷资本。

借贷资本的来源主要是：第一，暂时闲置的固定资本折旧费；第二，暂时闲置的流动资本；第三，暂时闲置的用于资本积累的剩余价值。此外，居民拥有的暂时闲置的货币资本也是借贷资本的重要来源。

2. 借贷资本的本质

借贷资本是适应资本主义生产和流通的需要而产生的，是从职能资本运动中独立出来并为职能资本服务的资本形式，借贷资本的出现满足了职能资本家对资本的需求。借贷资本的本质是资本所有者为了获得一定收益而暂时借给产业资本家、商业资本家等职能资本家使用的货币资本。借贷资本所有者获得的收益虽然是职能资本家支付的，但归根到底来源于产业工人在生产过程中创造的剩余价值的一部分，因此，借贷资本既体现着职能资本家和借贷资本家共同剥削雇佣工人的关系，也体现着借贷资本家和职能资本家瓜分剩余价值的利益分配关系。借贷资本的运动公式是：$G—G'$。

(二)利息和利息率

借贷资本作为从职能资本运动中独立出来的特殊资本形式,也要参与剩余价值的瓜分。其所获得的收益就是利息。

1. 利息的含义和本质

借贷资本的出现,使资本的所有权和使用权发生了分离。借贷资本家即货币资本的所有者将自己拥有的货币资本借给职能资本家使用,这部分货币资本是在职能资本家使用时,才在生产和流通过程中发挥资本职能的。但是,职能资本家不能无偿使用这些货币资本,借贷资本家凭借对货币资本的所有权,在收回货币资本时必须获得一定数量的收益,这种收益就是利息。因此,利息就是产业资本家、商业资本家等职能资本家由于使用了借贷资本而让渡给借贷资本家的一部分剩余价值。

产业资本家、商业资本家等职能资本家使用借入的货币资本从事生产经营活动,能够获得平均利润。由于资本所有权和使用权的分离,这个平均利润显然不能由职能资本家独占,必须分割为两部分:一部分是借贷资本家因出让货币资本使用权而应得到的利息,另一部分是职能资本家应得到的企业利润。企业利润是指存在利息的情况下产业利润和商业利润的总称。例如,假设某个职能资本家向借贷资本家借入100万元的货币资本,借期为1年,社会的平均利润率为15%,当时的年利息率为5%,这样该职能资本家得到的15万元的平均利润要分成两部分:其中的5万元要作为利息付给借贷资本家,剩余的10万元是职能资本家得到的企业利润。利息是平均利润的一部分,而平均利润是剩余价值的转化形式。因此,利息归根到底来源于产业工人创造的一部分剩余价值。利息的本质就是职能资本家使用借贷资本而让给借贷资本家的一部分剩余价值,它是剩余价值的特殊转化形式。平均利润分割为利息和企业利润,实际上是剩余价值在借贷资本家和职能资本家之间的分配。由此可见,利息既体现着借贷资本家和职能资本家共同剥削雇佣工人的经济关系,也体现着借贷资本家和职能资本家共同瓜分剩余价值的经济关系。利息表现为资本所有权的收入,似乎是资本自身的产物;企业利润表现为职能资本家使用借贷资本从事生产经营活动带来的收入,似乎是职能资本家监督劳动或指挥劳动的报酬。平均利润分割为利息和企业利润后,从表面上看利息和平均利润的来源都与雇佣劳动无关。因此,平均利润分割为利息和企业利润,掩盖了利息和企业利润都是剩余价值转化形式的这个共同本质,因而进一步掩盖了资本主义的剥削关系。

2. 利息率及其影响因素

利息率可以简称利率,是一定时期内的利息量与借贷资本量之间的比率,计算公式是:利息率=利息量/借贷资本量,利息率按月计算即月利率,按年算即年利率。例如1000元的借贷资本,如果一年能获得50元的利息,那么年利率就是50/1000即5%。

一个国家的利息率一般是由该国的中央银行规定的,中央银行可以根据经济形势和经济发展的需要提高或降低利率。利息率的高低可以在一定区间内变动。利息率有最高界限和最低界限，利息率的最高界限是不能等于更不能高于平均利润率，利息率如果等于甚至高于平均利润率，职能资本家就会无利可图甚至亏损，从而不会借入货币资本了，因此，利息率一般低于平均利润率；利息率的最低界限是不能等于更不能小于零，否则借贷资本家会毫无所得，这就意味着否定了借贷资本家对其货币资本的所有权，从而使借贷资本家不会将其货币资本借给职能资本家使用，因此，利息率一般高于零。因此，在一般情况下，利息率总是大于零、小于平均利润率，即总是在平均利润率和零的区间内波动。在这个波动区间内，一定时期利息率的高低主要取决于如下因素：一是平均利润率的高低。利息既然是平均利润的一部分，因而在其他条件一定时，利息率与平均利润率按相同方向变化。二是借贷资本的供求状况。如果借贷资本供不应求，那么利息率就会提高；如果借贷资本供过于求，那么利息率就会下降。此外，利息率的高低还受其他一些因素的影响，如国家的财政货币政策、借贷时间的长短等。从长期来看，利息率呈现下降的趋势。原因之一是随着技术进步、资本积累和资本有机构成的提高，平均利润率呈现下降的趋势，因而使得利息率也有下降的趋势；原因之二是借贷资本的供给有超过需求的趋势。

货币资本的借贷需要一个中间人，一方面，拥有闲置货币资本的人不知道谁需要借入货币资本；另一方面，需要借入货币资本的人也不知道谁拥有闲置的货币资本。他们之间需要有一个中间人来牵线搭桥，这个中间人就是银行。

（三）银行资本和银行利润

1. 银行及其职能

货币资本的借贷主要是通过银行进行的。银行是专门经营货币资本借贷业务的企业。银行的职能主要有两个：一是以吸收存款，把社会上大量闲置的货币资本集中到银行；二是通过发放贷款，把货币资本贷给职能资本家或企业使用。银行充当货币资本所有者和使用者即贷款人和借款人的信用中介，也是资本家相互之间的支付中介。银行信用是由银行资本家向职能资本家提供货币资本借贷而形成的借贷关系。银行的信用业务主要包括负债业务和资产业务，负债业务就是以吸收存款方式借入资本，资产业务就是通过发放贷款贷出资本。银行经营货币资本的借贷业务也需要大量的资本。例如，修建营业大楼、购置办公设备、支付员工工资和准备注册资本等需要大量资本。

2. 银行资本和银行利润

银行资本是银行经营货币资本借贷业务所使用的全部资本。银行资本从其来源看，由两部分构成：一部分是银行自己投入的资本，即自有资本，通常只占银行资本的很小一部分；另一部分是银行吸收的存款，即借入资本，占银行资本的绝大部分。例如，截至 2017 年年底，我国银行业金融机构资产总额共有 247.15 万亿元，负债（借入资本）总额高达 228.26 万亿元，借入资本占比到达约 92.36%；自有资本只有 18.89 万亿元，占比只有约 7.64%。

银行资本经营货币资本借贷业务，目的也是获得利润，银行获得的利润就是银行利润。银行的自有资本应该获得多少利润？不能把银行的自有资本同前面讲过的借贷资本混同，借贷资本获得的利息一般低于平均利润，而银行的自有资本（不是银行的总资本）获得的利润应该相当于平均利润。因为，如果银行的自有资本得不到平均利润，它就不会经营货币资本的借贷业务，而去经营工业、农业和商业等；如果银行利润高于平均利润，许多产业资本和商业资本也会开办银行。在我国，银行利润是否相当于平均利润？我国的银行利润一般高于平均利润。因为，我国的银行业还存在一定程度的垄断，工商业资本还不能自由地进入银行业经营货币资本的借贷业务。

银行利润从何而来？从形式上看，银行利润主要来源于利息差，即贷款利息与存款利息的差额，银行利润就是通过贷款利息率高于存款利息率的途径获得的，从本质上说，银行利润的来源同利息一样，也是来源于产业工人在生产中创造的一部分剩余价值，银行将货币资本贷给工商业资本家使用，工商业资本家将自己剥削来的一部分剩余价值作为向银行借款的利息付给银行。因此，银行资本家同产业资本家、商业资本家一起参与了产业工人所创造的剩余价值的瓜分。

银行资本以银行利润的形式瓜分的剩余价值是通过银行员工的劳动实现的。银行店员的劳动与商业店员的劳动类似。银行店员的劳动并不创造价值和剩余价值，但他们的劳动时间也分为必要劳动时间和剩余劳动时间，并在剩余劳动时间内实现银行利润。

企业解决自有资本不足的途径，除了向银行贷款外，还可以采用成立股份公司发行股票的方式筹集资本。

（四）股份资本和股息

1. 股份公司和股票

股份公司的出现是以资本主义信用的发展为基础的。信用在促进资本主义经济的发展中起到了重要的作用，随着资本主义经济的进一步发展，资本家要开办一个企业所需要的资本最低额越来越大，还有，与资本主义生产发展相适应，要求建造一些大型的工程项目，如修建铁路、高速公路、新建大型企业等，都需要巨额的资本，单个资本家或企业往往无能为力的，需要集资经营。这样，在资本主义信用发展的基础上，产生了股份公司。

股份公司是指通过发行股份集资经营的企业，是现代重要的企业组织形式。股份公司分为无限责任公司、有限责任公司、股份有限公司和股份两合公司四种形式。我国只有两种形式：有限责任公司和股份有限公司。在股份公司中，绝大多数是有限责任公司。有限责任公司不发行股票，只向其股东出具出资证明书。有限责任公司是指由法律规定的一定数量的股东共同出资设立，每个股东以其出资额为限对公司承担责任，公司以其全部资产对其债务承担责任的企业法人，有限责任公司的股东人数一般为2人以上50人以下。股份有限公司是指由一定数量的股东发起设立，公司全部资本划分为等额股份，并通过发行股票筹集资本，所有股东以其认购的股份为限对公司承担责任，公司以其全部资产对公司债务承担有限责任的企业法人。股份有限公司又分为非上市公司和上市公司。截至 2018 年 1 月 31 日,我国沪深两个证券交易所主板、中小板和创业板的 A 股上市公司共有 3498 家,主板的 B 股上市公司有 98 家。

股份有限公司是通过发行股票筹集资本成立的,股份资本就是指股份公司股东以股份或股票的形式对公司的出资。股票是股份有限公司发行给股东的借以证明其股份数额并用以取得股利的凭证,即资本所有权证书,代表了股东对企业的所有权,股票是一种有价证券。股票的持有人就是股份公司的股东,股东一般不直接参与公司的经营管理,但可以出席公司召开的股东大会。股东的表决权不是按人计算,而是按股计算的,即一股一权,所以股份公司的领导权实际上操纵在少数大股东手里。

股票具有不返还性、流通性、收益性、风险性和有限权利性等特点。投资者购买股份公司股票的目的是为了获得股息和差价收益。

2. 股息和股票价格

股息又称股利,是股票持有人(股东)根据股票数量定期从股份公司盈利中获得的收入。股份公司一般每年向股东分配 1 次或 2 次股息,股息的实质是股份公司的雇佣工人创造的剩余价值的一部分,因此,股息是剩余价值的转化形式,与企业经营状况息息相关。

如果股东不愿意继续持有某个股份公司的股票,可以按照一定的价格在证券交易所将股票卖给其他投资者,股份公司的股票可以按照什么价格买卖呢?这取决于许多因素。股票价格不等于股票的票面额,一般都高于股票的票面额。例如,目前我国沪深证券交易所 3498 家 A 股上市公司股票的票面额(除紫金矿业为 0.1 元外)都是 1 元人民币,但所有上市公司股票的价格都高于 1 元。一般来说,股票价格的高低主要取决于预期股息的多少和当时银行存款利息率的高低。预期股息越多,银行存款利息率越低,则股票价格越高;反之,则股票价格越低。这是因为:人们买卖股票,一要看预期股息的多少,二要看将货币存入银行时的存款利息率的高低。股票的出卖者要考虑:他出卖股票后所得到的货币,如果存入银行生息,所获得的利息不能少于原有的股息。同样,股票的购买者也要考虑:他购买股票所获得的股息,不能少于用于购买股票的这笔货币原来存入银行时所获得的利息。

因此,股票价格主要取决于两个因素:预期股息和银行存款利息率。股票价格与预期股息成正比,与银行存款利息率成反比。计算公式是:股票价格=预期股息/银行存款利息率。

假定某个股东持有 1 万股某个股份公司的股票,每股的面额为 1 元,该股东每年可以获得 2 万元的股息即每股可以获得 2 元的股息,而当时银行的存款利息率为 4%,那么,该股份公司股票的价格就是每股 2/4%=50 元。如果每股的股息仍为 2 元,银行存款利息率提高到 5%,那么,该公司股票的价格就是每股 2/5%=40 元。因此,买卖股票,实际上就是买卖凭借股票获得股息收入的权利,而不是买卖股票的票面额,股票价格不等于股票面额,而是股息收入的资本化。股票是一种所有权资本,是未来收益资本化的凭证，是一种虚拟资本的形式。股票本身没有价值，所以，股票价格不是股票价值的货币表现，实质上是股息收入的资本化。

需要注意的是：按照上述公式计算的股票价格，只是股票的理论价格，股票的实际买卖价格即市场价格可能大大高于股票的理论价格，也可能大大低于股票的理论价格。因为，股票的市场价格还受其他因素的影响：一是经济因素，如公司的经营状况、居民的收入高低、金融危机等；二是政治因素，如国家领导人的变更、政治事件以及国家政策和措施等；三是投机因素，如机构操纵、散户追涨杀跌等。

本章的第一个知识点"利润和平均利润"研究的是物质生产部门中工业部门内部剩余价值的分配问题。其实，物质生产部门除了工业部门和建筑业部门之外还有农业部门，农业部门内部剩余价值的分配与工业部门内部剩余价值的分配不完全相同。因此，还要专门研究农业部门内部剩余价值的分配问题。

众所周知，农业部门的生产经营活动离不开土地，要以土地为基础。古典政治经济学家威廉·配第讲过这样一句名言："劳动是财富之父，土地是财富之母"，土地是农业生产不可缺少的基本生产资料，土地（可以泛指生产资料）与劳动相结合，能够生产出物质财富，农业部门生产的物质财富就是粮食、蔬菜、水果等各种农产品。因此，土地是物质财富的源泉之一，能够为它的所有者带来一定的收益。在资本主义国家，土地属于私人所有，拥有土地的人叫土地所有者（在中国封建社会叫地主）。资本主义国家的土地所有者一般拥有数量较多的土地，他们自己可能耕种也可能不耕种。如果他们自己不耕种，会让土地荒废吗？当然不会。他们会把土地出租给别人耕种经营，而且必然要收取一定数量的租金，土地所有者出租土地收取的租金就简称"地租"。因此，接下来还要研究资本主义地租的本质及其基本形式。

四、资本主义地租的本质及其基本形式

（一）地租和资本主义地租的本质

1. 地租的含义和本质

中国的封建社会有地租，资本主义国家有地租，社会主义国家也有地租。什么是一般意义上的地租？土地所有者将土地的使用权转让给别人或者将土地出租给别人耕种，必然要求获得一定的经济利益，土地所有者不会将土地无偿送给别人去耕种；对于土地租种者来说，租种别人的土地必须支付一定的经济代价。因此，可以从土地租种者和土地所有者两个角度来理解地租：从土地租种者角度理解，地租是土地租种者为租种土地向土地所有者支付的经济代价。这种经济代价一般表现为货币或农产品。从土地所有者角度理解，地租是土地所有者凭借土地所有权而获得的收入（货币和农产品都是收入的形式），是土地所有权在经济上的实现，这就是地租的本质。一般来说，只要存在土地所有权的垄断，就必然会存在地租。但地租的存在又必须以土地的所有权与土地的使用权相分离为前提，如果土地所有者自己经营土地，地租就不会独立存在了。资本主义农

业的特点之一就是土地所有权与使用权相分离。资本主义地租的本质又是什么？

2. 资本主义地租的含义和本质

资本主义地租是以资本主义土地私有制为基础的。在资本主义国家，土地所有者一般拥有大量土地，但是他们自己一般不耕种和经营，而是将土地出租给别人去经营，租种土地经营农业的人叫农业资本家，也叫租地农场主。农业资本家从土地所有者那里租来土地后，还要购买农业机器和其他生产资料，雇用农业工人进行劳动，从而建立起资本主义性质的农场和农业，也建立农业中的资本主义生产关系，即土地所有者、农业资本家和农业工人之间的经济关系。农业资本家经营农业也要获得平均利润，如果他得不到和工商业资本家大致相同的平均利润，他就会去从事工商业；同时，土地所有者要获得地租。那么，农业中的平均利润和地租来自哪里？不是来自土地本身。如果没有农业工人的劳动，土地上也生长不出我们所需要的粮食、蔬菜、水果等各种农产品。因此，农业中的平均利润和地租只能来源于农业工人创造的剩余价值。农业工人的劳动时间也分为两个部分：一部分是必要劳动时间，在必要劳动时间内农业工人创造农业资本家支付给他们的工资；另一部分是剩余劳动时间，在剩余劳动时间内农业工人为农业资本家创造剩余价值。因此，农业工人创造的剩余价值分为了两个部分：一部分是农业资本家得到的平均利润，另一部分是农业资本家缴纳给土地所有者的地租。即农业部门的剩余价值=平均利润+地租。根据这个公式，理解资本主义地租就比较容易了。

资本主义地租就是农业资本家由于租种土地而缴纳给土地所有者的超过平均利润的那部分剩余价值，或者说资本主义地租是租种土地的农业资本家为取得土地的使用权而缴纳给土地所有者的超过平均利润的那部分剩余价值。由于剩余价值是农业工人创造的，因此，资本主义地租在本质上体现土地所有者和农业资本家共同剥削农业雇佣工人的经济关系，这种经济关系就是农业中的资本主义经济关系。

农业工人创造的剩余价值，为什么在农业资本家获得平均利润之后还有余额作为地租缴纳给土地所有者呢？要理解这个问题，需要进一步研究资本主义地租的形式。

（二）资本主义地租的基本形式

根据地租形成的条件、原因的不同，资本主义地租可以分为级差地租和绝对地租两种基本形式。

1. 级差地租

1）级差地租的含义及形成过程

级差地租，顾名思义，就是有等级差别的地租，即在面积相同的情况下，有的土地要多交地租，有的土地可以少交地租。为什么面积相同的土地，地租数量却不相同呢？原因在于土地也有等级差别。不同的土地，它们的自然生产力不同，即单位面积的产量不同。造成土地级差生产力的原因主要有三个方面：一是不同土地的肥沃程度有差别。

肥沃的土地，单位面积产量较高，因而收入和利润也较高；反之，贫瘠的土地，单位面积产量较低，因而收入和利润也较低。二是不同土地的地理位置有差别。有的土地地理位置好，距离市场较近，农产品的运费成本较低，因而利润较高；有的土地地理位置较偏僻，即距离市场较远，农产品的运费成本较高，因而利润较低。三是在同一块土地上连续追加投资的劳动生产率不同。因此，土地具有不同的等级，土地的等级一般可以分为优等地、中等地和劣等地三等。不同等级的土地利润不同，因而租种面积相同但等级不同的土地所要缴纳的地租数量也就应该不同，从而使地租也具有等级差别。这种与土地的生产条件（如肥沃程度、地理位置等）的差别或土地的等级差别相联系的地租，就称为级差地租。

任何国家的土地数量都是有限的。即使是国土广袤的俄罗斯、加拿大、中国、美国和巴西等国家，土地的数量也是有限的。例如，中国的人均耕地面积只有 1 亩（1 亩 ≈ 666.67 平方米）多。由于土地的数量有限，特别是优等地更有限，一个国家如果只耕种优等地和中等地，生产出来的农产品数量就较少，不能满足一个国家的人口对农产品的需求，因此，必须把劣等地也利用起来。经营劣等地的农业资本家也必须获得平均利润，否则，他们就不会去耕种劣等地，而会去从事工商业。如果不耕种劣等地，农产品的供给就不能满足全部需求，农产品供不应求，价格就会上涨。当农产品的价格上涨到能保证经营劣等地也能获得平均利润时，劣等地才又会被耕种。

因此，农产品的社会生产价格（或市场价格）必须由劣等地的个别生产价格来决定，也就是说，农产品的社会生产价格等于劣等地的个别生产价格。优等地农产品和中等地农产品的个别生产价格就低于社会生产价格。两者的差额就形成超额利润，要转化为级差地租缴纳给土地所有者。级差地租就是农产品的个别生产价格低于社会生产价格的差额而形成的超额利润。级差地租的计算公式是：级差地租=社会生产价格-个别生产价格。

级差地租的形成过程，可以通过计算来理解。假设有三块面积相同但等级不同的土地，一块是劣等地，一块是中等地，一块是优等地。在这三块土地上投入的生产成本（$c+v$）都是 1000 元，三块土地的粮食产量不同，假设劣等地产量只有 4 担，中等地产量有 5 担，优等地产量有 6 担。经营三块土地的农业资本家都要获得平均利润，假设平均利润率为 20%，因此，平均利润都是 200 元。这样，三块土地的个别生产价格总额都相同，劣等地 4 担、中等地 5 担和优等地 6 担粮食的个别生产价格（个别成本价格+平均利润）总额均为 1000 元+200 元=1200 元。但是，三块土地每担粮食的个别生产价格就不同了，劣等地每担粮食的个别生产价格为 1200/4=300 元，中等地每担粮食的个别生产价格为 1200/5=240 元，优等地每担粮食的个别生产价格只有 1200/6=200 元。三块土地每担粮食的社会生产价格都为 300 元，即三块土地的粮食都按照每担 300 元的社会生产价格销售。这样，三块土地的社会生产价格总额就不相同了，劣等地 4 担粮食的社会生产价格总额仍为 1200 元，中等地 5 担粮食的社会生产价格总额为 1500 元，优等地 6 担粮食的社会生产价格总额高达 1800 元。三块土地粮食的社会生产价格总额与个别生产价格总额的差额分别为 0 元、300 元和 600 元。这个差额就是超额利润，要转化为级差地租缴纳给土地所有者。级差地租的形成过程如表 7-3 所示。

表 7-3 级差地租的形成过程

土地种类	粮食产量/担	生产成本($c+v$)/元	平均利润/元	个别生产价格		社会生产价格		级差地租/元
				全部粮食/元	每担粮食/元	全部粮食/元	每担粮食/元	
劣等地	4	1000	200	1200	300	1200	300	0
中等地	5	1000	200	1200	240	1500	300	300
优等地	6	1000	200	1200	200	1800	300	600

2）级差地租产生的条件

通过上面的分析可以发现，级差地租产生的条件，是土地的生产条件的差别即土地的肥沃程度和地理位置的差别。

3）级差地租产生的原因

级差地租产生是土地的有限性所引起的对土地的资本主义经营权的垄断。这是因为，优等地和中等地的数量有限，优等地被一部分农业资本家首先经营了，中等地也被一部分农业资本家经营了，形成了对土地经营权的垄断，剩下的土地都是劣等地，其他农业资本家只能去经营劣等地，经营劣等地的农业资本家也要获得平均利润。因此，农产品的社会生产价格不能由土地的平均生产条件来决定，而必须由劣等地的生产条件来决定，也就是必须由劣等地的个别生产价格来决定。土地的有限性所引起的对土地的资本主义经营权的垄断或经营的垄断，是级差地租形成的原因。

4）级差地租的源泉

级差地租不是来源于土地本身，土地作为农业的基本生产资料，如果没有农业工人的劳动，本身不能创造剩余价值。形成级差地租的超额利润，是耕种优等地和中等地的农业雇佣工人所创造的超额剩余价值。这些雇佣工人的劳动是一种具有较高劳动生产率的劳动，可以在相同的劳动时间内创造出更多的价值，因而能够创造出形成级差地租的超额利润。因此，级差地租来源于农业工人所创造的剩余价值，是剩余价值的转化形式。

5）级差地租的形态

级差地租按照形成的具体条件不同，又可以分为两种基本形态：级差地租第一形态和级差地租第二形态。

级差地租第一形态（级差地租Ⅰ）是不同地块由于土地的肥沃程度和地理位置的差别等条件而形成的级差地租。它是由等量资本投在面积相同但肥沃程度或地理位置不同的土地上所产生的超额利润转化而成的级差地租。上面以不同土地的肥沃程度不同为例详细分析了级差地租第一形态的形成过程。地理位置不同的土地，距离市场的远近不同，农产品的运费成本不同，而农产品的社会生产价格由其位置距离最远、运费最高的土地的农产品的个别生产价格来决定，从而使得距离市场较近的土地上的农产品的个别生产价格低于社会生产价格，形成超额利润，这个超额利润也转化为级差地租第一形态，位置最偏远的土地不用缴纳级差地租第一形态。例如，北京某繁华地段上一家店铺月租金为5万元，另一地段上一家面积和装修相同店铺的月租金只有3万元，前者多交的2万元属于级差地租Ⅰ。

如果一个国家的土地全部都已被耕种，农产品仍然不能满足需要但不依靠进口，应该怎么办？这就需要对土地进行改良或采用良种或精耕细作，因而需要对土地追加投资。现在假定对优等地追加 1000 元的投资，能够追加 5 担粮食，每担粮食仍按 300 元出售，又可以获得超额利润 300 元，这 300 元的超额利润就转化为级差地租第二形态。

这种由于对同一块土地追加投资所产生的超额利润转化而成的级差地租，称为级差地租第二形态（级差地租Ⅱ）。在同一块土地上连续追加投资，实行集约经营，所获得的农产品的产量只要高于劣等土地的产量，这时追加投资生产的农产品获得的超额剩余价值就会形成级差地租第二形态。当然，对土地追加的投资不是越多越好，因为，当投资额达到一定程度时，如果继续追加投资，土地的边际产量会递减，从而导致收入和利润递减，级差地租第二形态的形成过程，可以通过列表计算来理解，级差地租第二形态的形成过程如表 7-4 所示。

表 7-4　级差地租第二形态的形成过程

土地等级	粮食产量/担	生产成本 (c+v)/元	平均利润/元	个别生产价格		社会生产价格		级差地租	
				全部粮食/元	每担粮食/元	全部粮食/元	每担粮食/元	Ⅰ	Ⅱ
劣等地	4	1000	200	1200	300	1200	300	0	
优等地	6	1000	200	1200	200	1800	300	600	
	5	追加1000	200	1200	240	1500	300		300

级差地租第二形态应该归谁所有？在合同规定的土地租种期限内归农业资本家所有，等到重新签订合同时，土地所有者可能提高地租，这样有一部分级差地租Ⅱ落入土地所有者手中。由于这种利益上的矛盾，在土地的租种有效期内，农业资本家会采取尽可能的掠夺土地肥力的方法进行经营；同时，在农业资本家和土地所有者之间，也经常围绕土地租期长短进行斗争。农业资本家总是力争将土地的租种期限规定得长一些，而土地所有者则力求将土地的租种期限规定得短一些。

上面考察级差地租时，是假定租种劣等地的农业资本家只获得平均利润，不能获得超额利润，因而不需要向土地所有者缴纳级差地租。这是否意味着租种劣等地就不需要交任何地租呢？当然不是。地租是土地所有权在经济上的实现，如果劣等地的所有者出租土地得不到地租，就等于否定了他对土地的私有权，他就不会将劣等地出租给别人去经营，而宁可让它荒废。事实上，在资本主义土地私有制条件下，农业资本家租种任何土地即使是租种最差的土地，也必须向土地所有者缴纳一定数量的地租，这是没有条件可讲的，因而是绝对的。这种由于土地私有权的存在，租种任何土地包括劣等地都必须缴纳的地租，就叫作绝对地租。

2. 绝对地租

1）绝对地租的含义

绝对地租就是土地所有者凭借土地私有权的垄断所收取的地租，是租种任何土地都必须缴纳的地租。

2）绝对地租形成的条件

既然租种任何土地包括租种劣等地都必须向土地所有者缴纳绝对地租，而且农业资本家自己也要获得平均利润，这就要求农产品必须按照高于社会生产价格的价格出售，农产品只有按照高于社会生产价格的价格出售，农业资本家才能在获得平均利润之后，还有一个利润余额作为绝对地租缴纳给土地所有者。为什么农产品的价格可以高于社会生产价格？这是因为，资本主义农业在相当长的发展时期内，其生产技术落后于工业，因而农业资本有机构成低于工业资本有机构成，或低于社会平均资本有机构成。由于农业资本有机构成较低，同量资本在农业中可以容纳更多的劳动力，推动更多的劳动，在剩余价值率相同的情况下，农业部门所创造的剩余价值就多于工业部门所创造的剩余价值，从而使农产品的价值高于社会生产价格。因此，农产品按照超过它的社会生产价格的价格出售，实际上就是按照它的价值出售。这样，农产品的价值高于社会生产价格而产生的超额利润，便形成绝对地租。因此，绝对地租形成的条件是农业资本有机构成低于工业资本有机构成或社会平均的资本有机构成。

绝对地租的计算公式是：绝对地租=农产品价值-社会生产价格

下面以农业和工业为例说明绝对地租的形成过程，假设工业部门和农业部门的投资各为100万元，工业部门的资本有机构成为80∶20，农业部门的资本有机构成为60∶40；假设剩余价值率为100%，则工业部门可获得20万元剩余价值，农业部门可获得40万元剩余价值；假设平均利润率为20%，则工业部门的平均利润为20万元。农业部门的平均利润率以工业部门的平均利润率为标准，农业资本家获得与工业资本家相同的平均利润20万元。这样，全部农产品的价值总量为100万元+40万元=140万元，而全部农产品的社会生产价格为100万元+20万元=120万元，二者的差额为140万元-120万元=20万元。这20万元就是农业资本家所获得的超额利润，它由农业资本家以绝对地租的形式缴纳给土地所有者。绝对地租的形成过程如表7-5所示。

表7-5 绝对地租的形成过程

生产部门	生产成本	剩余价值率/%	剩余价值/万元	平均利润率/%	平均利润/万元	产品价值/万元	生产价格/万元	绝对地租/万元
工业	$80c+20v$	100	20	20	20	120	120	0
农业	$60c+40v$	100	40	40	20	140	120	20

为什么农产品能够按照高于社会生产价格的价值出售？或者说农产品价值高于社会生产价格的差额为什么不参加利润的平均化，而能够保留在农业部门形成绝对地租？这是由土地私有权的垄断所决定的。土地私有权的垄断是绝对地租形成的原因。

3）绝对地租形成的原因

农业资本有机构成低于社会平均资本有机构成，只是绝对地租形成的条件，不是绝对地租形成的原因。绝对地租形成的原因是土地私有权的垄断。这是由于如下两个原因。

（1）土地私有权的垄断，使农产品价值高于社会生产价格的余额，有可能留在农业部门形成绝对地租。土地私有权的垄断是指农业中有限的土地被私人土地所有者占有以后，别人无法再去拥有对土地这种生产资料的私有权，从而形成了对土地私有权的垄断。由于土地数量有限并且被土地私有权垄断，就限制了工商业部门的资本向农业部门自由转移，土地私有权就像一只"拦路虎"，阻碍和排斥工商业资本自由转入农业。农业部门和工商业部门资本的转移是不对等的，农业部门的资本可以自由地转移到工商业部门，但工商业部门的资本却不能自由地转移到农业部门。这就使农业部门拥有一种特权。因此，农业中的剩余价值并不需要参加全社会的利润平均化过程，农产品就能够不按照社会生产价格而按照高于社会生产价格的价值出售。于是，农产品价值高于社会生产价格的差额所形成的超额利润就可能留在农业部门，并转化为绝对地租。

（2）土地私有权的垄断，使得农产品价值高于社会生产价格的超额利润，必须留在农业部门形成绝对地租。这是因为，在土地被私人土地所有者垄断的情况下，农业资本家只要耕种土地，就必须缴纳地租。这就决定了农产品必须按照高于社会生产价格的价值出售，从而使农业资本家在获得平均利润的同时，又有可能向土地所有者缴纳绝对地租。

4）绝对地租的源泉

绝对地租是农产品价值的一部分，而农产品的价值包括剩余价值是由农业工人创造的。因此，绝对地租也来源于农业工人的剩余劳动所创造的剩余价值的一部分，即超额剩余价值。绝对地租是这部分超额剩余价值的转化形式。

关于绝对地租形成的条件，有一个问题还需要了解：农业部门的资本有机构成也是不断提高的，某些发达资本主义国家农业部门的资本有机构成已经接近甚至高于工业部门的资本有机构成。当农业部门的资本有机构成接近甚至高于工业部门的资本有机构成或社会平均资本有机构成时，农产品的价值就接近甚至低于其社会生产价格了，价值和社会生产价格的差额就接近于零甚至为负值了。在这种情况下，农业资本家仍然要向土地所有者缴纳绝对地租，那么，绝对地租又来源于哪里呢？有以下几个具体来源：一是农产品的垄断价格；二是农业资本家获得的平均利润；三是对农业工人工资的克扣；四是政府对农产品的补贴。

在资本主义社会，土地可以作为商品进行买卖，因而也就有买卖价格。

（三）土地价格

1. 土地价格的含义及实质

原始的土地是天生的自然物，不是劳动产品，没有价值，不是商品，因而应该没有反映价值的价格。但是，由于土地私有权的存在，土地所有者能够凭借土地的所有权定期获得地租收入，土地也就成为买卖的对象，因而也就有了价格。土地所有者出卖土地，实际上是将土地能够获得地租收入的权利出卖。因此，土地价格并不是土地价值的货币表现，而是土地所能提供的地租的买卖价格，是资本化的地租。土地价格可以看作按利息率计算的地租价格，与股票价格类似。一个投资者将一笔资金用来购买土地每年所获得的地租，应相当于将这笔资金存入银行每年所得到的利息。因此，土地价格主要由两个因素决定：一是地租数量的多少，土地价格与地租数量成正比；二是当时银行存款利息率的高低，土地价格与银行存款利率成反比。土地价格的计算公式为

$$土地价格=地租/当时银行存款利息率$$

例如，某块土地，每年能够获得 1000 元的地租，当时 1 年期限的银行存款利息率 5%。那么，这块土地的理论价格=1000 元/5%=20 000 元。实际价格可能高于或低于 20 000 元，因为影响土地实际价格的因素有很多，如对土地的需求状况、国家的经济政策等。

2. 土地价格的变动趋势

随着资本主义的发展，土地价格呈现逐步上涨的趋势。这是因为：一是地租呈现上涨的趋势。由于土地数量有限和对土地需求的不断增加，使地租呈现逐步上涨的趋势。二是利息率呈现下降的趋势。随着资本有机构成的不断提高，平均利润率呈现下降的趋势，从而使得利息率也呈现下降的趋势，导致土地价格提高。地租和地价的上涨，一方面表明土地所有者对劳动人民的剥削日益加深，另一方面也表明土地所有者和农业资本家存在着经济利益上的对立。土地私有权不利于资本主义经济的发展，但资本主义国家无力解决土地的私有制问题。

第二节　巩固练习题

一、名词解释

1. 成本价格　2. 利润　3. 利润率　4. 平均利润率　5. 生产价格　6. 超额利润　7. 商业资本　8. 借贷资本　9. 利息　10. 银行资本　11. 银行利润　12. 股票价格　13. 资本主义地租　14. 级差地租　15. 绝对地租　16. 土地价格

二、单项选择题

1. 商品的成本价格用公式表示是（　　）。
   A. $c+v+m$　　　　　　　　B. $c+v$
   C. $c+m$　　　　　　　　　D. $v+m$
2. 利润率是剩余价值与（　　）的比率。
   A. 预付成本价格　　　　　　B. 预付不变资本
   C. 预付总资本　　　　　　　D. 预付可变资本
3. 在其他条件相同的情况下，部门的利润率与资本有机构成的关系是（　　）。
   A. 成正比例　　　　　　　　B. 成反比例
   C. 按同方向变化　　　　　　D. 按反方向变化

4. 通过不同部门之间的竞争形成的是（　　）。
   A. 剩余价值　　　　　　　　B. 平均利润
   C. 社会价值　　　　　　　　D. 市场价格
5. 平均利润率的形成是（　　）。
   A. 部门内部企业之间竞争的结果
   B. 部门之间竞争的结果
   C. 生产者和消费者竞争的结果
   D. 资本有机构成平均化的结果
6. 生产价格等于成本价格加（　　）。
   A. 剩余价值　　　　　　　　B. 利润
   C. 平均利润　　　　　　　　D. 垄断利润
7. 生产价格和价值在量上（　　）。
   A. 始终一致
   B. 有的部门一致，有的部门不一致
   C. 始终不一致
   D. 所有的部门都一致
8. 超额利润是（　　）。
   A. 所费资本低于所用资本的差额
   B. 个别价值低于社会价值的差额
   C. 个别生产价格低于社会生产价格的差额
   D. 商品购买价格低于商品销售价格的差额
9. 商业资本作为一种独立的职能资本，也获得平均利润，其直接原因是（　　）。
   A. 商业部门与产业部门之间的竞争和资本转移
   B. 产业部门一部分剩余价值分割给商业部门
   C. 商业资本家加强对商业店员的剥削
   D. 产业资本家为销售商品将部分利润让渡给商业资本家
10. 商业资本独立后执行的职能是（　　）。
    A. 购买生产资料和劳动力　　B. 生产价值和剩余价值
    C. 实现价值和剩余价值　　　D. 为生产剩余价值做准备
11. 银行利润的来源是（　　）。
    A. 存款利息和贷款利息的差额
    B. 银行资本自身所带来的收入
    C. 银行职员创造的剩余价值
    D. 产业工人创造的剩余价值
12. 股票价格（　　）。
    A. 与预期股息成正比，与利润率成反比
    B. 与预期股息成正比，与利息率成反比

C. 与预期股息成正比，与利润率成正比
D. 与预期股息成反比，与利息率成正比

13. 股票价格实质上是（　　）。
    A. 股票的票面金额　　　　　　B. 股息收入的资本化
    C. 市场上交易时形成的价格　　D. 实际资产价值的货币表现

14. 资本主义地租体现了（　　）。
    A. 地主和农民的关系
    B. 农业资本家和农业工人的关系
    C. 土地所有者和农业资本家之间的关系
    D. 土地所有者、农业资本家和农业工人之间的关系

15. 农产品的社会生产价格是由（　　）的生产条件决定的。
    A. 优等地　　　　　　　　　　B. 中等地
    C. 劣等地　　　　　　　　　　D. 各类土地的平均

16. 级差地租产生的条件是（　　）。
    A. 土地生产条件的差别
    B. 土地所有权的垄断
    C. 土地的有限性和以此为前提的土地经营的垄断
    D. 农业资本有机构成低于社会平均资本有机构成

17. 级差地租产生的社会经济原因是（　　）。
    A. 土地经营权的垄断　　　　　B. 土地私有权的垄断
    C. 农业资本有机构成低　　　　D. 土地生产条件的差别

18. 绝对地租产生的条件是（　　）。
    A. 土地的地理位置不同
    B. 土地的肥沃程度不同
    C. 土地的资本主义经营垄断
    D. 农业资本有机构成低于社会平均资本有机构成

19. 级差地租来自农产品的（　　）。
    A. 价值和成本价格的差额
    B. 价值和社会生产价格的差额
    C. 社会生产价格和生产成本的差额
    D. 社会生产价格和个别生产价格的差额

20. 级差地租是（　　）。
    A. 大土地所有者获得的平均利润
    B. 农产品价值超过生产价格的余额
    C. 不管租种什么土地都必须缴纳的地租
    D. 经营较优土地的农业资本家缴纳的超额利润

21. 在资本主义社会，剩余价值的转化形式中在数量上小于平均利润的是（　　）。
    A. 产业利润　　　　　　　　B. 商业利润
    C. 利息　　　　　　　　　　D. 银行利润
22. 土地价格实际上是（　　）。
    A. 土地价值的货币表现　　　B. 资本化的地租
    C. 剩余价值的资本化　　　　D. 资本化的平均利润
23. 在市场经济中调节借贷资本供求的经济杠杆是（　　）。
    A. 利润率　　　　　　　　　B. 利息率
    C. 平均利润率　　　　　　　D. 剩余价值率
24. 剩余价值与全部预付资本的比率是（　　）。
    A. 剩余价值率　　　　　　　B. 利润率
    C. 利息率　　　　　　　　　D. 年剩余价值率
25. 一般来说，利润率总是（　　）。
    A. 等于剩余价值率　　　　　B. 大于剩余价值率
    C. 小于剩余价值率　　　　　D. 与剩余价值率按相反方向变化
26. 生产价格的变动归根到底是由（　　）的变动所引起的。
    A. 资本有机构成　　　　　　B. 商品供求关系
    C. 平均利润　　　　　　　　D. 商品价值
27. 商品的个别生产价格低于社会生产价格的差额是（　　）。
    A. 剩余价值　　　　　　　　B. 平均利润
    C. 超额利润　　　　　　　　D. 超额剩余价值
28. 平均利润的形成过程是全社会剩余价值（　　）。
    A. 在各个部门的创造过程
    B. 在各个部门之间的转移过程
    C. 在各个部门内部各企业之间的瓜分过程
    D. 在各个部门资本家之间的重新分配过程
29. 平均利润形成后，价值规律的作用形式变为（　　）。
    A. 市场价格围绕平均利润上下波动
    B. 市场价格围绕价值上下波动
    C. 市场价格围绕生产价格上下波动
    D. 市场价格围绕生产成本上下波动
30. 一般情况下，利息率与平均利润率的关系是（　　）。
    A. 利息率等于平均利润率
    B. 利息率高于平均利润率
    C. 利息率的最高界限是平均利润率
    D. 利息率的最低界限是平均利润率

31. 平均利润率是（　　）。
    A. 社会剩余价值总量与社会预付资本总额的比率
    B. 社会剩余价值总量与社会预付可变资本总额的比率
    C. 部门剩余价值总量与部门预付资本总额的比率
    D. 部门剩余价值总量与部门预付可变资本总额的比率
32. 平均利润形成后，在各生产部门内部（　　）。
    A. 所有企业都只能得到平均利润
    B. 所有企业都不能得到超额利润
    C. 所有企业都能够得到超额利润
    D. 个别技术先进的企业仍能得到超额利润
33. 资本有机构成与利润率的关系是（　　）。
    A. 两者按相反方向变化　　　B. 两者按相同方向变化
    C. 两者成反比例关系　　　　D. 两者成正比例关系
34. 商业利润的真正来源是（　　）。
    A. 商品的售卖价格高于购买价格的差额
    B. 产业工人创造的剩余价值的一部分
    C. 商业店员的剩余劳动
    D. 商业资本家的欺诈手段
35. 部门之间的竞争导致的结果是（　　）。
    A. 各企业之间利润的平均化　B. 部门内部利润的平均化
    C. 部门之间利润的平均化　　D. 超额利润的平均化
36. 某企业投资汽车生产，生产一辆汽车所耗费的生产资料价值为15万元，支付给工人的工资为5万元，假定市场的平均利润率为10%，那么，在自由竞争条件下，该汽车的生产价格是（　　）。
    A. 20万元　　　　　　　　　B. 20.5万元
    C. 21.5万元　　　　　　　　D. 22万元
37. 某块土地，地租为200万元，土地价格为4000万元。若银行存款利息率不变，该土地的地租增加到300万元时，银行存款利息率和土地价格分别是（　　）。
    A. 5%、9000万元　　　　　B. 5%、6000万元
    C. 6%、9000万元　　　　　D. 6%、6000万元

三、多项选择题

1. 剩余价值率（m'）与利润率（p'）的联系和区别是（　　）。
    A. p'是m'的转化形式
    B. 同一m量以不同计算方法得出的不同比率
    C. m'表示剥削程度，p'表示预付资本增值程度

D. p' 总是大于 m'

E. p' 总是小于 m'

2. 下列收入形式在数量上相当于平均利润的有（　　）。

　　A. 产业利润　　　　　　B. 商业利润

　　C. 利息　　　　　　　　D. 银行利润

　　E. 地租

3. 股票价格（　　）。

　　A. 与银行存款利息率成反比　　B. 不是股票的票面额

　　C. 与预期股息收入成正比　　　D. 是股息收入的资本化

　　E. 是它所代表的实际资本价值的货币表现

4. 级差地租产生的条件是（　　）。

　　A. 土地经营权的垄断　　　　　B. 土地的肥沃程度不同

　　C. 土地的地理位置不同　　　　D. 土地私有权的垄断

　　E. 农业资本有机构成低于社会资本平均有机构成

5. 土地价格（　　）。

　　A. 是土地价值的货币表现　　　B. 是地租的资本化

　　C. 与地租量成正比　　　　　　D. 与银行存款利息率成反比

　　E. 因土地资源的不可再生性呈现上升趋势

6. 租种优等地的农业资本家剥削农业工人所获得的剩余价值的具体形式有（　　）。

　　A. 农业平均利润　　　　　　　B. 级差地租

　　C. 土地价格　　　　　　　　　D. 绝对地租

　　E. 农业工人的工资

7. 资本主义绝对地租（　　）。

　　A. 产生的条件是土地的差别性

　　B. 产生的原因是土地经营权的垄断

　　C. 产生的原因是土地私有权的垄断

　　D. 实质是农业工人创造的剩余价值的一部分

　　E. 实体是农产品价值超过生产价格部分的超额利润

8. 影响利润率高低的因素有（　　）。

　　A. 剩余价值率的高低

　　B. 资本有机构成的高低

　　C. 资本周转速度的快慢

　　D. 不变资本的节省

　　E. 部门之间竞争的程度

9. 随着利润转化为平均利润（　　）。

　　A. 全社会的平均利润总额与剩余价值总额不相等

　　B. 有些部门获得的利润高于本部门生产的剩余价值

C. 有些部门获得的利润低于本部门生产的剩余价值

D. 价值转化为生产价格

E. 各部门的商品价值与其生产价格经常不一致

10. 生产价格与价值的关系是（　　）。

　　A. 生产价格与价值无关

　　B. 生产价格是价值的转化形式

　　C. 生产价格的形成以价值为基础

　　D. 生产价格与价值在数量上经常不一致

　　E. 生产价格与价值在数量上是相同的

11. 利润同剩余价值的关系是（　　）。

　　A. 二者本来是同一个东西　　B. 利润是剩余价值的本质

　　C. 剩余价值是利润的本质　　D. 利润是剩余价值的转化形式

　　E. 剩余价值是利润的转化形式

12. 在资本主义社会，剩余价值的转化形式有（　　）。

　　A. 产业利润　　　　　　　　B. 商业利润

　　C. 银行利润　　　　　　　　D. 利息

　　E. 地租

13. 资本主义地租体现以下几个阶级之间的关系（　　）。

　　A. 商业资本家　　　　　　　B. 农业资本家

　　C. 借贷资本家　　　　　　　D. 土地所有者

　　E. 农业雇佣工人

14. 银行利润（　　）。

　　A. 与平均利润无关

　　B. 与银行自有资本有关

　　C. 主要来自存贷款的利息差额

　　D. 相当于平均利润

　　E. 来源于产业工人创造的剩余价值

15. 商业资本的作用主要表现在（　　）。

　　A. 有利于产业资本家增加利润总量

　　B. 有利于产业资本家减少流通资本，增加生产资本

　　C. 有利于缩短商品的流通时间，加速商品流转

　　D. 有利于加快整个产业资本的周转

　　E. 可以创造出更多的剩余价值

16. 生产价格是（　　）。

　　A. 生产成本加平均利润

　　B. 生产成本加超额利润

　　C. 商品价值 $c+v+m$ 的转化形式

D. 成本价格加垄断利润

E. 以平均利润率或平均利润的形成为前提的

17. 平均利润率下降趋势的规律（　　）。

   A. 意味着利润率呈现绝对的直线的下降

   B. 并不意味着剩余价值率的降低

   C. 并不意味着资本家占有的利润量绝对减少

   D. 并不排斥个别时期平均利润率的上升

   E. 意味着利润率的下降与利润量的增加可以同时发生

18. 平均利润率（　　）。

   A. 是某个企业获得的剩余价值与该企业预付总资本的比率

   B. 是社会剩余价值总额与社会预付资本总额的比率

   C. 是通过各部门内部的竞争形成的

   D. 是通过不同部门之间的竞争形成的

   E. 只是一种发展趋势，并不是绝对平均

19. 价值转化为生产价格并不是对价值规律的否定，这是因为（　　）。

   A. 社会平均利润的总额与剩余价值总额相等

   B. 社会的生产价格总额与价值总额相等

   C. 生产价格是价值的转化形式

   D. 生产价格就是市场价格

   E. 各部门的生产价格与其价值都相等

20. 生产成本范畴的形成（　　）。

   A. 使剩余价值表现为全部所费资本的增加额

   B. 使剩余价值表现为生产成本的增加额

   C. 掩盖了剩余价值的真正来源

   D. 区分了不变资本和可变资本的真正作用

   E. 掩盖了不变资本和可变资本的区别

四、判断题

1. 生产价格等于成本价格加平均利润。　　　　　　　　　　　　　　（　　）
2. 剩余价值和利润虽然是不同资本的产物，但二者的本质相同。　　　（　　）
3. 利润率是剩余价值与预付不变资本的比率。　　　　　　　　　　　（　　）
4. 某个部门的资本有机构成越高，则该部门的利润率也越高。　　　　（　　）
5. 平均利润率的形成是部门内部不同企业之间竞争的结果。　　　　　（　　）
6. 平均利润率和平均利润的形成，需要以资本在部门之间自由转移为条件。（　　）
7. 平均利润率水平的下降意味着剩余价值率的下降。　　　　　　　　（　　）
8. 各个部门之间形成平均利润率，只是一种发展趋势，并不是绝对平均。（　　）

9. 平均利润率的形成并不排斥超额利润的存在。（   ）
10. 平均利润同成本价格和利润相比，更加掩盖了资本主义的剥削关系。（   ）
11. 生产价格等于成本价格加剩余价值或利润。（   ）
12. 商业资本是专门从事商品买卖以获取商业利润的职能资本。（   ）
13. 商业资本的职能是产业资本的商品资本职能的独立化形式。（   ）
14. 商业利润的真正来源是产业工人创造的剩余价值。（   ）
15. 商业利润应当同产业利润一样，也相当于平均利润。（   ）
16. 商业资本不参与利润率的平均化。（   ）
17. 借贷资本是为了取得利息而暂时借给其他资本家使用的货币资本。（   ）
18. 借贷资本的来源主要是产业资本循环中的闲置货币资本。（   ）
19. 利息的本质是产业工人创造的剩余价值的转化形式。（   ）
20. 利息作为资本商品的价格，实际上是资本价值的货币表现。（   ）
21. 职能资本家使用借贷资本获得的平均利润要分成利息和企业利润两个部分。（   ）
22. 利息率一般等于平均利润率。（   ）
23. 利息率的高低一般取决于平均利润率和借贷资本的供求状况。（   ）
24. 银行资本是职能资本，因此银行自有资本也要求获得平均利润。（   ）
25. 一般来说，若其他条件不变，股票价格取决于股息和利息率的高低。（   ）
26. 资本主义地租在数量上等于农业工人创造的全部剩余价值。（   ）
27. 级差地租来自农产品的社会生产价格和个别生产价格的差额。（   ）
28. 绝对地租来自农产品的价值和成本价格的差额。（   ）
29. 农产品的社会生产价格是由中等地的个别生产价格决定的。（   ）
30. 劣等地的个别生产价格决定农产品的社会生产价格。（   ）
31. 绝对地租产生的原因是农业部门资本有机构成低于社会资本有机构成。（   ）
32. 土地经营权的垄断是形成绝对地租的原因。（   ）
33. 在租约期限内，形成级差地租Ⅱ的超额利润归农业资本家所有。（   ）
34. 剩余价值率和年剩余价值率的本质相同，二者没有区别。（   ）
35. 土地价格是土地价值的货币表现。（   ）
36. 土地价格在数量上与预期地租成正比，与利息率成反比。（   ）
37. 银行所支配的全部资本（包括存款）都应该获得平均利润。（   ）
38. 土地价格的实质是资本化的地租。（   ）
39. 资本主义地租体现了土地所有者和农业资本家共同剥削农业工人的关系。（   ）
40. 股票价格的实质是股息收入的资本化。（   ）

五、简答题

1. 剩余价值是如何转化为利润的？
2. 简述利润率和剩余价值率的关系。
3. 影响利润率高低的因素有哪些？
4. 平均利润率是怎样形成的？
5. 生产价格形成以后为什么存在超额利润？
6. 简述级差地租产生的条件、原因和源泉。
7. 简述绝对地租形成的条件、原因和源泉。
8. 简述土地价格的实质及其决定因素。

六、计算分析题

1. 某资本家新办一家企业，用200万元建造厂房，用200万元购买机器设备，厂房、机器设备每年消耗100万元，又购买一年内全部消耗完毕的原材料200万元，雇佣工人一年的工资是100万元，一年生产的产品的总价值为600万元。请完成以下问题：

（1）该企业的总成本价格是多少？
（2）该企业的剩余价值率和利润率是多少？
（3）成本价格对企业有何意义？

2. 某银行自有资本130亿美元，其中10亿美元用于经营银行业务，120亿美元用于贷款。另又吸收存款800亿美元用于贷款，存款利息率为2%，贷款利息率为5%，其中，经营存贷款业务费用20亿美元。请完成以下问题：

（1）该银行获得的利润是多少？
（2）银行利润率是多少？
（3）银行利润的主要来源是什么？
（4）为什么银行要获得平均利润？

第三节　参考答案

一、名词解释

1. 成本价格又称生产成本，是指资本家或企业生产商品所消耗的不变资本和可变资本的总和。成本价格掩盖了不变资本和可变资本的区分，从而掩盖了剩余价值的真正来源。成本价格对企业经营具有重要意义，它是企业产品销售价格的最低界限，是衡量企业盈亏的界限，也是企业市场竞争力的重要体现。

2. 利润是指商品价值扣除生产成本后的余额，是剩余价值的转化形式，利润的本质是剩余价值。当剩余价值被看作是资本家全部预付资本的产物时，它就转化为利润。剩余价值转化为利润掩盖了剩余价值的真正来源，从而掩盖了资本家对工人的剥削关系。

3. 利润率是剩余价值或利润与预付总资本的比率。计算公式为：$P'=m/(c+v)$。利润率是剩余价值率的转化形式，它反映预付总资本的增值程度，利润率远远小于剩余价值率，因而掩盖了资本家对雇佣工人的剥削关系和剥削程度。

4. 平均利润率是全社会剩余价值之和与全社会资本之和的比率。平均利润率的形成是不同部门之间竞争的结果。平均利润率的形成进一步掩盖了资本主义的剥削关系。

5. 生产价格是商品的成本价格加平均利润。随着利润转化为平均利润，商品的价值就转化为生产价格，生产价格是商品价值的转化形式。生产价格的形成以平均利润率的形成为前提。生产价格形成后，价值规律的作用形式变成了商品的市场价格受供求关系的影响围绕生产价格上下波动。

6. 超额利润是指超过平均利润的那部分利润，是商品的个别生产价格低于社会生产价格的差额。生产技术和经营管理水平较高的企业，劳动生产率高于该生产部门的一般水平，其个别生产价格低于社会生产价格；按社会生产价格出售商品，就获得超过平均利润的利润。超额利润只是暂时的现象。

7. 商业资本也称商人资本，是指从产业资本中分离出来专门经营商品买卖业务、以获取商业利润为目的的资本，是产业资本的商品资本职能的独立化形式。商业资本也要获得平均利润。商业资本的形成对产业资本的经营和发展具有重要作用。

8. 借贷资本即指为了取得利息而暂时借给职能资本家使用的货币资本。借贷资本主要来源于产业资本和商业资本循环过程中产生的大量暂时闲置的货币资本。借贷资本的出现使资本的所有权与使用权分离。

9. 利息是指职能资本家因使用借贷资本而付给职能资本家的一部分平均利润，利息表现为资本所有权的产物，是剩余价值的特殊转化形式。职能资本家使用借贷资本获得的平均利润要分成两个部分：一部分采取企业利润的形式为职能资本家所有，另一部分作为利息付给借贷资本的所有者。利息小于平均利润。

10. 银行资本是指银行经营货币资本的借贷业务所使用的全部资本。从其来源看，银行资本包括两部分：一部分是自有资本，只占银行资本的小部分；另一部分是借入资本，占银行资本的大部分。

11. 银行利润是指银行自有资本获得的利润，从形式上看，银行利润主要来源于贷款利息与存款利息的差额。从本质上看，来源于雇佣工人在生产过程中所创造的剩余价值。银行利润也应相当于平均利润。

12. 股票价格即股票的买卖价格，不是股票价值的货币表现，也不等于股票的票面金额。一般来说，如果其他条件不变，股票价格取决于股息的多少和利息率的高低，股票价格=股息/利息率，股票价格与股息成正比，与存款利息率成反比。股票价格的实质是股息收入的资本化。

13. 资本主义地租是指农业资本家由于租种土地而缴纳给土地所有者的超过平均利润的那部分剩余价值，反映着土地所有者和农业资本家共同剥削农业雇佣工人的经济关系。资本主义地租的基本形式有级差地租和绝对地租等。

14. 级差地租是与土地的生产条件相联系的地租，是指农业资本家经营生产条件较好的土地交给土地所有者的超额利润，是农产品的个别生产价格低于社会生产价格的差额。级差地租的来源是农业工人创造的剩余价值，土地的肥沃程度和地理位置不同是级差地租产生的条件，对土地经营权的垄断是级差地租产生的原因。级差地租有第一形态和第二形态。

15. 绝对地租是指由于土地私有权的存在，租用任何土地（包括劣等地）都必须缴纳的地租。在农业落后于工业的条件下，是农产品的价值低于社会生产价格的差额。农业资本有机构成低于工业资本有机构成是决定地租产生的条件，土地私有权的垄断是绝对地租产生的原因。绝对地租的来源是农业工人创造的剩余价值。

16. 土地价格不是土地价值的货币表现，土地价格的高低取决于地租和利息率，等于地租/利息率。土地价格的实质是地租的资本化。

二、单项选择题

1. B　2. C　3. B　4. B　5. B　6. C　7. B　8. B　9. A　10. C
11. D　12. B　13. B　14. D　15. C　16. A　17. A　18. D　19. D　20. D
21. C　22. B　23. B　24. C　25. C　26. D　27. C　28. D　29. C　30. C
31. A　32. D　33. A　34. B　35. C　36. D　37. B

三、多项选择题

1. ABCE　　2. ABD　　　3. ABCD　　4. BC　　　5. BCDE
6. ABD　　　7. CDE　　　8. ABCD　　9. BCDE　　10. BCD
11. ACD　　　12. ABCDE　13. BDE　　　14. BCDE　　15. ABCD
16. ACE　　　17. BCDE　　18. BDE　　　19. ABC　　　20. ABCE

四、判断题

1. √　　2. √　　3. ×　　4. ×　　5. ×
6. √　　7. ×　　8. √　　9. √　　10. √
11. ×　　12. √　　13. √　　14. √　　15. √
16. ×　　17. √　　18. √　　19. √　　20. ×
21. √　　22. ×　　23. √　　24. √　　25. √
26. ×　　27. √　　28. ×　　29. √　　30. √
31. ×　　32. √　　33. √　　34. ×　　35. ×
36. √　　37. ×　　38. √　　39. √　　40. √

五、简答题

1. （1）剩余价值转化为利润，是指在资本主义经济中剩余价值的现象形态表现为利润，这是由本质到现象的"转化"。

（2）由剩余价值向利润的转化可以分为两个层次：首先，剩余价值表现为所费资本即生产成本的增加额。商品的价值本来是由 $c+v+m$ 构成的，但是，当 c 和 v 被合在一起独立化为生产成本后，剩余价值 m 就表现为生产商品的生产成本的增加额了，也就是说剩余价值成为所费资本即生产成本的产物。其次，剩余价值还进一步表现为全部预付资本的增加额。因为，资本家投入的资本虽然不是全部进入生产成本，但是，它们作为物质要素全部参加了剩余价值的生产过程，这样，剩余价值也就表现为全部预付资本的产物。当剩余价值被看作全部预付资本的产物时，剩余价值就取得了利润的形态。

（3）利润和剩余价值的关系。两者具有一致性，就其实体和数量而言，两者是同一个东西。但是它们也有区别，剩余价值是可变资本的产物，利润是全部预付资本的产物；剩余价值是本质，利润是剩余价值的转化形式或现象形态。

2. （1）利润率和剩余价值率是用同一个剩余价值量与不同的资本量相比较得出的两个不同的比率。利润率是剩余价值或利润与全部预付资本的比率。用公式表示是：$P'=m/(c+v)$。剩余价值率是剩余价值量与可变资本的比率。用公式表示是：$m'=m/v$。

（2）二者存在一定的联系。利润率是剩余价值率的转化形式。

（3）二者也有很大的区别。数量的区别：利润率总是小于剩余价值率。性质的区别：利润率只反映全部预付资本的增值程度，掩盖了资本家对工人的剥削关系和剥削程度。剩余价值率反映了资本家对工人的剥削程度。

3. 影响利润率高低的因素有很多，主要有以下四个。

（1）剩余价值率的高低。利润率与剩余价值率成正比关系，剩余价值率越高，一定数量的预付资本所获得的剩余价值总量就越多，因而利润率也越高。因此，一切影响剩余价值率的因素如提高劳动强度、延长工作日、压低工人工资等，都是影响利润率的因素。

（2）资本有机构成的高低。部门的利润率与部门的资本有机构成成反方向变化。在其他条件不变的情况下，某个部门的平均资本有机构成越低，即可变资本在全部预付资本中所占的比例越高，所雇用的劳动力就越多，创造的剩余价值就越多，因而部门的利润率越高；反之，部门的利润率就越低。个别企业资本有机构成的高低同本企业利润率的高低有可能按相同的方向变化。

（3）资本周转速度的快慢。在其他条件不变时，资本周转速度越快，企业获得的年剩余价值量就越多，因而年利润率就越高。因此，每个企业都会加快资本的周转速度，以提高利润率。

（4）不变资本的节省状况。不变资本越节省，即不变资本越少，利润率就越高。这是因为，节省不变资本，就是节省原材料、燃料和机器设备等生产资料的消耗，在商品价格既定的条件，节省不变资本，一方面可以增加利润量，提高利润率；另一方面，可以减少预付资本的数量，从而提高利润率。

4.（1）不同生产部门的利润率存在差别。影响不同部门之间利润率的因素主要有资本有机构成和资本周转速度等，这些因素不同导致部门之间利润率存在差异。资本有机构成低的部门，利润率高；资本周转速度快的部门，年利润率高。

（2）部门之间利润率的差异引起部门之间的自由竞争和资本的转移。资本由利润率低的部门转移到利润率高的部门。这样一来，原来利润率高的部门生产规模扩大了，产品供过于求，价格就会下降，利润减少，利润率降低；而原来利润率低的部门，由于生产规模缩小，产品供不应求，价格上涨，利润增加，利润率提高。从而形成平均利润率。平均利润率的形成，只是一种发展趋势，并不是绝对平均。

（3）平均利润率=社会剩余价值总量与社会总资本的比率。

5.（1）超额利润是企业个别生产价格低于社会生产价格的差额。一个部门内部的各个企业的资本家之间，为了获得超额利润会开展竞争。

（2）超额利润的形成。生产价格形成后，各部门之间的利润率趋于平均化。但是，这并不排除各部门中各个企业之间利润率的差别。由于同一部门内部各个企业的资本有机构成和资本周转速度等都存在差别，因而它们所生产的商品的个别生产价格也存在差别。但是商品是按部门平均生产条件决定的社会生产价格出售的，这样，生产技术和劳动生产率高于部门平均水平的先进企业，就可以获得超过平均利润的超额利润。其原因在于，个别企业生产条件优越，劳动生产率高，生产了超额剩余价值。部门之间的竞争只是使不同部门的利润平均化，超额剩余价值不会由于部门之间的竞争而平均化。这样，超额剩余价值就会转化成超额利润。因此，超额利润反映的是同一部门内部不同企业之间的利润分配关系，平均利润反映的是不同部门之间的利润分配关系。所以，平均利润和生产价格形成后，并不排斥部门内部的先进企业仍然可以获得超额利润。

6.（1）级差地租是与土地生产条件的差别相联系的地租。

（2）级差地租产生的条件是土地生产条件的差别。土地的生产条件包括肥沃程度和地理位置，土地的生产条件不同，产量或运输成本不同，因而收入和利润不同，地租就不同。

（3）级差地租产生的原因是土地的有限性和以此为前提的土地经营的垄断。

（4）级差地租的源泉是农业工人的剩余劳动创造的剩余价值。是农产品的个别生产价格低于社会生产价格的差额形成的。

7.（1）绝对地租就是土地所有者凭借土地私有权的垄断所收取的地租，是租种任何土地都必须缴纳的地租。它来自农产品的价值超过社会生产价格的部分。

（2）绝对地租形成的条件是农业资本有机构成低于社会平均资本有机构成。由于农业资本有机构成较低，同量资本在农业中可以容纳更多的劳动力，推动更多的劳动，在剩余价值率相同的情况下，农业部门所创造的剩余价值就多于工业部门，从而使农产品的价值高于社会生产价格。因此，农产品按照超过它的社会生产价格的价值出售，实际上就是按照它的价值出售。这样，农产品的价值高于社会生产价格而产生的超额利润，便形成绝对地租。

（3）绝对地租形成的原因是土地私有权的垄断。因为，土地私有权的垄断限制了资本向农业部门自由转移，从而使农业部门生产的剩余价值不参与平均化，使农产品能够按照高于社会生产价格的价值出售。

（4）绝对地租是农产品价值的一部分，而农产品的价值包括剩余价值是由农业工人创造的。因此，绝对地租的源泉是农业工人的剩余劳动创造的剩余价值，是农产品的价值高于社会生产价格的差额形成的。

8.（1）土地价格不是土地价值的货币表现，因为土地本身不是商品，没有价值。但是土地可以买卖，因而有价格，土地价格的实质是土地所提供的地租的买卖价格，是资本化的地租。

（2）从理论上看，决定土地价格的因素是地租数量和银行存款利息率，土地价格与地租数量成正比，与银行存款利息率成反比。土地价格＝地租／利息率。但土地的市场价格还要受到土地市场、供求关系等因素的影响。

六、计算分析题

1.（1）成本价格等于所消耗的不变资本加可变资本，因而该企业的总成本价格=c+v=（100+200）+100=400（万元）。

（2）由于年产品的总价值为 600 万元。因而一年获得的使用价值或利润为：600–400=200（万元）。剩余价值率 $m'=m/v=200/100=200\%$；$p'=m/(c+v)=200/(200+200+200+100)=28.6\%$。

（3）成本价格是指生产单位产品所消耗的不变资本与可变资本的价值总和，是商品销售价格的最低界限，也是企业生产经营活动盈亏的界限，也是企业在市场竞争中成败的关键。

2.（1）银行利润为：（130–10）×5%+800×（5%–2%）–20=10（亿美元）

（2）银行利润率为：10÷130=7.69%

（3）银行利润的主要来源是存贷款利息之间的差额，还来自承办各种中间业务的手续费、对企业投资所获得的股票红利，以及从事证券交易活动所获得的收益等，归根到底来源于产业工人创造的剩余价值。

（4）银行是独立经营的金融企业。如果银行利润率低于平均利润率，银行资本所有者就会将资本转移到工商部门，直到银行资本也获得大体相同的平均利润，资本转移过程才会停止，所以，银行利润与产业利润、商业利润的平均化，是平均利润率规律通过竞争规律作用的结果。

第八章　垄断资本主义

第一节　重要知识点

资本主义的发展经历了两个不同的阶段，即自由竞争资本主义阶段和垄断资本主义阶段。在自由竞争资本主义时期，生产力的发展推动着资本主义生产关系发生部分质变，形成了以垄断作为其经济实质的垄断资本主义。垄断资本主义又分为私人垄断资本主义、国家垄断资本主义和国际垄断资本主义。本章研究私人垄断资本主义（简称垄断资本主义）。

一、垄断资本主义的形成与垄断的特征和形式

（一）垄断资本主义的形成

垄断是指少数资本主义大企业，为了获得高额利润，通过协议或联合，对某一部门或若干部门的生产、销售和价格进行操纵和控制的状况。例如，美国的微软公司垄断了软件市场，美国的波音公司和欧洲的空中客车公司垄断了全球的飞机制造，等等。

不仅资本主义国家存在垄断，在社会主义中国，垄断也已渗透到人们生活的方方面面，我们的生活与垄断息息相关。我国的垄断行业主要集中在铁路运输、航空运输、通信、石油石化、燃气、电力、自来水、银行、保险、烟草等领域，垄断企业有中国铁路运输总公司、中国移动通信集团公司、中国电信集团公司、中国石油化工集团公司（简称中国石化）、中国石油天然气集团公司（简称中国石油）、中国海洋石油总公司、国家电网公司、中国南方电网有限责任公司、中国工商银行、中国建设银行、中国人寿保险集团公司等。垄断对人们生产生活有"利"也有"弊"。垄断的"利"主要表现在：可以使一个企业集中优势技术与资金，投资航天、军事、国防等中小企业做不到也不愿做的领域，有利于国家长远利益。垄断的"弊"主要表现在：使商品或服务价格过高，服务质量和服务水平较低，尤其使低收入者的生活状况无法改善，大大影响消费者的利益和幸福感等。

资本主义垄断是怎么形成的？资本主义垄断是在自由竞争的基础上形成的，自由竞争引起生产集中，生产集中发展到一定阶段就自然而然地走向垄断，这是资本主义发展的一般的和基本的规律。在垄断形成的过程中，股份公司对加速垄断的发展发挥了重要

作用。

1. 自由竞争引起生产和资本集中，生产和资本集中引起垄断

1）自由竞争引起生产和资本集中

生产集中是指生产资料、劳动力和商品的生产日益集中于少数大企业的过程。资本集中是指大资本吞并小资本，或由若干小资本合并而形成大资本的过程，其结果是越来越多的资本为少数大资本家所支配。资本集中是自由竞争的结果，又因为科技进步和信用制度的发展而不断得到强化。第一，同一部门中的不同企业的竞争引起生产和资本的集中。在价值规律作用下，同一部门中的企业必然产生分化，造成了生产和资本不断向优势企业集中。第二，不同部门企业之间的竞争引起与扩大生产和资本的集中。不同产业的企业之间为了争夺有力的投资领域及企业生产经营多元化引起的产业融合，导致巨型企业或企业集团的出现，直接推动了生产和资本的集中。第三，竞争引起的资本集中具有了越来越充分的技术基础。机器大工业体系确立后，生产率大幅提高，社会分工也越来越细，为生产、资本向技术先进企业的集中创造了条件。第四，信用和股份公司是竞争引起的生产集中得以加速的有力杠杆，为生产和资本集中提供了最有效的手段。

2）生产和资本集中引起垄断

自由竞争引起的生产和资本集中为垄断的产生提供了可能性和必要性。第一，生产集中引起垄断的可能性。在生产集中发展到一定程度时，社会生产已集中于少数大企业，这样，少数大企业就完全有可能联合起来达成协定，控制某个部门的生产、销售和价格，以获取高额利润。第二，生产集中引起了垄断的必要性和必然性。为了避免生产过剩，保持和扩大利润，大企业之间有必要结成垄断组织，瓜分市场份额。少数大企业之间势均力敌，为了避免过度竞争造成两败俱伤的后果，必然寻求某种妥协，达成垄断协定。

2. 股份公司对垄断的形成发挥了重要作用

在垄断形成的过程中，股份公司这一形式发挥了极其重要的作用。股份公司这一资本组织形式既是生产社会化发展的产物，同时又推动着生产社会化的进一步发展，并且这一形式特别适用于垄断资本的形成。股份公司对垄断形成的积极作用是与它特有的财产组织制度分不开的，股份公司在资本关系上具有以下特点：第一，股份公司实现了资本占有形式的社会化。股份公司的出现使私人资本的占有形式发生了变化，股份资本的权利归属于企业法人所有，并取得了独立的存在和运行形式。从资本所有权属性来说，股份资本已经部分地改变了私人资本的性质，使个人资本"社会化"，取得了社会资本的形式，从而使资本突破了个人占有形式的局限，能更好地适应于生产社会化发展的需要。第二，股份公司实现了资本组织形式的社会化。在股份公司中，由于资本的组织形式采取了公司制，因而过去由资本所有者局限于个人的经营管理，现在由公司的一套社会化管理机构来承担，资本的所有权与资本的职能在公司组织里已经分离。社会管理代替了个人管理，说明资本的组织形式也已经走向了社会化，使生产集中的进程大大加快，并为垄断的形成创造了必要的条件。

股份公司这一财产组织制度具有的特点,决定了它是垄断资本采取的主要的资本组织形式。大资本通过对股权的控制,直接控制着规模更大的社会资本,并通过一系列连续的参股活动,将这种控制网络遍布于整个社会经济,形成了以大资本为核心的庞大的资本集团。正是由于股份公司这一财产组织形式的出现,大大加速了生产集中的进程,促进了垄断的发展。

股份公司这一资本组织形式有效地促进了垄断的发展,其实质是反映了垄断资本这种形式与生产社会化相适应的方面。应该指出的是,在股份公司中,尽管资本采取了社会化的形式,但是它并没有消除生产力的私人资本属性,也就是说,股份公司改变的只是资本的形式和组织方式,而并没有改变资本的本性,因而私有制基础上的股份公司这一资本的社会化形式,也不可能从根本上消除资本主义的基本矛盾。

(二)垄断的基本特征和主要形式

1. 垄断的基本特征

垄断的基本特征主要表现在以下几个方面。

1)垄断的实质是为了获取高额垄断利润

在自由竞争的资本主义阶段,部门之间的竞争使利润率趋于平均化,企业获得的是平均利润,只有生产技术和劳动生产率高于部门平均水平的个别企业能够获得超额利润。但是,在垄断资本主义阶段,垄断企业或垄断组织的目的并不是取得平均利润,而是要获得大大高于平均利润的高额垄断利润,这是垄断的实质。

2)垄断是一种经济权利

在资本主义经济中,垄断企业的权利并不限于市场,而是能够操纵价格,影响和控制经济活动。垄断作为一种经济权利,它渗透到经济活动的各个方面,通过运用经济的、政治的多种手段来达到自己的目的。并且,垄断权利不仅要对经济活动进行控制,同时也要渗入政治和社会领域,实现自身的全面统治。在实现了对国内的统治以后,垄断权利还要向国际范围扩张,建立国际垄断同盟,瓜分世界市场。因此,垄断这一经济权利在资本主义经济发展过程中起着举足轻重的作用。

3)垄断的基础是大企业的支配地位

大企业之所以能够在经济活动中居于支配地位,是因为它对市场的产量、销售量、原材料、产品设计等能够进行有效的控制。

2. 垄断的主要形式

在现实经济生活中,垄断资本是以多种不同的形式存在的。垄断资本可以采取单个企业控制的形式,也可以采取多个企业联合控制的形式;联合控制的企业之间可以有正式的协议或组织,也可以是默契的勾结和心照不宣的配合,垄断组织是指控制某个或某些生产部门的生产和销售,以获取高额垄断利润为目的的资本主义大企业或企业的联合。

垄断组织也就是有组织的垄断资本联合。垄断组织的形式多种多样，主要有以下几种。

1）卡特尔

卡特尔是生产同类商品的大企业为了获取高额利润，在商品的产量、销售市场和价格等方面签订协定而形成的垄断同盟。这是一种比较简单的垄断组织，卡特尔内部的各企业之间的关系比较松散，参加卡特尔的企业本身在生产上、商业上和法律上仍保持自己的独立性。

2）辛迪加

辛迪加是由生产同类商品的大企业为了共同采购原材料和销售商品通过签订协议而建立起来的垄断组织。辛迪加不仅具有价格和产量的协定，还是建立了统一的供销机构的垄断组织。这种垄断组织比卡特尔具有更大的稳定性。参加辛迪加的企业仍保持其在生产上和法律上的独立性，但丧失了商业上的独立性。

3）托拉斯

托拉斯是许多生产同类商品的或在生产上有密切联系的大企业合并组成的大垄断企业。参加托拉斯的各个企业完全丧失了其商业上、生产上和法律上的独立性，商品销售、原材料采购、生产安排和利润分配等都由托拉斯组织统一进行。

4）康采恩

康采恩是以一两个实力极为雄厚的大工业企业或大银行为核心，把不同部门、不同行业的许多大企业联合起来而组成的垄断大企业或垄断组织。尽管各企业在形式上仍保持独立性，但实质上受占统治地位的大企业或大银行的直接操纵和支配，具有明显的银行资本与工业资本相结合的特点。

5）混合联合公司

混合联合公司是第二次世界大战以后兴起的垄断组织形式，其生产经营项目已不限于同类或相关产品，而是跨行业跨部门进行混合生产与经营。

在垄断阶段，垄断组织可以凭借其垄断地位规定垄断价格，获取高额垄断利润。

二、垄断价格和垄断利润

（一）垄断价格

垄断组织获取高额垄断利润的主要手段是凭借垄断地位制定和维持产品的垄断价格。

1. 垄断价格的含义和类型

垄断价格是垄断组织或垄断企业为了获取高额垄断利润凭借其在产品生产和销售等方面的垄断地位人为规定的市场价格，也就是垄断组织在购买或销售商品时，凭借其在经济上的垄断地位人为规定的旨在保证获取高额垄断利润的市场价格。垄断价格是垄断组织牟取垄断高额利润的主要手段，包括垄断高价和垄断低价两种形式。垄断高价是垄断组织在销售商品时规定的市场价格，大大高于商品的价值或生产价格；垄断低价是垄断组织向非垄断的中小企业购买原材料和初级产品等生产资料时规定的市场价格，低于商品的价值或生产价格。

垄断价格与自由竞争资本主义时期的生产价格不同。生产价格是由成本价格（生产成本）加平均利润构成，而垄断价格由成本价格、一般利润和垄断利润三个部分构成。垄断价格形成后，就成为市场价格的基准，市场价格在供求关系的影响下，以垄断价格为中心上下波动。垄断价格的出现，并没有否定价值规律，只是使价值规律的作用形式歪曲地表现为大部分商品的市场价格采取了垄断价格的形式。垄断价格的形成，是垄断经济关系在市场活动中的主要反映。

2. 垄断价格的基本特征

垄断价格具有以下两个基本特征。

（1）垄断价格通常是一种高价格。垄断价格包括垄断高价和垄断低价两种形式，但垄断高价是其主要形式。垄断组织产品的销售价格通常高于没有垄断势力的自由竞争条件下的生产价格。这是因为，垄断组织所追求的利润目标不是平均利润，而是大大高于平均利润的高额垄断利润，垄断组织只有规定垄断高价才能实现这一目标。而垄断组织在市场中所具有的垄断地位又使它能够规定垄断高价。

（2）垄断价格具有相对稳定性。与自由竞争条件下商品的市场价格或生产价格变动较频繁和变动幅度较大相比较，垄断价格的变动相对来说不是很频繁，在生产周期中变动的幅度相对较小。这是因为，垄断价格在一定程度上是人为规定的价格，而不是由市场竞争自发形成的价格，因而市场要素的变化对垄断价格的影响也就较小，正是由于垄断价格受到了人为的"管理"，才表现出相对的稳定性。

垄断价格的存在使垄断组织在经济生活中处于有利的地位。由于垄断价格能够给垄断组织带来高额利润，使垄断组织在市场竞争中占据明显的优势，从而进一步加强了它的垄断地位，形成了资本主义经济中以垄断大企业为主宰的基本经济格局。

3. 垄断价格的制约因素

垄断价格是垄断组织凭借垄断地位制定的价格，尽管它已经包含相当程度的人为因素，但这并不意味着垄断组织能够随心所欲地制定价格，垄断价格的制定在客观上也要受到资本主义市场经济一般条件的制约。具体来说有以下几个方面。

（1）垄断价格要受到商品需求的制约。如果一种商品的垄断价格定得过高，就会使消费者减少对这种商品的需求，那么垄断高价也就难以维持。因为，各种商品都有替代品，如果价格定得过高，消费者就会转向购买其他的替代品，从而迫使垄断企业降低其商品的价格。

（2）垄断价格要受到商品供给的制约。按照市场经济规律，供求关系变动势必会影响价格的涨跌，这对于垄断价格来说同样如此。如果商品供给过多，超过了市场需求，就会引起商品价格的下降，因此，垄断企业要维持高价就必须限制产量。但是，价格过高而带来的高额利润会吸引大量的竞争者进入市场或生产相关的替代品，从而使商品的供给增加，最终破坏垄断价格。因此，垄断企业在规定垄断价格时必须考虑可能发生的其他资本进入所带来的后果，要维持长期的垄断地位，必须把垄断价格定在能够限制其他资本进入的适当水平。

（3）垄断价格要受到产品成本的制约。产品的生产成本与产量有着直接的联系，如果商品的价格过高，必然导致销售量进而影响产量的下降，产量下降会引起企业设备利用率下降和产品的固定成本提高。当产品成本提高到一定程度就可能导致单位产品的利润减少，这时高价格使总利润减少。因此，垄断组织在规定产品的垄断价格时必须在价格与产量之间进行权衡，使之能够达到实现长期利润最大化的最佳组合。这一因素使垄断组织不能任意地规定垄断价格。

资本主义的大企业垄断市场，规定垄断价格的目的是获取垄断利润。

（二）垄断利润

1. 垄断利润的定义

垄断利润是垄断资本或垄断企业凭借其在商品生产和流通中的垄断地位规定垄断价格而获得的超过平均利润的高额利润。垄断利润产生的条件有两个：第一，垄断企业凭借其垄断地位；第二，通过规定垄断价格。正是由于这两个条件，使市场中原有的利润平均化机制被破坏了，从而使垄断利润得以存在。

2. 垄断利润的来源

垄断本身不能产生高额利润，垄断利润的来源也是工人的剩余劳动创造的剩余价值。具体来说，垄断利润来自垄断企业的内部和外部。

从垄断企业内部来看，垄断企业内部的劳动者创造的剩余价值是垄断利润的主要来源。垄断企业大多以生产规模巨大、技术设备先进、劳动者素质和企业劳动生产率较高为特征。较高的劳动生产率也就成为创造更多价值和剩余价值的源泉。因此，垄断利润首先是以垄断企业剥削企业内部劳动者为基础的，这是垄断企业获取高额垄断利润的基本保证。

从垄断企业外部来看，垄断利润的来源是通过垄断高价或垄断低价从其他企业和消费者转移到垄断企业的价值或剩余价值。一是垄断企业通过以垄断高价向消费者销售产品或服务时将消费者的一部分收入转化为垄断利润。二是非垄断企业和其他企业与垄断企业进行商品交易时，垄断企业通过垄断高价或垄断低价将非垄断企业和其他企业的一部分价值或剩余价值转化为垄断利润。三是通过资本主义国家对国民收入的再分配获得垄断利润。如国家通过对垄断企业减税、资助提供优惠贷款、购买产品等，把社会上已经形成的一部分价值和剩余价值转移给垄断企业。四是其他国家劳动者创造的一部分价值和剩余价值。

三、垄断与竞争

（一）垄断与竞争的关系

竞争是指商品生产者或其他经济利益主体为了争夺有利的生产、销售等条件，从而获取更多经济利益而进行的角逐。垄断是指少数资本主义大企业，为了获得高额利润，通过协议或联合，对某一部门或若干部门的生产、销售和价格进行操纵和控制的状况。垄断是垄断资本主义最本质的特征，是垄断资本主义的实质。垄断和竞争的关系可以概括为：垄断产生于竞争，但它没有也不能消除竞争而是与竞争并存。

1. 垄断产生于竞争

自由竞争引起生产和资本集中，生产和资本集中发展到一定阶段就形成垄断。当垄断在社会经济生活中占据统治地位时，自由竞争的资本主义就发展为垄断的资本主义。

2. 垄断没有也不能消除竞争而是与竞争并存

垄断是在竞争的基础上作为竞争的对立物而产生的，但垄断并没有也不可能消除竞争，而是凌驾于竞争之上并与之并存。垄断资本主义阶段存在竞争的原因主要有以下几个方面。

（1）垄断没有消除以资本主义私有制为基础的商品经济。只要存在商品经济，竞争就必然存在。

（2）垄断地位必须通过竞争来维持。

（3）不存在由一个垄断组织囊括一切部门、一切企业的绝对垄断。在垄断资本主义阶段，社会经济活动中仍然存在大量的非垄断企业，它们之间的竞争是不可避免的。

（二）垄断竞争与自由竞争的区别

垄断竞争是指垄断条件下的竞争，即以垄断企业为主体或主要方面而展开的竞争。垄断竞争与自由竞争存在很多区别，主要表现在以下几个方面。

1. 竞争的目的不同

在自由竞争资本主义时期，企业之间竞争的目的在于获取超额利润；在垄断时期，垄断企业之间的竞争目的是占领市场和获取高额垄断利润，并且将垄断地位和垄断利润长期、稳定地维持下去。

2. 竞争的性质不同

在自由竞争时期，由于企业的数量众多并且规模较小，因而企业之间的竞争是相对平等和公平的。但是，垄断竞争是以少数大企业在某个部门中的垄断地位为基础的，在垄断大企业与非垄断的中小企业之间进行的竞争，已不是相对平等和自由的竞争关系，而是大企业对中小企业的排挤、掠夺和控制关系。

3. 竞争的手段不同

在自由竞争时期，企业之间的竞争主要是运用提高劳动生产率和降低产品价格等经济手段。在垄断时期，垄断竞争的手段多样化，除了采取各种形式的经济手段外，还采取非经济手段。

4. 竞争的范围不同

在自由竞争时期，竞争的范围主要是经济领域和国内市场。在垄断时期，竞争还扩大到经济领域之外如政治、军事、文化等领域，而且国际市场上的竞争越来越激烈。

5. 竞争的激烈程度和后果不同

垄断时期垄断企业之间竞争的激烈和持久及其造成的破坏程度，都大大超过自由竞争时期企业之间的竞争。

（三）垄断竞争的基本形式

垄断竞争的基本形式主要有两类。
（1）垄断资本（或垄断企业）与非垄断资本（或非垄断企业）之间的竞争。
（2）垄断资本（或垄断企业）之间的竞争，包括同一部门内部垄断资本之间的竞争和不同部门之间垄断资本之间的竞争。

四、金融资本的产生和统治及其新发展

（一）金融资本的产生和统治

1. 金融资本的产生

金融资本的产生是以生产和资本的集中以及垄断的形成为基础的。在工业部门生产和资本集中走向垄断的过程中，银行业也出现了集中和垄断。一方面，银行业的内部竞争引起银行资本的集中和垄断；另一方面，工业垄断推动了银行业的集中和垄断的形成。在这双重因素的作用下，银行业的集中和垄断迅速发展。

银行业的集中和垄断，使银行的作用发生了新的变化。在自由竞争时期，银行只是一个普通的中介人，它的主要职能是充当公共簿记，为职能资本办理存贷和结算，把社会上闲散的资金集中起来贷给工商企业。在形成银行垄断的条件下，银行垄断组织集中了社会上大量的存款，有足够的资金为工商垄断企业提供长期的巨额贷款。这就使银行与工商垄断企业的关系日益紧密并固定下来，工商企业对银行的依赖日益增强。同时，

大银行为了减少贷款的风险和保证高额利润，也加强了对工商企业经营管理的监控。当银行垄断组织依靠其遍布全国乃至世界的营业网络，通过增加或减少对工商企业的贷款来影响和控制它们的经营活动时，银行就不再只是一个普通的中介人，而是一个能够决定工商企业命运的万能的垄断者。

在工业垄断和银行垄断的基础上，银行垄断资本和工业垄断资本的联系日益加强。银行垄断资本和工业垄断资本的混合或融合生长，就产生了一种新型的垄断资本形式，即金融资本。金融资本是指银行垄断资本和工业垄断资本，通过金融联系、资本和人事参与内在地融合生长而形成的一种新型的垄断资本。金融资本的形成主要有三条路径：第一是信贷关系。垄断的大银行和垄断的大企业之间长期固定的巨额资金借贷。第二是资本纽带。垄断的大银行和垄断的大企业彼此向对方领域投资、参股和控股。第三是人事结合。双方互派人员担任对方的要职。金融资本形成之后，就凌驾于产业资本参与和银行资本之上，它既控制工商企业、又控制银行，在社会经济生活中居于统治地位。金融资本的形成及其垄断是垄断资本主义的主要标志。

2. 金融资本和金融寡头的统治

金融资本形成以后，又产生了金融寡头，金融资本和金融寡头以它巨大的经济实力谋求在经济上的统治。金融寡头是指掌握和控制金融资本，控制国民经济命脉，并在实际上控制着国家政权的少数最大的垄断资本家或垄断资本家集团。

金融资本和金融寡头在经济上的统治方式是"参与制"。"参与制"是指金融资本和金融寡头通过自己控制的股份公司购买许多其他公司的股票，获得控股地位，使被控制的股份公司成为自己的"子公司"，这些"子公司"又通过购买其他公司的股票，取得控股权，使之变成自己的"孙公司"。正是以这种层层控制的办法，使金融资本和金融寡头控制和支配着比自己资本大几十倍甚至上百倍的社会资本，从而实现了他们对整个社会经济的控制和统治。

金融资本和金融寡头在实现对经济领域统治的同时，又把自己的统治扩展到政治和社会领域，这种统治的方式主要是"人事联合"。"人事联合"包括两个方面：一方面，金融寡头花重金收买政府官员和国会议员，让他们出面为垄断资本说话，代表垄断资本的利益；另一方面，金融资本选择自己的代理人，或者亲自出马在政府和议会中担任要职，直接利用国家的权力来为垄断资本服务。无论是哪一方面，其实质都是为了实现金融资本对政治的控制和统治，使资本主义的国家机器成为垄断资本谋取利益的工具。

（二）金融资本的新发展

1. 金融资本的新特征

（1）银行垄断资本的实力进一步增强。
（2）非银行金融机构获得迅速发展。
（3）跨国银行大量出现。

2. 金融资本的新作用

（1）通过发放个人贷款，形成了与个人资金的债权债务关系。
（2）通过金融业务的多样化，使企业加深对银行的依赖。
（3）通过为政府提供各种融资便利，介入国家对经济活动的干预过程。

3. 金融垄断资本与产业垄断资本的关系

（1）家族持股向机构持股演变，使资本本身进一步社会化。
（2）独家优势持股向相互联合持股演变，金融资本集团间相互渗透。
（3）金融资本的社会资本基础扩大，为垄断资本集体所有创造了条件。
（4）产业垄断资本向金融业垄断资本的渗透。
（5）大金融资本之间通过合并，产生了垄断力更大的金融寡头统治。

第二节 巩固练习题

一、名词解释

1. 资本主义垄断　2. 金融资本　3. 资本参与制　4. 垄断价格　5. 垄断利润

二、单项选择题

1. 垄断资本家组建垄断组织的根本目的是（　　）。
    A. 联合起来共同发展
    B. 联合起来销售商品
    C. 消除垄断资本之间的矛盾和竞争
    D. 确保垄断统治和获取高额垄断利润
2. 不同经济部门的若干大企业联合为一个独立的垄断大企业是（　　）。
    A. 卡特尔　　　　　　　B. 辛迪加
    C. 托拉斯　　　　　　　D. 康采恩
3. 垄断资本所有权在经济上实现的基本形式是（　　）。
    A. 剩余价值　　　　　　B. 平均利润
    C. 超额利润　　　　　　D. 垄断利润
4. 金融资本和金融寡头在经济领域的统治主要是通过（　　）实现的。
    A. 暴力掠夺　　　　　　B. 资本参与
    C. 直接投资兴办企业　　D. 自身积累

5. 垄断价格的形成意味着（　　）。
    A. 价格可以完全脱离价值
    B. 价值规律已不再起作用
    C. 其制定并不能超越市场条件的限制
    D. 生产价格规律在资本主义社会已经不起作用
6. 商品的垄断价格高于或低于价值和生产价格意味着（　　）。
    A. 垄断可以产生新的价值
    B. 垄断价格能够完全脱离价值
    C. 社会商品价格总额会大于或小于价值总额
    D. 商品市场价格总量仍是以价值总量为基础来调节的
7. 垄断资本主义经济活动的基本格局是（　　）。
    A. 绝对的垄断　　　　　　B. 垄断消除了竞争
    C. 垄断与竞争并存　　　　D. 激烈的自由竞争
8. 垄断资本主义阶段银行的新作用集中表现在（　　）。
    A. 它吸收大量存款
    B. 它发放大量贷款
    C. 它是信贷关系的中介人
    D. 它是控制工商企业的万能垄断者
9. 在垄断资本主义阶段，成为全部经济活动统治力量的是（　　）。
    A. 工业资本　　　　　　　B. 银行资本
    C. 产业资本　　　　　　　D. 金融资本
10. 金融资本和金融寡头实现其经济上的统治主要是通过（　　）。
    A. 控制经营权　　　　　　B. 个人联合
    C. 参与制　　　　　　　　D. 直接投资
11. 下列关于垄断价格的说法，错误的是（　　）。
    A. 由成本价格加垄断利润构成
    B. 由成本价格加平均利润构成
    C. 由垄断低价和垄断高价组成
    D. 凭借垄断地位规定的商品价格
12. 下列关于垄断利润的说法，错误的是（　　）。
    A. 凭借垄断地位获得的利润　B. 大大超过平均利润的高额利润
    C. 通过垄断价格实现的　　　D. 来源于垄断企业先进的机器设备
13. 自由竞争和生产集中的关系是（　　）。
    A. 自由竞争引起生产集中　　B. 生产集中引起自由竞争
    C. 自由竞争阻碍生产集中　　D. 生产集中消除自由竞争

14. 垄断利润是垄断统治在经济上的（　　）。
    A. 重要条件　　　　　　　　B. 实现形式
    C. 具体体现　　　　　　　　D. 必要前提
15. 垄断利润主要是通过（　　）。
    A. 竞争手段实现的　　　　　B. 宏观调控实现的
    C. 垄断价格实现的　　　　　D. 工业企业实现的
16. 20世纪70年代以来，西方资本主义国家的金融资本急剧膨胀，这一方面促进了资本主义的发展；另一方面造成了经济过度虚拟化，致使金融危机频繁发生。西方资本主义金融资本快速发展壮大的重要制度条件是（　　）。
    A. 金融自由化与金融创新
    B. 技术创新与大力发展互联网金融
    C. 全面私有化与放松金融监管
    D. 去工业化与大力发展现代化服务业

三、多项选择题

1. 从自由竞争资本主义发展到垄断资本主义是（　　）。
    A. 资本主义生产关系的根本性变革
    B. 资本主义生产关系的局部调整和部分质变
    C. 社会化大生产的要求和结果
    D. 不涉及资本主义生产关系的一种变化
    E. 从个体资本占统治地位发展到垄断资本占统治地位
2. 垄断组织的主要形式有（　　）。
    A. 卡特尔　　　　　　　　　B. 辛迪加
    C. 托拉斯　　　　　　　　　D. 康采恩
    E. 混合联合公司
3. 垄断和竞争的关系是（　　）。
    A. 垄断是在竞争的基础上产生的　　B. 垄断的产生消除了竞争
    C. 垄断与竞争共存　　　　　　　　D. 垄断并没有也不可能消除竞争
    E. 垄断使竞争更加剧烈和复杂
4. 垄断时期竞争的特点有（　　）。
    A. 目的是获取高额垄断利润　　　　B. 竞争的手段更加多样化
    C. 竞争更加激烈、更具有持久性　　D. 竞争的范围更加广泛
    E. 竞争采取了更加温和文明的手段
5. 垄断利润是（　　）。
    A. 凭借垄断地位获得的利润　　　　B. 超过平均利润的高额利润
    C. 通过垄断价格实现的　　　　　　D. 来源于垄断企业先进的机器设备

E. 垄断资本所有权在经济上的实现

6. 垄断时期与自由竞争时期竞争的不同点有（　　）。
   A. 竞争的目的不同　　　　　　　B. 竞争的手段更加多样化
   C. 竞争的激烈程度不同　　　　　D. 竞争的范围不同
   E. 竞争的后果不同

7. 垄断资本主义阶段存在的竞争形式有（　　）。
   A. 垄断组织内部的竞争
   B. 垄断企业与非垄断企业之间的竞争
   C. 同一部门内部垄断企业之间的竞争
   D. 不同部门的垄断企业之间的竞争
   E. 非垄断企业之间的自由竞争

8. 垄断形成的原因有（　　）。
   A. 生产高度集中的必然产物
   B. 资本高度集中必然引起垄断
   C. 少数大企业为避免两败俱伤而结盟
   D. 大企业为攫取稳定的高额利润而联合
   E. 规模经济效益促使少数大资本走向垄断

9. 金融资本形成的主要途径有（　　）。
   A. 工业垄断资本购买垄断大银行的股票
   B. 银行垄断资本购买工业垄断企业的股票
   C. 银行垄断资本与工业垄断资本共同创办新企业
   D. 银行垄断资本与工业垄断资本互派人员兼任要职
   E. 工业垄断资本与银行垄断资本融合生长而形成的资本

10. 垄断时期竞争格局的特点有（　　）。
    A. 垄断企业能消除中小企业　　　B. 国内竞争与国际竞争并存
    C. 价格竞争与非价格竞争并存　　D. 垄断竞争与非垄断竞争并存
    E. 垄断企业与非垄断企业的控制与反控制的竞争

11. 在资本主义社会里，银行垄断资本和工业垄断资本密切地融合在一起，产生了一种新型的垄断资本，即金融资本。在金融资本形成的基础上，产生了金融寡头。金融寡头操纵、控制社会的主要方式有（　　）。
    A. 通过"参与制"实现其在经济领域中的统治
    B. 通过同政府的"个人联合"实现其对国家机器的控制
    C. 通过政策咨询机构影响和左右内外政策
    D. 通过新闻媒体实现国民思想意识的统一性

12. "信用制度加速了生产力的物质上的发展和世界市场的形成；使这二者作为新生产形式的物质基础发展到一定的高度，是资本主义生产方式的历史使命。同时信用制度加速了这种矛盾的爆发，即危机，因而加强了旧生产方式解体的各种因素。"马克思的这一论述表明，资本主义信用制度（　　）。
   A. 已成为资本主义经济危机爆发的深层原因
   B. 促进了建立社会主义生产方式的物质基础的形成
   C. 加速了资本主义生产方式内部矛盾发展和解体要素的形成
   D. 推动了商品经济的发展，又加深了商品经济运行中的矛盾

四、判断题

1. 生产集中是生产社会化和客观经济规律作用的必然结果。（　　）
2. 自由竞争引起生产集中，生产集中发展到一定阶段就必然形成垄断。（　　）
3. 大公司的垄断是现代资本主义最基本的经济特征。（　　）
4. 垄断的实质是为了获取高额垄断利润。（　　）
5. 垄断价格通常是一种高价格，垄断价格具有相对稳定性。（　　）
6. 垄断价格是垄断企业凭借垄断地位制定的，因而否定了价值规律。（　　）
7. 高额垄断利润来源于垄断组织最先进的工业设备。（　　）
8. 垄断利润完全来源于垄断企业内部工人所创造的剩余价值。（　　）
9. 垄断是在自由竞争的基础上产生的，但垄断并不会也不能消除竞争。（　　）
10. 垄断削弱了市场竞争，并将逐步消灭市场竞争。（　　）
11. 自由竞争引起垄断，垄断不能消除竞争，垄断与竞争并存。（　　）
12. 金融资本就是银行垄断资本。（　　）
13. 股权结合和人事参与是金融资本形成的主要途径。（　　）
14. 金融资本是银行垄断资本与工业垄断资本融合生长而形成的一种新型资本。（　　）
15. "参与制"是金融资本和金融寡头实现经济上统治的主要途径。（　　）

五、简答题

1. 资本主义垄断是如何形成的？
2. 简述资本主义垄断的基本特征和垄断组织的主要形式。
3. 简述垄断利润及其来源。
4. 简述平均利润与垄断利润的主要区别。
5. 简述垄断与竞争的关系。

第三节 参考答案

一、名词解释

1. 资本主义垄断是指少数资本主义大企业,为了获得高额利润,通过协议或联合,对某一部门或若干部门的生产、销售和价格进行操纵和控制的状况。垄断是在自由竞争的基础上形成的,自由竞争引起生产集中,生产集中发展到一定阶段就自然而然地走向垄断,这是资本主义发展的一般的和基本的规律。

2. 金融资本是指银行垄断资本和工业垄断资本通过金融联系、资本参与和人事参与内在地融合生长而形成的一种新型的垄断资本。金融资本的形成及其垄断是垄断资本主义的重要标志或帝国主义的经济特征之一。

3. 资本参与制是指金融资本和金融寡头通过自己控制的股份公司购买和持有许多其他公司的股票,获得控股地位,使被控制的股份公司成为自己的"子公司",这些"子公司"又通过购买其他公司的股票,取得控股权,使之变成自己的"孙公司"。资本参与制是金融资本和金融寡头实现经济上统治的主要方式或途径。

4. 垄断价格是垄断企业为了获取高额垄断利润凭借垄断地位而规定的价格。垄断价格由商品的成本价格加垄断利润构成。垄断价格有垄断高价和垄断低价两种形式。垄断价格的特征是:垄断价格通常是一种高价格,垄断价格具有相对稳定性。

5. 垄断利润是垄断资本或垄断企业凭借其在商品生产和流通中的垄断地位规定垄断价格而获得的大大超过平均利润的高额利润,是垄断统治在经济上的实现形式。垄断利润的来源是垄断企业内部和外部工人创造的剩余价值等方面。

二、单项选择题

1. D   2. D   3. D   4. B   5. C   6. D   7. C   8. D
9. D   10. C   11. B   12. D   13. A   14. B   15. C   16. A

三、多项选择题

1. BCE   2. ABCDE   3. ACDE   4. ABCD   5. ABCE
6. ABCDE   7. ABCDE   8. ABCDE   9. ABCD   10. BCDE
11. ABCD   12. BCD

四、判断题

1. √   2. √   3. √   4. √   5. √

6. ×　　7. ×　　8. ×　　9. √　　10. ×
11. √　　12. ×　　13. √　　14. √　　15. √

五、简答题

1.（1）资本主义垄断是指少数资本主义大企业，为了获得高额利润，通过协议或联合，对某一部门或若干部门的生产、销售和价格进行操纵和控制的状况。垄断是在自由竞争的基础上形成的。

（2）自由竞争引起生产和资本集中。资本集中是指若干个别资本结合起来形成更大的资本。资本集中是自由竞争的结果，又因为科技进步和信用制度的发展而不断得到强化。第一，同一部门中的不同企业的竞争引起生产和资本的集中。在价值规律作用下，同一部门中的企业必然产生分化，造成了生产和资本不断向优势企业集中。第二，不同部门企业之间的竞争引起与扩大生产和资本的集中。不同产业的企业之间为了争夺有力的投资领域及企业生产经营多元化引起的产业融合，导致巨型企业或企业集团的出现，直接推动了生产和资本的集中。第三，竞争引起的资本集中具有了越来越充分的技术基础。机器大工业体系确立后，生产率大幅提高，社会分工也越来越细，为生产、资本向技术先进企业的集中创造了条件。第四，信用和股份公司是竞争引起的生产集中得以加速的有力杠杆，为生产和资本集中提供了最有效的手段。

（3）生产和资本集中引起垄断。自由竞争引起的生产和资本集中为垄断的产生提供了可能性和必要性。第一，生产集中引起垄断的可能性。在生产集中发展到一定程度时，社会生产已集中于少数大企业，这样，少数大企业就完全有可能联合起来达成协定，控制某个部门的生产、销售和价格，以获取高额利润。第二，生产集中引起了垄断的必要性和必然性。为了避免生产过剩，保持和扩大利润，大企业之间有必要结成垄断组织，瓜分市场份额。少数大企业之间势均力敌，为了避免过度竞争造成两败俱伤的后果，必然寻求某种妥协，达成垄断协定。

因此，自由竞争引起生产集中，生产集中发展到一定阶段就自然而然地走向垄断，这是资本主义发展的一般的和基本的规律。

2.（1）资本主义垄断是指少数资本主义大企业，为了获得高额利润，通过协议或联合，对某一部门或若干部门的生产、销售和价格进行操纵和控制的状况。垄断是在自由竞争的基础上形成的。自由竞争引起生产集中，生产集中发展到一定阶段就自然而然地走向垄断，这是资本主义发展的一般的和基本的规律。

（2）资本主义垄断的基本特征主要有以下三个方面：第一，垄断的实质是为了获取高额垄断利润；第二，垄断是一种经济权力；第三，垄断的基础是大企业的支配地位。

（3）垄断组织的主要形式。有组织的垄断资本联合主要有以下几种形式：第一，卡特尔。卡特尔是生产同类商品的大企业为了获取高额利润，在商品的产量、销售市场和价格等方面签订协定而形成的垄断同盟。这是一种比较简单的垄断组织，卡特尔内部的各企业之间的关系比较松散，参加卡特尔的企业本身在生产上、商业上和法律上仍保持自己的独立性。第二，辛迪加。辛迪加是由生产同类商品的大企业为了共同采购原材料和销售商品通过签订协议而建立起来的垄断组织。辛迪加不仅具有价格和产量的协定，还是建立了统一的供销机构的垄断组织。这种垄断组织比卡特尔具有更大的稳定性。参加辛迪加的企业仍保持其在生产上和法律上的独立性，但丧失了商业上的独立性。第三，托拉斯。托拉斯是许多生产同类商品的或在生产上有密切联系的大企业合并组成的大垄断企业。参加托拉斯的各个企业完全丧失了其商业上、生产上和法律上的独立性，商品销售、原材料采购、生产安排和利润分配等都由托拉斯组织统一进行。第四，康采恩。康采恩是以一两个实力极为雄厚的大工业企业或大银行为核心，把不同部门、不同行业的许多大企业联合起来而组成的垄断大企业或垄断组织。尽管各企业在形式上仍保持独立性，但实质上受占统治地位的大企业或大银行的直接操纵和支配，具有明显的银行资本与工业资本相结合的特点。第五，混合联合公司。混合联合公司是第二次世界大战以后新兴起的垄断组织形式，其生产经营项目已不限于同类或相关产品，而是跨行业跨部门进行混合生产与经营。

3.（1）垄断利润是垄断资本或垄断企业凭借其在商品生产和流通中的垄断地位规定垄断价格而获得的大大超过平均利润的高额利润，是垄断统治在经济上的实现形式。

（2）垄断利润的来源是垄断企业内部和外部工人创造的剩余价值等方面。具体来说，垄断利润的来源主要有以下五个方面：第一，垄断企业内部工人创造的剩余价值；第二，国内劳动群众购买垄断企业产品时支付的垄断高价转化为垄断利润；第三，非垄断企业和其他企业与垄断企业进行交换时，通过垄断价格转化为垄断利润；第四，通过资本主义国家对国民收入的再分配转化为垄断利润，如国家通过对垄断企业的减税、资助、优惠贷款和产品购买等，把社会上以及形成的一部分价值和剩余价值转移到垄断企业中；第五，其他国家劳动者创造的一部分价值和剩余价值。

4. 平均利润是在利润率平均化的条件下，各部门的资本家根据平均利润率和资本数量获得的利润；垄断利润是垄断资本或垄断企业凭借其在商品生产和流通中的垄断地位规定垄断价格而获得的大大超过平均利润的高额利润，是垄断统治在经济上的实现形式。平均利润与垄断利润的区别主要有以下几个方面。

（1）形成过程不同。平均利润是自由竞争时期资本在部门之间自由转移的结果；垄断利润是垄断资本主义阶段垄断资本凭借垄断地位通过规定垄断价格获取的。

（2）数量不同。平均利润是按照资本和平均利润率获得的，计算公式是：平均利润=预付资本数量×平均利润率；垄断利润则大大高于平均利润。

（3）来源不同。平均利润是社会剩余价值总额按照资本数量重新分配的结果，来源于全社会产业雇佣工人所创造的剩余价值。垄断利润的来源较多，主要有以下几个方面：一是垄断企业内部工人创造的剩余价值；二是非垄断企业创造的剩余价值与生产者价值的转移；三是其他国家劳动者创造的一部分价值和剩余价值；四是国民收入再分配的转移。

5.（1）竞争是指商品生产者或其他经济利益主体为了争夺有利的生产、销售等条件，从而获取更多经济利益而进行的角逐。垄断是指少数资本主义大企业，为了获得高额利润，通过协议或联合，对某一部门或若干部门的生产、销售和价格进行操纵和控制的状况。垄断是垄断资本主义最本质的特征，是垄断资本主义的实质。垄断和竞争的关系可以概括为：垄断产生于竞争，但它没有也不能消除竞争而是与竞争并存。

（2）垄断产生于竞争。自由竞争引起生产和资本集中，生产和资本集中发展到一定阶段就形成垄断。当垄断在社会经济生活中占据统治地位时，自由竞争的资本主义就发展为垄断的资本主义。

（3）垄断没有也不能消除竞争而是与竞争并存。垄断是在竞争的基础上作为竞争的对立物而产生的，但垄断并没有也不可能消除竞争，而是凌驾于竞争之上并与之并存。垄断资本主义阶段存在竞争的原因主要有：第一，垄断没有消除以资本主义私有制为基础的商品经济。只要存在商品经济，竞争就必然存在；第二，不存在由一个垄断组织囊括一切部门、一切企业的绝对垄断。社会经济活动中仍然存在大量的非垄断企业，它们之间的竞争是不可避免的。

第九章 国家垄断资本主义

第一节 重要知识点

第二次世界大战后，国家垄断资本主义迅速发展，把现代资本主义的发展推向一个新阶段。

一、国家垄断资本主义发展的原因、基本特征、实质和作用

（一）国家垄断资本主义发展的原因

国家垄断资本主义就是资产阶级国家政权与私人垄断资本相结合的垄断资本主义，其基本特征是：国家权力与私人垄断资本的结合，国家直接参与社会经济生活和资本主义再生产过程。国家垄断资本主义的产生、发展，从根本上说，是资本主义基本矛盾运动的必然结果。

1. 现代科技的发展和生产社会化程度的提高，是国家垄断资本主义产生和发展的客观基础

第二次世界大战以后，一系列新兴工业部门的兴起，现代化公共基础设施的建设，重大科学研究和技术的开发，环境保护和生态治理等，都需要巨额投资和从整个社会角度科学规划，只有这样，才能保证社会经济的持续协调发展，显然这些问题的根本解决，是私人垄断资本无能为力的，这在客观上需要国家出面来解决这些问题。因此，国家参与和干预社会经济生活就成为必然。

2. 解决经济发展中的供给和需求的矛盾，确保经济协调发展，是国家垄断资本主义的产生和发展的重要原因

在资本主义经济发展中，供给和需求的矛盾是导致经济危机的重要原因。私人垄断资本主义的发展使生产和资本集中于少数大资本，使资本主义的生产能力急剧扩张，私人垄断资本生产的盲目扩大与社会有支付能力的需求相对缩小的矛盾导致经济危机的频繁爆发，尤其是 1929～1933 年波及全世界的严重的经济危机，使资本主义自由市场经济

神话破灭，人们重新思考政府干预和调节社会经济的重要性。正是在这种情况下，凯恩斯 1936 年发表《就业、利息和货币通论》一书，指出资产阶级国家政府对经济运行的干预（"看得见的手"）越来越有必要。

3. 缓和资本主义社会中的劳资矛盾、阶级矛盾、社会矛盾，是国家垄断资本主义的产生和发展的重要原因

总之，国家垄断资本主义产生和发展的客观基础是社会化大生产的高度发展，目的是保证私人垄断资本经济的顺利运行，维护垄断资本和垄断资产阶级的利益。

（二）国家垄断资本主义的基本特征

随着资本主义由一般垄断（私人资本垄断）阶段进入国家垄断阶段，社会经济生活中也出现了一些新现象，这些现象集中地反映了国家垄断资本主义的发展和在社会经济中的突出地位和作用，从而表现出国家垄断资本主义的基本特征。

（1）在社会经济中形成了庞大的国家垄断资本。
（2）国家对经济活动的调节和干预，成为了当代资本主义经济运行的内在机制。
（3）国家对经济的调节和干预具有全面性、稳定性和经常性。
（4）国家对经济的调节和干预有了明确的理论依据。

这些特征的出现，是资本主义由私人垄断资本主义进入国家垄断资本主义的基本标志。

（三）国家垄断资本主义的实质

国家垄断资本主义是资本关系社会化的最高形式，是资本主义生产方式在它自身范围内的又一次自我调节。具体形式的变化并没有改变资本主义生产关系的本质，也没有改变资本主义国家的资产阶级实质。国家垄断资本主义的实质是资产阶级国家和垄断资本相结合进行剩余价值的生产、实现和分配，以保证垄断资产阶级获得高额垄断利润；同时国家从垄断资产阶级的整体利益出发，采取各种措施调节经济，调节各阶级和阶层的关系以维持资本主义经济的运转和资本主义制度的生存。资产阶级国家作为"总资本家"或"理想资本家"，为私人垄断资本获取高额垄断利润创造有利的外部条件，以满足资产阶级整体利益的需要。在这里，"资产阶级国家"是垄断资本家的总代表，是国有垄断资本的人格化。总之，国家垄断资本主义是为资产阶级的整体利益和长远利益服务，维护和巩固资本主义制度，保证垄断资本实现高额垄断利润。

（四）国家垄断资本主义的作用

国家垄断资本主义的实质决定了它的作用具有积极和消极的两重性。

（1）国家垄断资本主义在整个垄断资本主义经济中起着越来越重要的作用，在一定程度上缓和了资本主义的矛盾，对经济的发展起到了促进作用。主要表现在以下几个方面。

第一，可以运用国家掌握的巨额投资投入社会再生产过程，从而部分地克服了社化大生产与私人垄断资本之间的矛盾。

第二，资本主义国家作为"理想的资本家"凌驾于私人垄断资本之上，可以在一定范围内突破私人垄断资本单纯追求眼前利益的狭隘界限。

第三，通过国家运用各种方式对经济进行干预，在一定程度上适应了社会化大生产的要求，使社会资本再生产在一定时期和一定程度上得以协调实现，从而促进了社会经济发展。

第四，通过各种福利政策、保护和扶持中小企业政策，在一定时期内缓和了劳资矛盾、垄断资本和中小资本的矛盾。

第五，通过国际经济调节，使资本主义各国之间的矛盾得到一定缓和。

（2）国家垄断资本主义不可能从根本上克服生产的无政府状态，对经济发展起到阻碍作用，表现在以下几个方面。

第一，随着国家垄断资本主义的财政支出增大，加重了人们的税负，进一步削弱了人民群众有支付能力的需求。

第二，国家垄断资本主义通过财政、货币等政策来刺激经济发展，必然导致财政赤字和通货膨胀，最终形成经济的"滞胀"局面。

第三，国有垄断企业经营管理不善、效率低下，造成严重亏损，成为国家财政的沉重负担。

第四，国家垄断资本主义不可能消除资本主义固有的各种矛盾，反而加深了资本主义的基本矛盾，最终阻碍社会生产的进一步发展。

二、国家垄断资本主义的基本形式

国家垄断资本主义的具体形式多种多样，分类方法也不一致。根据资产阶级国家和私人垄断资本的不同结合方式分类，国家垄断资本主义的基本形式主要有以下三种。

（一）国有垄断资本

1. 国有垄断资本的概念及形成途径

国有垄断资本即国有企业，也就是资本主义国家直接掌握的垄断资本，它主要通过以下两个途径建立：一是对私人垄断企业实行国有化。即国家用高价收买或其他补偿办法，把一些私人垄断资本创办的企业收归国有。第二次世界大战后初期，英、法、意、奥等国都对电力、煤炭、城市煤气、铁路运输、航空、邮政、电讯等公共生产服务部门及传统产业部门实行国有化改造。到了20世纪70年代末，在采煤、石油、钢铁、汽车、造船、电力、煤气、铁路运输、航空、邮政、电讯11个部门的生产中，国有企业比重达到50%~100%。金融业也是西欧国有化的重点，20世纪70年代初，资本主义国家在金融业资产中的比重，奥地利为82%，意大利为75%，法国为60%，原联邦德国为54%，英国为20%。二是通过国家直接投资建立新企业。即国家利用财政手段投资建立国有制企业，主要分布于一些投资大、资本周转时间长、利润率比较低，但又是社会资本再生产所不可缺少，而私人垄断资本没有能力并且不愿投资的产业部门。

2. 国有垄断资本的性质和特点

资本主义国有企业是国有垄断资本的一种组织形式，国家在形式上以全社会代表的身份占有生产资料，因而国有企业在形式上也取得了公有制的外壳。但这并不是资本主义国有制的真正性质。这是因为，国家所有制的性质取决于国家的性质，现代资产阶级国家是垄断资本的代表，它对生产资料的占有并不改变生产资料的资本主义私有制的性质。资本主义国有制与资本家个人或集团所有制在形式上虽有区别，但性质都是资本主义。由于国家的性质是"总资本家"，因此，从本质上讲，资本主义国有制也就是垄断资本主义所有制，这就是国家垄断资本主义条件下国有制的根本性质。

当然，也必须看到，资本主义国有制与私人垄断资本所有制有不同的特点：第一，国有企业的生产经营活动是由国家直接控制和管理的，企业的盈亏也都由国家负责。第二，国有企业的经营目标是双重的。一方面，国家要从全社会的整体需要来考虑宏观经济目标和社会稳定的问题，以此作为对国有企业经营活动进行干预的依据；另一方面，国有企业作为商品生产者和经营者，又必须考虑自身的经济利益问题，因而又必须按照市场经济的规律追求利润最大化。总之，国有企业一方面作为企业具有私人企业所具有的一般经济性质，同时作为国家所有的经济实体，又具有一般私人企业所没有的社会性质。这两方面的结合，就是资本主义国家国有企业特点的集中体现。

3. 国有垄断资本的作用

资本主义的国有垄断资本在宏观经济中起着重要的作用：第一，国有垄断资本或国有企业是资本主义国家调控经济的物质力量；第二，国有垄断资本的存在有利于产业结构的升级和地区结构的调整；第三，国有垄断资本为国民经济的发展提供了必要的条件。

（二）国私共有垄断资本

国私共有垄断资本是国家与私人垄断资本在企业内部的结合，它主要通过三个途径产生：一是国家购买原有私人垄断企业的部分股票，也就是国有垄断资本以参与制的方式与私人垄断资本合办企业；二是原有国有企业吸收一部分私人垄断资本的股份；三是国家和私人垄断资本共同投资创立新企业。

（三）国家与私人垄断资本在社会范围的结合

国家与私人垄断资本在社会范围的结合也就是在企业外部的结合，即在社会再生产过程中的结合。这种结合主要通过以下方式进行：一是政府向私人垄断企业采购或订货。二是国家通过自己的金融机构向私人垄断企业提供资金。三是国家向私人垄断企业提供各种财政补贴、国家对科技研究进行巨额投资等。这种结合的主体是私人垄断资本，因而它并不改变企业私人垄断的性质。但它却使私人垄断资本不再像一般私人垄断资本主义时期的私人垄断资本家那样单独运行,而是在与国有垄断资本结合中运动,从而受到国有垄断资本的调节。国家与私人垄断资本的结合,贯穿于私人垄断资本运动的全过程,表现在生产、流通和分配的各个方面。

在剩余价值生产方面的结合主要有:一是国家通过各种形式直接向私人垄断组织提供生产所需的固定资本与流动资本;国家以低廉的价格向私人垄断资本出售或出租国有企业或国有资产,为私人垄断资本提供生产资料;国家通过提供优惠贷款帮助垄断组织解决部分资本来源,以保证企业运转需要;通过对私人垄断组织提供补贴,直接给予它们帮助。二是国家投入巨资进行科学研究,为私人垄断企业提高生产的科技水平创造有利条件。三是国家投入巨额资金发展基础工业和基础设施,为私人垄断企业的扩大再生产提供必要的物质条件。

在剩余价值实现方面的结合。在国内,国家作为商品和劳务的采购者,向私人垄断组织大量订货,提供稳定市场;在国际市场上,国家通过国有垄断资本输出为私人垄断资本开辟国际市场,促进其商品输出。

在剩余价值分配中的结合,即在剩余价值的分配中,私人企业通过上缴税收形式把剩余价值或超额利润转移给国家,国家再通过财政分配渠道进行国民收入的再分配,以各种形式保证私人垄断资本的利益,如在国有企业与私人垄断资本的采购与供应关系中,国家通过低价售出、高价购入的办法,把国有企业中工人创造的剩余价值的大部分,甚至国家财产转化为私人垄断资本的利润或形成新的私人垄断资本。

三、国家垄断资本主义对经济的调节

国家对经济活动的全面调节和干预是国家垄断资本主义高度发展的主要标志。国家的调节和干预,一方面是经济发展的需要,另一方面也有其明确的理论指导。国家调节以实现宏观经济的均衡发展为目标,国家调节运用的主要手段有经济手段、法律手段和行政手段。

(一)国家调节经济活动的依据

1. 实践依据

(1)资本主义经济的运行越来越需要国家调节和干预。社会化大生产的发展,需要国家解决的经济问题越来越多,如社会的基础产业、基础设施的建设;现代科学技术的发展,需要由国家投资进行开发和研究的项目越来越多;现代经济发展中需要由国家出面解决的经济问题日益突出,如生态平衡、环境保护和资源的合理开发利用等;经济发展过程中需要由国家来解决的社会问题日益突出,如劳资矛盾、阶级矛盾等。上述这些问题只有依靠国家的职能才能有效地解决。

(2)光靠市场机制来调节经济活动已不能适应经济发展的需要,必须把市场机制与国家调控的机制结合起来，才能使社会经济持续协调发展。

（3）国际经济关系的发展也需要国家调控和干预。

2. 理论依据

在资本主义世界 20 世纪 30 年代大危机以后，西方经济理论中最终确立了国家调节经济的系统理论，即凯恩斯的宏观经济理论。该理论主张国家对经济活动进行调控和干预。

（二）国家调节的对象和目标

1. 国家调节的对象

国家调控机制作用的对象与市场机制作用的对象是不同的。市场机制的作用对象主要是微观经济主体。而国家调控机制作用的对象主要是社会经济总量和经济结构，即社会的总供给与总需求的平衡、社会经济的重大比例关系的协调和经济结构的优化，以及经济发展过程中的一些社会问题，如收入差距问题、生态环境问题、公平与效率问题等。

2. 国家调节的目标

垄断资本主义国家对经济活动调节和干预的目标主要包括以下四个方面。

（1）保持经济稳定增长。保持国民经济有较高的增长率，是垄断资本主义国家追求的主要目标之一。国家要根据经济增长中出现的各种因素和情况，以及对经济增长产生的影响，有针对性地采取逆向调节的措施，在出现导致经济不景气的情况时采取扩张性的政策措施，在经济出现过热的情况时采取紧缩性的政策措施。通过调节来达到经济稳定增长的目标。

（2）保持物价的基本稳定。物价基本稳定是指在一定时期内，物价只以较小的幅度波动。国家要消除过高的通货膨胀率，通过采取各种政策和措施，主要是货币政策来调节经济活动，如控制货币发行量、调整存贷款利率和法定存款准备金率等，把通货膨胀率控制在社会所能承受的范围内。

（3）实现充分就业。充分就业是指在现行的工资水平和工作条件下，所有愿意工作的人都可以找到工作。国家要采取各种政策措施刺激投资、消费与出口增长，以此来扩大就业机会，把失业率控制在合理的范围之内。

（4）保持国际收支平衡。国际收支平衡是指一国在一定时期内与其他国家之间的全部经济往来活动的收支平衡。国家通过调整外贸政策和汇率政策，保持国际收支基本平衡。

（三）国家调节经济活动的主要手段

垄断资本主义国家调节和干预经济活动的主要手段有经济手段、法律手段等，其中最主要的手段是经济手段，具体包括财政、货币、收入和产业四大政策。

1. 财政政策

财政政策是通过财政收入（主要是税收）政策和财政支出（主要是政府对公共工程、对商品和服务的采购以及对社会成员的转移支付等支出）政策，来影响社会消费总量和投资总量，以保证社会经济的稳定增长。包括国家预算、国家税收、国债和财政补贴等。

2. 货币政策

货币政策是指由国家银行即中央银行通过增加或减少货币供给量，扩大或紧缩信贷，以影响利息率，进而通过利息率的升降来增加或减少投资，促进社会经济稳定发展的宏观经济政策。包括货币政策目标和调节手段。手段又包括利率手段、公开市场业务、再贴现率手段和存款准备金率手段等。

3. 收入政策

收入政策是指国家为了调节经济运行，对个人收入的总量和结构进行调节的政策，主要做法是通过确定工资水平来控制通货膨胀，进而抑制失业上升和经济衰退。主要包括国民收入分配总量政策、国民收入分配结构政策和个人收入分配政策。

除了上述这些政策措施之外，垄断资本主义国家还运用制定经济发展计划对社会经济进行中长期的调节。

4. 产业政策

产业政策是指国家通过支持、鼓励哪些产业发展，限制哪些产业发展，以促进经济结构合理化和组织合理化的政策。产业政策是一种调节供给的政策，基本内容包括目标选择和对策实施两大部分。目标选择包括产业结构调整目标、产业组织调整目标、技术发展目标、市场发展目标的确定。产业政策一般包括产业结构政策、产业组织政策、产业技术政策和本国产业与国际产业政策。

第二节　巩固练习题

一、单项选择题

1. 国家垄断资本主义产生和发展的根本原因是（　　）。
   A. 科学技术发展的必然结果　　B. 市场经济迅速发展的客观要求
   C. 实行生产资料的全部国有化　　D. 生产高度社会化和资本主义基本矛盾尖锐化

2. 国家垄断资本主义的产生和发展，是对资本主义生产关系的（　　）。
   A. 彻底变革　　　　　　　　B. 具有社会主义性质的改造
   C. 自我调整　　　　　　　　D. 无任何经济意义的微调
3. 国家垄断资本主义的发展（　　）。
   A. 代表了个别资本家的利益　　B. 符合垄断资本家的整体利益
   C. 改变了经济的资本主义性质　D. 消灭了私人垄断资本主义的基础
4. 国家垄断资本主义的实质是（　　）。
   A. 带有社会主义因素的资本主义
   B. 消除生产无政府状态的资本主义
   C. 现代市场经济条件下的资本主义
   D. 资产阶级国家与私人垄断资本结合的资本主义
5. 垄断资本主义国家调节和干预经济活动的最重要手段是（　　）。
   A. 经济手段　　　　　　　　B. 法律手段
   C. 行政手段　　　　　　　　D. 计划手段
6. 国家垄断资本主义条件下，政府对经济生活进行干预和调节的实质是（　　）。
   A. 维护垄断资产阶级的整体利益和长远利益
   B. 维持资本主义经济稳定增长
   C. 消除或防止经济危机的爆发
   D. 提高资本主义社会的整体福利水平

二、多项选择题

1. 私人垄断资本主义向国家垄断资本主义过渡（　　）。
   A. 改变了生产关系的资本主义性质
   B. 是资本主义生产社会化的客观要求
   C. 是资本主义基本矛盾发展的必然结果
   D. 能够从根本上解决资本主义的基本矛盾
   E. 在一定程度上促进了资本主义生产的发展
2. 国家垄断资本主义的作用表现在（　　）。
   A. 推动了世界贸易的增长　　B. 加快了国际间的技术交流
   C. 改变了社会贫富悬殊的状况　D. 消除了经济危机频繁的出现
   E. 为社会生产力的发展创造了基础性条件
3. 垄断资本主义国家宏观调控的主要手段有（　　）。
   A. 财政政策　　　　　　　　B. 货币政策
   C. 产业政策　　　　　　　　D. 收入政策
   E. 计划手段

4. 垄断资本主义国家宏观调控的目标主要有（　　）。
   A. 保持经济的稳定增长　　　　B. 保持物价的基本稳定
   C. 实现充分就业　　　　　　　D. 实现社会高福利
   E. 保持国际收支平衡
5. 资本主义生产关系在其自身范围内的调整包括（　　）。
   A. 股份公司的出现　　　　　　B. 从自由竞争到垄断
   C. 从私人垄断到国家垄断　　　D. 资本主义向社会主义过渡
   E. 国际垄断资本和国际垄断同盟的发展
6. 为了保持物价总水平的稳定，国家实施宏观调控可以采取的货币政策手段有（　　）。
   A. 调整存贷款基准利率　　　　B. 调整法定存款准备金率
   C. 实施物价补贴　　　　　　　D. 调整再贴现率
7. 第二次世界大战结束以来，随着国家垄断资本主义的形成和发展，资本主义国家对经济的干预明显加强，从而使得资本主义社会的经济调节机制发生了显著变化。与这种变化相适应，经济危机形态也发生了很大变化。其主要表现是（　　）。
   A. 经济危机更多地表现为金融危机的频繁发生
   B. 经济危机通常由国家间的贸易失衡直接引发
   C. 经济危机各阶段的交替过程已不十分明显
   D. 经济危机的破坏作用只限于发达资本主义国家
8. 国家垄断资本主义是国家政权和私人垄断资本融合在一起的垄断资本主义。第二次世界大战结束以来，在国家垄断资本主义获得充分发展的同时，资本主义国家通过宏观调节和微观规制对生产、流通、分配和消费各个环节的干预也更加深入。其中，微观规制的类型主要有（　　）。
   A. 社会经济规制　　　　　　　B. 公共事业规制
   C. 公众生活规制　　　　　　　D. 反托拉斯法

三、判断题

1. 国家垄断资本主义的产生和发展，是资本主义基本矛盾运动的必然结果。（　　）
2. 国家垄断资本主义的基本特征是国家权力与垄断资本的结合。（　　）
3. 国家垄断资本主义的实质是资产阶级国家同垄断资本结合的资本主义。（　　）
4. 垄断对社会有百害而无一利，所以，各国都反对垄断。（　　）
5. 资本主义国家调节和干预经济活动最重要的手段是经济手段。（　　）

四、简答题

1. 简述国家垄断资本主义发展的原因。

2. 简述国家垄断资本主义的基本形式和实质。
3. 简述垄断资本主义国家对经济活动调节和干预的目标。
4. 简述垄断资本主义国家调节和干预经济活动的主要手段。

第三节　参考答案

一、单项选择题

1. D　2. C　3. B　4. D　5. A　6. C

二、多项选择题

1. BCE　2. ABE　3. ABCD　4. ABCE
5. ABCE　6. ABD　7. AC　8. ABD

三、判断题

1. √　2. √　3. √　4. ×　5. √

四、简答题

1. 国家垄断资本主义是指资产阶级国家政权与私人垄断资本相结合的垄断资本主义。实质是垄断资本直接控制和利用国家政权，并通过国家政权干预和调节社会经济生活，以保证垄断资本获得高额垄断利润及社会经济生活的正常运转。国家垄断资本主义的产生和发展，从根本上说，是资本主义基本矛盾运动的必然结果。具体原因主要有以下几个方面。

（1）现代科学技术和社会生产力的发展，生产社会化程度的提高，要求资本主义生产资料占有形式发生变化，这是国家垄断资本主义产生和发展的客观物质基础。

（2）战后经济恢复，要求建立国家垄断资本主义。

（3）为了解决经济发展过程中供给与需求的矛盾，克服经济危机，保证经济的稳定协调发展，需要发展国家垄断资本主义。这是国家垄断资本主义发展的重要原因。

（4）国际市场竞争日益激烈，要求发展国家垄断资本主义。

（5）缓和资本主义社会中劳资矛盾、阶级矛盾、社会矛盾，也要求发展国家垄断资本主义。这是国家垄断资本主义发展的重要因素。

2. 国家垄断资本主义是指资产阶级国家政权与私人垄断资本相结合的垄断资本主义。

（1）国家垄断资本主义的基本形式。国家垄断资本主义的具体形式多种多样，分类方法也不一致。根据资产阶级国家和私人垄断资本的不同结合方式分类，国家垄断资本主义的基本形式主要有以下三种：第一，国有垄断资本。即国家直接掌握的垄断资本，它主要通过两个途径建立：对私人垄断企业实行国有化；国家直接投资建立新企业。第二，国私共有垄断资本。这是国家与私人垄断资本在企业内部的结合，它主要通过三个途径产生：国家购买原有私人垄断企业的部分股票；原有国有企业吸收一部分私人垄断资本的股份；国家和私人垄断资本共同投资创立新企业。第三，国家与私人垄断资本在企业外部结合。即在社会再生产过程中的结合，这种结合主要通过以下方式进行：政府向私人垄断企业采购或订货；国家通过自己的金融机构向私人垄断企业提供资金；国家向私人垄断企业提供各种财政补贴、国家对科技研究进行巨额投资等。

（2）国家垄断资本主义的实质。国家垄断资本主义是资本主义制度下资本关系社会化的最高形式，是资本主义生产关系在它自身范围内的一次自我调节。具体形式的变化并没有改变资本主义生产关系的本质，也没有改变资本主义国家的资产阶级实质。国家垄断资本主义的实质是资产阶级国家和私人垄断资本相结合进行剩余价值的生产、实现和分配，以保证垄断资产阶级获得高额垄断利润；同时，国家从垄断资产阶级的整体利益出发，采取各种措施调节经济，调节各阶级和阶层的关系，以维持资本主义经济的运转和资本主义制度的生存。

3. 垄断资本主义国家对经济活动调节和干预的目标主要包括以下四个方面。

（1）保持经济稳定增长。保持国民经济有较高的增长率，是国家追求的主要目标之一。

（2）保持物价的基本稳定。物价基本稳定是指在一定时期内，物价只以较小的幅度波动。

（3）实现充分就业。充分就业是指在现行的工资水平和工作条件下，所有愿意工作的人都可以找到工作。

（4）保持国际收支平衡。国际收支平衡是指一国在一定时期内与其他国家之间的全部经济往来活动的收支平衡。

4. 政府的宏观经济调节目标一般是通过各种相关联的经济政策体系来实现的。垄断资本主义国家调节和干预经济活动的主要手段有经济手段、法律手段等，其中最主要的手段是经济手段，具体包括财政、货币、收入和产业四大政策。

（1）财政政策。财政政策是通过财政收入（主要是税收）政策和财政支出（主要是政府对公共工程、对商品和服务的采购以及对社会成员的转移支付等支出）政策，来影响社会消费总量和投资总量，以保证社会经济的稳定增长。包括国家预算、国家税收、国债和财政补贴等。

（2）货币政策。货币政策是指由国家银行即中央银行通过增加或减少货币供给量，扩大或紧缩信贷，以影响利息率，进而通过利息率的升降来增加或减少投资，促进社会经济稳定发展的宏观经济政策。包括货币政策目标和调节手段。手段又包括利率手段、公开市场业务、再贴现率手段和存款准备金率手段等。

（3）收入政策。收入政策是指国家通过确定工资水平来控制通货膨胀，进而抑制失业上升和经济衰退的政策。主要包括国民收入分配总量政策、国民收入分配结构政策和个人收入分配政策。

（4）产业政策。产业政策是指国家通过支持、鼓励哪些产业发展，限制哪些产业发展，以促进经济结构合理化和组织合理化的政策。一般包括产业结构政策、产业组织政策、产业技术政策和本国产业与国际产业政策。

第十章　经济全球化与国际经济关系

第一节　重要知识点

一、经济全球化的发展动因、表现和基本特征

经济全球化是指在生产国际化和资本国际化的基础上，以资本、技术等各种生产要素在全球范围内流动和配置，各国经济相互依存、相互渗透，世界经济趋于一体化的过程。经济全球化的主要表现是生产国际化、资本国际化、贸易国际化和企业经营国际化。经济全球化已成为当代世界经济发展的客观趋势和重要特征。

（一）经济全球化的发展动因

经济全球化的发展动因主要有以下四个方面。

1. 新科技革命特别是信息技术的发展，为经济全球化提供了坚实的技术基础，是经济全球化发展的内在动力

（1）新科技革命使国际分工日益向广度和深度发展。国际分工是社会分工超越国与国之间界限而形成的国际专业化分工，它是生产力发展到一定阶段的产物。在国际分工条件下，不同类型国家之间的经济联系日益加强，从而推动了经济全球化的发展。

（2）新科技革命使生产社会化程度日益提高。为经济全球化的发展奠定了最重要的物质基础。

（3）新科技革命为经济全球化发展创造了必要的条件。经济全球化发展的重要条件之一是要有高效率的通讯和运输条件，而新科技革命的发展使这一条件成为可能。

总之，只有从根本上认识新科技革命是经济全球化发展的内在动力，才能深刻理解经济全球化发展的真正原因和客观趋势。

2. 资本国际化的发展有力地推动了经济全球化的进程

生产国际化的发展，必然要求资本的国际化。资本国际化的过程又是与资本输出和资本在各国之间流动紧密联系在一起的。资本输出是指垄断资本或国家为了获得高额利

息或利润，向国外进行投资或贷款。资本输出的主要形式有借贷资本输出和生产资本输出两种。在全球化时代，资本输出成为资本全球化或国际化的重要形式。资本国际化从生产要素配置的角度体现了国与国之间的联系。

3. 跨国公司为经济全球化提供了适宜的企业组织形式

跨国公司又称多国公司，是指以本国总公司为基地，通过对外直接投资，在其他国家和地区建立分支机构从事生产和经营活动的国际性企业。跨国公司是生产国际化、资本国际化和贸易国际化的重要载体。跨国公司是经济全球化中的微观主体，是经济全球化过程中生产和资本运动的主要组织形式，对经济全球化起着主要的推动作用。

4. 市场经济体制成为各国的选择，为经济全球化的发展提供了生存的土壤

经济全球化赖以存在的资源配置机制是市场经济。

（二）经济全球化的表现

经济全球化的表现主要有以下四个方面。

1. 生产全球化或国际化

生产全球化或国际化表现为产品生产的国际分工向纵深发展，一种产品由两个以上国家的企业共同生产。生产国际化是经济全球化的基础。

2. 贸易全球化或国际化

贸易全球化或国际化主要表现为国际贸易迅速扩大，服务贸易发展迅速，参与贸易的国家急剧增加。贸易国际化是经济全球化的先导。

3. 金融全球化或资本国际化

金融全球化或资本国际化表现为国际资本市场发展迅速，金融市场高度一体化。

4. 企业经营全球化

企业经营全球化的重要标志是跨国公司成为世界经济的主体。

（三）经济全球化的基本特征

经济全球化作为经济国际化发展的新阶段，具有与国际化不同的特点。
（1）经济全球化是与信息经济相适应的。
（2）经济全球化是以横向的水平分工为基础的。

（3）经济全球化是以多元的行为主体来构成世界经济和国际关系的。

（4）经济全球化是以全方位、宽领域、多渠道的市场体系来沟通各国之间的经济联系的。

经济全球化的发展是当今世界发展的客观趋势，它所表现出的特征是现实经济生活中各种现象的概括。只有充分了解经济全球化的这些特征和发展趋势，才能更好地把握它并时刻认识它对世界经济发展带来的影响。

二、经济全球化对世界经济的影响

（一）经济全球化对经济发展的双重影响

经济全球化的作用和产生的影响具有双重性。

1. 经济全球化对世界经济的影响

经济全球化为资本主义经济的增长提供了有利的条件，从而进一步推动了资本主义经济的发展。具体表现在以下几个方面。

（1）经济全球化为资源在全球范围内的优化配置提供了新的有利条件。发达资本主义国家凭借其在资本实力和科技上的优势，能够获得比发展中国家更大的利益。

（2）经济全球化使世界市场成为一个不断扩大的统一的整体，各国都面对这个统一的大市场，客观经济规律将在全球范围内发挥作用。

（3）经济全球化加速了世界性产业结构的调整。

（4）经济全球化为解决经济、社会发展的一些共同问题提供了有利条件。

经济全球化在推动生产力和经济发展的同时，也带来了一些问题：第一，经济全球化进一步加剧了世界范围内发展的不平衡；第二，经济全球化加大了世界经济波动的可能性；第三，使资本主义固有的矛盾也全球化了。

2. 经济全球化对发达资本主义国家的作用

发达资本主义国家就是发达国家，目前世界上有30多个发达国家。发达国家的基本特征是：生产力高度发达；经济运行机制比较成熟；国家垄断资本主义高度发达；经济国际化程度较高。发达国家凭借其在资本实力和科技上的优势，能够获得比发展中国家更大的利益。主要表现在以下几个方面。

（1）发达资本主义国家通过制定规则而获得好处。

（2）发达资本主义国家通过贸易获得好处。

（3）发达资本主义国家从国际资本流动中获得好处。

发达资本主义国家通过不对等的国际制度，可以获取更大的收益和承担更少的成本。这反过来又进一步加强发达国家的优势地位和对国际制度的主导权。

3. 经济全球化对发展中国家的影响

发展中国家的基本特征主要是：生产力水平低下；产业结构水平低下；经济依赖性严重。经济全球化对发展中国家而言，是把双刃剑，既为发展中国家带来机遇，又使发展中国家面临挑战。

经济全球化给发展中国家带来的机遇有：第一，改善资金和先进技术不足的局面；第二，推动产业结构的调整和优化；第三，推动对外贸易的扩大；第四，在参与国际合作中维护自己的权益；第五，促进经济和社会发展。

经济全球化给发展中国家带来的挑战有：第一，资本流动的冲击；第二，冲击发展中国家的市场；第三，降低国内政策的有效性。

（二）经济全球化与国际经济的协调机制

经济全球化的发展使各国的相互联系和相互依赖程度也日益提高，在这一背景下，各个国家的经济政策都会对其他国家产生较大的影响，为了避免各国因利益关系引起的各种矛盾和摩擦发展到对抗的程度，客观上需要在各国之间进行协调，建立国际间的协调机制。国际经济协调是指由国家出面对国际经济关系进行联合调节。国际经济协调的方式主要有以下几种形式。

1. 通过国际经济组织进行协调

如联合国的贸易和发展会议、世界贸易组织、国际货币基金组织和世界银行等。它们的主要任务是促进国际货币稳定和国际贸易的发展，为一些国家提供资金，帮助会员国解决因国际收支暂时不平衡引起的外汇困难，以及许多世界范围的国际贸易、国际货币和国际信贷关系。另外，还有一些国际经济组织如二十国集团的职能不只限于调节经济关系的某一方面，而是以全面协调资本主义国际经济关系为目标。

2. 通过政府首脑定期会晤协调各国的经济政策

如"七国首脑会议"即"七国集团"。

3. 通过经济一体化组织来协调

资本主义国家的经济一体化组织是指由国家出面结成的国际经济联合组织，这是国家垄断资本主义向国际领域发展的一种形态。这种组织一般为区域性的集团，如欧洲联盟、非洲联盟、东南亚国家联盟、北美自由贸易区等。经济一体化组织的形式大体有四种：一是自由贸易区，二是关税同盟，三是共同市场，四是经济联盟。

上述各种形式的国际协调，使各国之间在经济上的矛盾和摩擦得到缓和，有利于整个资本主义世界经济体系的稳定和发展。当然，这种协调只能在一定程度上解决问题，各国之间根本利益的冲突仍然存在，因而各国之间的矛盾和摩擦也不可能消除。

三、经济全球化条件下的资本主义经济关系

（一）发达资本主义国家之间的经济关系

1. 发达资本主义国家之间经济关系的新动向

（1）主要发达资本主义国家的经济实力和国际地位发生了很大的变化。目前，美国地位的相对削弱，欧洲和日本地位的相对上升，形成了当今资本主义发达国家三足鼎立的基本格局。

（2）发达资本主义国家争夺市场和投资场所的斗争日趋激烈。

（3）发达资本主义国家之间的经济互补程度较第二次世界大战前明显提高，在发展中的相互渗透和分工合作有所增强。

2. 发达资本主义国家之间的经济摩擦

在经济全球化发展过程中，发达资本主义国家之间的经济争夺和摩擦主要表现在以下三个领域。

（1）国际贸易领域的摩擦。

（2）国际金融领域的摩擦。

（3）国际投资领域的摩擦。

（二）发达资本主义国家与发展中国家的经济关系

发达国家与发展中国家之间的经济关系的基本特征是既相互依赖、又相互斗争。

1. 二元经济结构及发展中国家与发达国家的相互依赖

发达国家对发展中国家的依赖主要表现在：第一，发达国家经济发展所需要的原料、燃料的相当部分依赖于发展中国家；第二，发达国家的一部分商品要销售给发展中国家；第三，对发展中国家的投资是发达国家获得高额利润的一个重要来源；第四，发展中国家是发达国家实现产业梯度转移的场所。

发展中国家同样也存在对发达国家的依赖，集中表现在以下两个方面：第一，发展中国家依赖发达国家的资本；第二，发展中国家依赖发达国家的技术和知识产权。

发达国家与发展中国家的这种相互依赖关系是一种不平等的依赖关系，是建立在不合理的国际分工和不平等的经济地位基础上的。发达国家总是通过发展中国家对他们的依赖，千方百计地控制发展中国家，而发展中国家则尽自己的力量反对发达国家的控制，维护自身的利益。因此，发达国家与发展中国家之间的经济关系集中表现为控制与反控

制的关系。

2. 发达国家对发展中国家的经济掠夺和控制方式

（1）在贸易领域中发达国家对发展中国家的掠夺和控制。主要方式有商品交换的不平等、贸易条件的不平等和技术转让的不平等。

（2）在国际金融领域中发达国家对发展中国家的控制。主要方式是以主要发达国家的货币进行结算和支付。同时，发达国家还利用他们在国际金融组织中的支配地位，制定一系列不利于发展中国家的规定和规则，加强对发展中国家的金融控制。

（3）在经济援助中发达国家对发展中国家的控制。发达国家对发展中国家的经济援助，主要有提供贷款、无偿援助等形式。这种援助一方面要指定被援助国购买其过剩的商品或农产品；另一方面，在援助背后往往带有经济或政治的条件。所以，这种援助实际上是一种特殊的资本输出。与一般资本输出所不同的是，以援助为名义的资本输出是为实现发达国家的全球战略目的服务的，它是发达国家控制发展中国家的一个重要手段。

第二节 巩固练习题

一、名词解释

1. 经济全球化　2. 资本输出　3. 跨国公司　4. 经济一体化　5. 产业资本国际化

二、单项选择题

1. 经济全球化发展的内在动力是（　　）。
   A. 社会分工　　　　　　　　　　B. 国际贸易
   C. 新科技革命　　　　　　　　　D. 生产社会化
2. 为经济全球化奠定了重要物质基础的是（　　）。
   A. 社会分工的高度发展　　　　　B. 国际贸易的迅速发展
   C. 各国选择市场经济体制　　　　D. 生产社会化的高度发展
3. 经济全球化的三个主要表现不包括（　　）。
   A. 生产国际化　　　　　　　　　B. 资本国际化
   C. 分配和消费国际化　　　　　　D. 贸易国际化
4. 经济全球化的先导是（　　）。
   A. 生产国际化　　　　　　　　　B. 资本国际化
   C. 贸易国际化　　　　　　　　　D. 分配国际化

5. 当代生产国际化、资本国际化和贸易国际化的重要载体是（　　）。
　　A. 卡特尔　　　　　　　　　　　B. 辛迪加
　　C. 托拉斯　　　　　　　　　　　D. 跨国公司
6. 不属于跨国公司的一般特点的是（　　）。
　　A. 以全球性的战略安排确定经营目标　　B. 经营方式趋于多样化
　　C. 所有制形式趋于多元化　　　　　　　D. 所有制形式和经营方式单一化
7. 不属于经济全球化的基本特征的是（　　）。
　　A. 与信息经济相适应
　　B. 以纵向的垂直型分工为基础
　　C. 以多元的行为主体构成世界经济和国际关系
　　D. 以全方位、宽领域、多渠道的市场体系沟通各国之间的经济联系
8. 经济全球化是在（　　）主导下的全球化。
　　A. 发展中的资本主义国家　　　　B. 发达资本主义国家
　　C. 少数几个大国　　　　　　　　D. 资本主义国家和社会主义国家
9. 制定世界经济运行制度和规则并监督其执行的国际经济组织不包括（　　）。
　　A. 世界贸易组织（WTO）　　　　B. 国际货币基金组织（TMF）
　　C. 世界银行（WB）　　　　　　　D. 亚太经合组织（APEC）
10. 发达国家经济的基本特点不包括（　　）。
　　A. 生产力水平高度发达　　　　　B. 经济运行机制比较成熟
　　C. 经济国际化程度较高　　　　　D. 经济发展很平衡
11. 发达国家之间经济摩擦和争夺的主要领域不包括（　　）。
　　A. 国际贸易领域　　　　　　　　B. 国际金融领域
　　C. 国际投资领域　　　　　　　　D. 国际分配领域
12. 发展中国家经济的基本特征不包括（　　）。
　　A. 生产力水平低下　　　　　　　B. 经济运行机制成熟
　　C. 产业结构水平低下　　　　　　D. 经济依赖性严重
13. 发达国家与发展中国家之间经济关系的基本特征是（　　）。
　　A. 既互不依赖又互不斗争　　　　B. 只相互依赖不相互斗争
　　C. 只相互斗争不相互依赖　　　　D. 既相互依赖又相互斗争
14. 发达国家与发展中国家在经济全球化过程中（　　）。
　　A. 处于完全平等的地位
　　B. 处于完全对立的地位
　　C. 发展中国家比发达国家享有更多权利
　　D. 发达国家在制定和履行制度和规则上占主导地位
15. 发达国家与发展中国家的经济关系集中表现为（　　）。
　　A. 平等互利的关系　　　　　　　B. 竞争与合作的关系
　　C. 合作共赢关系　　　　　　　　D. 控制与反控制的关系

三、多项选择题

1. 经济全球化的主要内容或表现有（　　）。
   A. 生产全球化　　　　　　　B. 贸易全球化
   C. 资本全球化　　　　　　　D. 收入分配全球化
   E. 消费全球化

2. 制定世界经济运行制度和规则并监督其执行的国际经济组织有（　　）。
   A. 世界贸易组织（WTO）　　B. 国际货币基金组织（TMF）
   C. 世界银行（WB）　　　　　D. 亚太经合组织（APEC）
   E. 二十国集团（20G）

3. 区域经济一体化组织的形式主要有（　　）。
   A. 经济联盟　　　　　　　　B. 关税同盟
   C. 货币同盟　　　　　　　　D. 共同市场
   E. 自由贸易区

4. 发达国家经济的基本特点包括（　　）。
   A. 生产力水平高度发达　　　B. 经济运行机制比较成熟
   C. 经济国际化程度较高　　　D. 经济发展很平衡
   E. 国家垄断资本主义高度发达

5. 发达国家之间的经济争夺和摩擦主要表现在（　　）。
   A. 国际贸易领域　　　　　　B. 国际金融领域
   C. 国际投资领域　　　　　　D. 国际分配领域
   E. 国际消费领域

6. 20 世纪 80 年代以来，随着冷战的结束，分割的世界经济体系也随之被打破，技术、资本、商品等真正实现了全球范围的流动，各国之间的经济联系日益密切，相互合作、相互依存大大加强，世界进入经济全球化迅猛发展的新时代。促使经济全球化迅猛发展的因素有（　　）。
   A. 科学技术的进步和生产力的快速发展
   B. 出现了适宜于全球化的企业组织形式
   C. 企业不断进行的技术创新与管理创新
   D. 各国经济体制变革供给的有利制度条件

四、判断题

1. 经济全球化是经济国际化的高级阶段。（　　）
2. 经济全球化建立在一定的国际分工基础之上。（　　）
3. 发达国家和发展中国家在经济全球化过程中处于完全平等的地位。（　　）
4. 跨国公司是当代生产国际化、资本国际化和贸易国际化的重要载体。（　　）

5. 区域经济一体化组织的形式主要有自由贸易区、关税同盟和经济联盟等。（   ）

五、简答题

1. 简述经济全球化发展的动因与表现。
2. 简述经济全球化对不同国家的影响。
3. 简述经济全球化对中国的影响。

第三节　参考答案

一、名词解释

1. 经济全球化是指在生产国际化和资本国际化的基础上，以资本、技术等各种生产要素在全球范围内流动和配置，各国经济相互依存、相互渗透，世界经济趋于一体化的过程。经济全球化的主要表现是生产国际化、资本国际化和贸易国际化。经济全球化已成为当代世界经济发展的客观趋势和重要特征。

2. 资本输出是指垄断资本或国家为了获得高额利息或利润，向国外进行投资或贷款。资本输出的主要形式有借贷资本输出和生产资本输出两种。在全球化时代，资本输出成为资本全球化或国际化的重要形式。

3. 跨国公司又称多国公司，是指以本国总公司为基地，通过对外直接投资，在其他国家和地区建立分支机构从事生产和经营活动的国际性企业。跨国公司是生产国际化和资本国际化的重要载体。

4. 经济一体化是指两个或两个以上的国家在现有生产力发展水平和国际分工的基础上，由政府间通过协商缔结条约建立的经济联盟。在这个多国联盟的区域内，商品、劳务和资本能够自由流动，不存在任何贸易壁垒，并拥有一个统一的机构，来监督条约的执行和实施共同的政策及措施。根据各参加国的具体情况和条件以及它们的目标要求，经济一体化有自由贸易区、关税同盟、共同市场和经济联盟四种形式。

5. 产业资本国际化是指产业资本跨出国家的界限，在国际范围内不断运动的过程。是生产和资本国际化的表现和特点之一。产业资本国际化的表现是私人或国家垄断资本不断扩大，向国外投资，兴办生产性企业。产业资本国际化是资本国际化的主要形式，它带动并促进了借贷资本和商业资本的国际化，使资本国际运动发展到空前的高度。产业资本国际化是通过对外直接投资进行的，跨国公司是它的载体。

二、单项选择题

1. C   2. D   3. C   4. C   5. D   6. D   7. B   8. B

9. D 10. D 11. D 12. B 13. D 14. D 15. D

三、多项选择题

1. ABC 2. ABC 3. ABCDE 4. ABCE 5. ABC 6. ABD

四、判断题

1. √ 2. √ 3. × 4. √ 5. √

五、简答题

1. 经济全球化是指在生产国际化和资本国际化的基础上，以资本、技术等各种生产要素在全球范围内流动和配置，各国经济相互依存、相互渗透，世界经济趋于一体化的过程。经济全球化的主要表现是生产国际化、资本国际化和贸易国际化。经济全球化已成为当代世界经济发展的客观趋势和重要特征。

（1）经济全球化的发展动因。经济全球化的发展动因主要有以下三个方面：第一，新科技革命特别是信息技术的发展，为经济全球化提供了坚实的技术基础，是经济全球化发展的内在动力。因为，新科技革命使国际分工日益向广度和深度发展；使生产社会化程度日益提高；为经济全球化发展创造了必要的条件。第二，资本国际化的发展。资本国际化的发展有力地推动了经济全球化的进程。第三，跨国公司的发展。跨国公司为经济全球化提供了适宜的企业组织形式。第四，市场经济体制。市场经济体制成为各国的选择，为经济全球化的发展提供了生存的土壤。

（2）经济全球化的表现。经济全球化的表现主要有四个方面：第一，生产全球化或国际化。表现为产品生产的国际分工向纵深发展，一种产品由两个以上国家的企业共同生产。生产国际化是经济全球化的基础。第二，贸易全球化或国际化。主要表现为国际贸易迅速扩大，服务贸易发展迅速，参与贸易的国家急剧增加。贸易国际化是经济全球化的先导。第三，金融全球化或资本国际化。表现为国际资本市场发展迅速，金融市场高度一体化。第四，企业经营全球化。重要标志是跨国公司成为世界经济的主体。

2. 经济全球化是指在生产国际化和资本国际化的基础上，以资本、技术等各种生产要素在全球范围内流动和配置，各国经济相互依存、相互渗透，世界经济趋于一体化的过程。经济全球化的主要表现是生产国际化、资本国际化和贸易国际化。经济全球化已成为当代世界经济发展的客观趋势和重要特征。经济全球化对不同国家的影响不尽相同。

（1）经济全球化对发达国家的影响。发达国家即发达资本主义国家，从经济全球化中获得了大量的利益，主要表现在以下方面：第一，发达资本主义国家通过制定规则而获得好处；第二，发达资本主义国家通过贸易获得好处；第三，发达资本主义国家从国际资本流动中获得好处。

由上可见，发达资本主义国家通过不对等的国际制度，可以获取更大的收益和承担更少的成本。这反过来又进一步加强发达国家的优势地位和对国际制度的主导权。

（2）经济全球化对发展中国家的影响。经济全球化对发展中国家而言，是把双刃剑，既为发展中国家带来机遇，又使发展中国家面临挑战。

经济全球化给发展中国家带来的机遇有：第一，改善资金和先进技术不足的局面；第二，推动产业结构的调整和优化；第三，推动对外贸易的扩大；第四，在参与国际合作中维护自己的权益；第五，促进经济和社会发展。

经济全球化给发展中国家带来的挑战有：第一，资本流动的冲击；第二，冲击发展中国家的市场；第三，降低国内政策的有效性。

3. 经济全球化是指在生产国际化和资本国际化的基础上，以资本、技术等各种生产要素在全球范围内流动和配置，各国经济相互依存、相互渗透，世界经济趋于一体化的过程。经济全球化的主要表现是生产国际化、资本国际化和贸易国际化。经济全球化已成为当代世界经济发展的客观趋势和重要特征。经济全球化对中国的影响包括机遇和挑战两个方面。

（1）经济全球化给中国带来了发展的机遇。主要表现在以下几个方面：第一，有利于中国改善资金和先进技术不足的局面。在经济全球化过程中，发达国家对外转移过剩资本和低附加值的劳动密集型企业，中国可以利用这一机遇吸引国外资本、技术。第二，有利于中国产业结构的调整和优化。发达国家的产业结构处在向高附加值的知识密集型产业升级过程中，将传统产业或劳动密集型产业逐步向要素成本低廉的发展中国家转移。中国人力资源充足，劳动力成本较低，成为传统产业转移的理想场所。全球性产业转移为中国实现产业结构调整，加速实现工业化提供了良好的机遇。第三，有利于推动中国对外贸易的扩大。第四，有利于中国在参与国际合作中维护自己的权益。中国参与全球经济合作，如提出"一带一路"倡议，为中国自身在国际经济中争得了一席之地，在一定程度上维护了自身的权益和利益。第五，有利于促进中国经济社会的发展。

（2）经济全球化也给中国带来了挑战。主要有：第一，对中国资本流动的冲击。在经济全球化的背景下，国内资金流出的可能性加大。第二，对国内市场的冲击。使中国的民族经济面临越来越大的压力和挑战。第三，降低中国国内政策的有效性。

第十一章 资本主义生产方式的发展趋势

第一节 重要知识点

资本主义生产方式的产生和发展有其历史进步性，但在资本主义生产方式下发展起来的社会生产力与这一生产方式本身的矛盾，构成了资本主义社会形态的基本矛盾。这一基本矛盾的发展又使资本主义生产方式表现出明显的历史局限性。资本主义生产关系的性质和基本矛盾，决定了资本主义生产方式的历史过渡性。社会主义取代资本主义是人类社会发展的客观规律，但这又是一个长期的、复杂的历史过程。

一、资本主义生产方式的历史进步性

资本主义生产方式的历史进步性主要表现在以下三个方面。

（一）资本主义生产方式在一定程度上促进了社会生产力的发展

首先，在资本主义生产方式中，资本与雇佣劳动之间不存在人身依附关系，雇佣工人是自由的劳动者。资本与劳动是按照形式上平等的等价交换原则发生经济关系的。这种经济关系，解除了劳动者的人身依附束缚，使劳动者在获取人身自由的基础上掌握了一定的经济权利，从而在一定程度上解放了劳动者身上固有的生产积极性。这是资本主义生产方式之所以能够推动生产力发展的一个重要积极条件。其次，资本主义的生产目的是为了获取更多的剩余价值，实现这一目的的手段主要是采用提高劳动生产率的办法。最后，资本主义社会中各种经济规律如价值规律等的客观作用，有力地促进了社会生产力的发展。

（二）资本主义生产方式具有一定的自我调整能力

资本主义生产方式在推动社会生产力发展的过程中，同时也把生产社会化推向新的高度。在不改变资本主义生产方式基本性质的前提下，根据社会化大生产的发展要求，对生产关系不断进行调整，以适应日益社会化的生产力发展要求。在资本主义生产方式发展的历史进程中，资本主义生产关系在其自身范围内进行了四次自我调整。

第一次调整是在自由竞争时期，建立起了股份制企业制度。随着第一次产业革命发

展起来的社会生产力与单个资本家私有制形式产生了尖锐的矛盾。这一矛盾的发展促使了股份制企业制度的出现。以股份制的形式出现的企业制度，把分散的单个资本通过股份的形式组成一个大的股份资本，提高了资本社会化的程度，在一定程度上适应了生产社会化发展的要求，从而促进了社会生产力的发展。

第二次调整是由自由竞争资本主义向私人垄断资本主义转变。第二次产业革命推动了生产力和生产社会化的进一步发展，这一发展迫使资本以联合或兼并的方式实现生产集中，进而形成垄断资本。在此基础上又产生了金融资本，完成了资本主义从自由竞争阶段到垄断阶段的转变。垄断资本主义虽然并没有改变资本主义生产关系的性质，但它在更高的程度上和更大的范围内实现了资本社会化，从而也在更大的程度上使资本主义的生产关系适应了社会化生产力的发展。

第三次调整是从私人垄断资本主义向国家垄断资本主义转变。20世纪30年代发生的大危机暴露出来的资本主义生产力与生产关系的矛盾，迫使资本主义再次对其生产关系进行调整，结果是使国家垄断资本主义获得了迅速发展。这是迄今为止资本主义生产关系所进行的最为深刻的一次调整。第二次世界大战结束以后，随着新科技革命的发展，生产高度社会化与资本主义私人占有制之间的矛盾进一步尖锐化，生产资料私人垄断资本占有的形式已无法适应这种变化，由资本主义国家出面来直接承担对经济进行调节和干预的责任成为必然的趋势。国家垄断资本主义的发展虽然也没有改变资本主义生产关系的性质，但国家垄断资本以其高度的社会化形式，使私人垄断资本主义的生产关系在其自身范围内又发生了部分质变。国家垄断资本主义对生产关系的这一调整，又在一定程度上缓和了资本主义基本矛盾，使资本主义生产力和经济发展进一步拓展了空间。

第四次调整是从私人和国家垄断资本主义向国际垄断资本主义转变。20世纪末期，随着经济全球化的不断发展，发达资本主义国家大力支持发展大型跨国公司，掀起了数次较大的跨国并购浪潮，从而加速了私人和国家垄断资本主义向国际垄断资本主义的转变。这在一定程度上推动了国际经济关系去适应当代科技和生产力的发展。

资本主义生产关系的自我调整在一定程度上促进了社会生产力的发展。但这种调整并没有也不能改变资本主义生产方式的性质，并不能从根本上解决资本主义的基本矛盾。因此，也就不可能改变由资本主义基本矛盾所带来的资本主义生产方式的历史命运。

（三）资本主义在一定程度上形成了有利于资源优化配置的运行机制

建立在商品经济高度发达基础上的资本主义生产方式，在其长期发展过程中，建立和形成了相对完善的市场运行机制，积累了发展市场经济的丰富经验。

从微观经济运行来看，资本主义形成了有利于资源优化配置的市场机制。在资本主义以前的简单商品经济阶段，虽然有固定的商品交换场所，但交换的基本上只是物质商品。到了资本主义阶段，劳动力、资本和其他生产要素都具备了商品的基本属性，都被纳入了市场配置的范围，形成了资本主义市场经济的体制。主要表现为，一切生产要素都是通过市场供给和需求的变化来决定它们的价格变动，由价格的变动引起利益关系的变化，进而引导生产要素在各个生产部门之间流动，最终达到社会有限的资源在各个生产部门之间的优化配置。市场经济还通过供求、价格、竞争等机制刺激生产者不断地改进生产技术和提高经营管理水平，提高劳动生产率。

从宏观层次上看，资本主义建立了比较完善的宏观调控机制。在资本主义市场经济发展过程中，其固有的自发性、盲目性的缺陷也逐渐显露出来。这就迫使资本主义国家对市场经济活动进行调节和干预，以纠正市场调节所带来的各种问题，从而形成了现代资本主义市场经济中的宏观调控机制。资本主义国家运用财政政策、货币金融政策、产业政策和收入分配政策等，借助各种经济手段和经济杠杆，针对社会经济运行中出现的总需求和总供给的矛盾、产业结构的矛盾、国内市场和国际市场的矛盾，以及通货膨胀问题、失业问题、经济增长问题、国际收支平衡问题和各种社会经济问题，进行调节和干预，避免矛盾和问题的进一步扩大，从而达到保证社会经济正常运行的目的。

资本主义发展的历史表明，在其经济发展过程中形成和逐步完善的市场机制和宏观经济调控机制，对于实现资源优化配置和保证经济协调运行起着基本的保证作用，对于社会生产力的发展起着较大的促进作用。从经济学的角度看，资本主义生产方式具有一定的和相对的历史进步性。

生产社会化与生产资料的资本主义私人占有制之间的矛盾，决定了资本主义生产方式的历史局限性。这一历史局限性是指资本主义生产关系在根本上阻碍了社会生产力的发展。这种阻碍作用是通过一系列复杂的社会经济现象表现出来的。

二、资本主义生产方式的历史局限性

资本主义生产方式的历史局限性具体表现在以下两个方面。

（一）资本主义基本矛盾不断发展和尖锐化

资本主义的基本矛盾是生产社会化与生产资料的资本主义私人占有之间的矛盾。这一矛盾是生产力与生产关系的矛盾在资本主义生产方式中的具体表现，它是随着资本主义的发展而不断发展的。资本主义生产方式对社会生产力的发展虽然具有促进作用，如提高了企业和社会范围内的生产社会化程度，提高了世界范围内的生产国际化程度。但是，资本主义的经济矛盾也有了新的发展，如科学技术和生产力的迅速发展与经济体制的矛盾、生产发展与分配不公的矛盾、经济发展与生态环境的矛盾等。

（二）资本主义生产关系在根本上阻碍了生产力发展

资本主义基本矛盾的性质说明，资本主义生产关系在根本上是不适合社会化生产力性质的，资本主义生产关系与生产力存在对立的一面。对二者对立面的认识，应把握以下两点。

（1）资本主义生产关系与生产力在根本上具有的对立性质，并不是说生产力就不能发展了。生产力是最活跃的因素，它自身有发展的要求，而且总是向前发展的。资本主义生产关系虽然在根本上不符合社会化大生产的发展要求，但它仍然具有适合生产力发展的方面，它仍然具有根据生产力发展要求进行自我调整的余地，它所能容纳的生产力并没有发展到尽头。因此，在当今资本主义生产方式下，生产力的发展仍然表现出较强的势头。

（2）资本主义生产关系与生产力在根本上具有的对立性质，又阻碍了生产力的发展。这种阻碍表现为生产力在自身发展过程中不可避免地会受到资本主义生产关系的制约和限制，以至于只能通过强制的方式、破坏的方式来实现生产力的发展。并且，生产力的进一步发展，又直接表现出对现有生产关系性质的否定和建立新的生产关系的要求。

资本主义生产关系的性质决定了它的历史过渡性质。资本主义向社会主义的过渡主要是用公有制取代私有制。社会主义取代资本主义既是社会发展的客观规律，同时又是一个长期的历史过程。

三、资本主义生产方式的历史过渡性

（一）社会主义取代资本主义的客观必然性

资本主义生产方式的历史进步意义在于它为更高级的生产方式——社会主义生产方式的产生准备了客观物质条件。这些条件包括以下几点。

（1）社会化的生产力。在资本主义的发展过程中，生产力和生产社会化水平的提高是这一生产方式历史进步性的最重要的内容。真正高度社会化的生产力为过渡到社会主义公有制的经济关系准备了最重要的物质条件。

（2）社会化的生产关系。生产力的社会化使经济关系也走向了全面的社会化。这主要表现为资本的社会化、经济活动的社会化。社会化生产关系的不断发展和扩大，也在客观上为社会主义经济关系的建立创造了条件。

（3）社会化的管理机构。管理和管理机构的社会化发展是向社会主义过渡的又一重要条件。

总之，社会化的生产力、社会化的经济关系和社会化的管理，是向社会主义过渡的最重要的经济条件。资本主义生产方式的发展，使这三个方面的社会化程度不断提高。

（二）社会主义取代资本主义的长期性和复杂性

资本主义必然被社会主义取代是资本主义生产关系和生产力矛盾运动的必然结果，是不以人们的意志为转移的客观规律。但是，这决不意味着资本主义马上就要退出历史舞台。就世界范围而言，社会主义取代资本主义将是一个相当长的、复杂的历史过程。这是因为以下几点。

（1）资本主义基本矛盾运动的复杂性和曲折性决定了社会主义取代资本主义的长期性。资本主义基本矛盾运动呈现时而缓和、时而激化的态势，决定了资本主义的发展也呈现复杂性和曲折性。因此，社会主义取代资本主义也将是一个长期的历史过程。

（2）资本主义生产关系具有一定的自我调整能力，决定了社会主义取代资本主义的

长期性和复杂性。

（3）资本主义是一个世界体系，作为一个体系向社会主义的过渡是一个长期的、复杂的过程。

（4）社会主义要赢得与资本主义相比较的优势，也需要一个相当长的历史过程。

总之，在人类社会发展的过程中，不同社会制度的更替，都需要经历一个长期的历史时期，都需要经过复杂、曲折的过程。同样，全球社会主义取代资本主义也将经历一个很长的历史过程。

第二节 巩固练习题

一、单项选择题

1. 资本主义生产方式的特征不包括（　　）。
    A. 历史退步性　　　　　　　　　B. 历史进步性
    C. 历史局限性　　　　　　　　　D. 历史过渡性
2. 资本主义生产方式的历史进步性不包括（　　）。
    A. 在一定程度上促进了社会生产力的发展
    B. 具有一定的自我调整能力
    C. 在一定程度上形成了有利于资源优化配置的运行机制
    D. 在很大程度上形成了有利于国民收入合理分配的机制
3. 资本主义生产关系在其自身范围内进行的第一次大的自我调整是（　　）。
    A. 由自由竞争的资本主义向垄断资本主义转变
    B. 由私人垄断资本主义向国家垄断资本主义转变
    C. 由私人和国家垄断资本主义向国际垄断资本主义转变
    D. 在自由竞争资本主义时期建立了股份制企业制度
4. 资本主义生产关系在其自身范围内进行的第四次大的自我调整是（　　）。
    A. 由自由竞争的资本主义向垄断资本主义转变
    B. 由私人垄断资本主义向国家垄断资本主义转变
    C. 由私人和国家垄断资本主义向国际垄断资本主义转变
    D. 在自由竞争资本主义时期建立了股份制企业制度
5. 资本主义的发展和演变，为资本主义向社会主义过渡创造了所需要的条件，这些条件不包括（　　）。
    A. 社会化的生产力　　　　　　　B. 社会化的经济关系
    C. 社会化的管理机构　　　　　　D. 社会化的收入分配方式
6. 与第二次世界大战前的资本主义相比，当代资本主义在许多方面已经并正在发生着深刻的变化。正确分析这些新变化发生的原因，有利于我们科学而全面地认识当代资本主义社会。导致当代资本主义新变化发生的根本推动力量是（　　）。
　　A. 改良主义政党对资本主义制度的改革
　　B. 工人阶级争取自身权利的斗争
　　C. 科学技术革命和生产力的发展
　　D. 社会主义制度的优越性对资本主义的影响

二、多项选择题

1. 资本主义生产方式的历史进步性表现在（　　）。
　　A. 在一定程度上促进了社会生产力的发展
　　B. 具有一定的自我调整能力
　　C. 在一定程度上形成了有利于资源优化配置的运行机制
　　D. 在很大程度上形成了有利于国民收入合理分配的机制
　　E. 从根本上消除了生产的社会化同生产资料私人占有之间的矛盾
2. 下列对资本主义生产方式或资本主义制度的认识中，正确的有（　　）。
　　A. 不能对资本主义采取一概否定的态度
　　B. 应该对资本主义加以全盘否定
　　C. 应该否定资本主义的剥削和压迫的经济制度
　　D. 应该认识到社会主义代替资本主义的历史必然性
　　E. 要借鉴资本主义社会中反映人类文明进步的方面
3. 社会主义制度与资本主义制度（　　）。
　　A. 具有统一性
　　B. 具有对立性
　　C. 具有转化性
　　D. 是本质不同的两种社会制度
　　E. 是存在一些共同利益的两种社会制度
4. 资本主义的发展为向社会主义过渡准备了物质基础和经济条件，包括（　　）。
　　A. 社会化的生产力　　　　B. 资本的社会化
　　C. 经济活动的社会化　　　D. 社会化的管理机构
　　E. 政治的社会化
5. 资本主义向社会主义过渡的历史必然性是（　　）。
　　A. 资本有机构成提高的客观要求
　　B. 由资本主义的基本矛盾决定的
　　C. 由资本主义的历史局限性决定的
　　D. 资本主义积累过程所具有的客观历史趋势
　　E. 生产关系一定要适合生产力状况规律的客观要求
6. 有一则寓言讲道：狐狸把鱼汤盛在平底的盘子里，请仙鹤来和它一起"平等"地喝鱼汤,结果仙鹤一点也没喝到,全被狐狸喝去了。这个寓言给人们的启示是,尽管资产阶级宣布"法律面前人人平等",但是（   ）。
  A. 法律名义上的平等掩盖着事实上的不平等
  B. 这种形式上的平等即是资本主义的本质
  C. 它的实质是将劳资之间经济利益的不平等合法化
  D. 这种平等的权利是建立在财产不平等基础之上的权利

  7. 与第二次世界大战之前的资本主义相比,当代资本主义生产关系中的社会阶层、阶级结构发生了许多新的变化,主要表现在（   ）。
  A. 知识型和服务型劳动者数量随科技革命不断深入而持续地增加
  B. 资本家由从前的直接生产经营者变成了以利息为生的食利者
  C. 职工持股和参与决策使得劳动者成为资本家集团的重要力量
  D. 高级职工经理成为资本主义社会的大公司经营活动的实际控制者

三、判断题

1. 资本主义生产方式具有历史进步性、历史局限性和历史过渡性。（   ）
2. 资本主义生产方式对社会生产力的发展只有促进作用,没有阻碍作用。（   ）
3. 资本主义生产方式具有一定的自我调整能力。（   ）
4. 资本主义的发展为向社会主义过渡创造了所需要的多种条件。（   ）
5. 社会主义取代资本主义是一个长期的、复杂的历史过程。（   ）

四、简答题

1. 简述资本主义生产方式的历史进步性。
2. 为什么说资本主义基本矛盾必然导致资本主义向社会主义过渡?

第三节　参考答案

一、单项选择题

1. A　2. D　3. D　4. C　5. D　6. C

二、多项选择题

1. ABC　2. ACDE　3. ABCDE　4. ABCD　5. BCDE
6. ACD　7. ABD

三、判断题

1. √   2. ×   3. √   4. √   5. √

四、简答题

1. 资本主义生产方式的历史进步性主要表现在以下三个方面。

（1）在一定程度上促进了社会生产力的发展。首先，在资本主义生产方式中，资本与雇佣劳动之间不存在人身依附关系，雇佣工人是自由的劳动者。资本与劳动是按照形式上平等的等价交换原则发生经济关系的。这种经济关系，解除了劳动者的人身依附束缚，使劳动者在获取人身自由的基础上掌握了一定的经济权利，从而在一定程度上解放了劳动者身上固有的生产积极性。这是资本主义生产方式之所以能够推动生产力发展的一个重要积极条件。其次，资本主义的生产目的是为了获取更多的剩余价值，实现这一目的的手段主要是采用提高劳动生产率的办法。最后，资本主义社会中各种经济规律如价值规律等的客观作用，有力地促进了社会生产力的发展。

（2）具有一定的自我调整能力。资本主义生产方式在推动社会生产力发展的过程中，同时也把生产社会化推向新的高度。在不改变资本主义生产方式基本性质的前提下，根据社会化大生产的发展要求，对生产关系不断进行调整，以适应日益社会化的生产力发展要求。在资本主义生产方式发展的历史进程中，资本主义生产关系在其自身范围内进行了四次自我调整。第一次调整是在自由竞争时期，建立股份制企业制度；第二次调整是由自由竞争资本主义过渡到私人垄断资本主义；第三次调整是从私人垄断资本主义过渡到国家垄断资本主义；第四次调整是从私人和国家垄断资本主义过渡到国际垄断资本主义。资本主义生产关系的自我调整在一定程度上促进了社会生产力的发展。

（3）资本主义在一定程度上形成了有利于资源优化配置的运行机制。从微观经济运行来看，资本主义形成了有利于资源优化配置的市场机制；从宏观层次上看，资本主义建立了比较完善的宏观调控机制。

2. （1）资本主义的基本矛盾是生产的社会化与生产资料的资本主义私人占有之间的矛盾。资本主义生产是社会化大生产，但生产资料和产品却属于资本家私人所有，使社会化生产从属于一个个资本家追逐利润的狭隘利益，使社会生产的主体——广大劳动人民处于被剥削、被奴役的地位，这就形成了社会化大生产和生产资料的资本主义私人占有之间的对抗性矛盾，这是资本主义社会各种矛盾中起主导作用的矛盾，因而是基本矛盾。

（2）资本主义基本矛盾必然导致资本主义向社会主义过渡。社会主义是生产社会化发展的历史要求，是资本主义基本矛盾长期运动的产物。主要理由有以下几个方面：第一，生产的社会化与生产资料的私人占有是矛盾的，生产资料的社会占有是解决这一矛盾的基本途径。第二，生产的社会化发展到一定程度必然导致资本的社会化。第三，资本主义经济从自由竞争向私人垄断、从私人垄断向国家垄断、从国家垄断向国际垄断的发展表明，与生产的社会化相联系的生产的集中，代表着社会化大生产发展的主流。与生产的集中相联系的生产资料占有的社会化具有更加坚实的基础。

由此可见，资本主义生产本身发展的规律性，造就了对它自身的否定。这种否定，不是要重新建立私有制，而是要在生产资料的集中和劳动的社会化基础上，建立联合起来的社会个人的所有制即生产资料公有制。因此，资本主义基本矛盾使社会主义取代资本主义成为一种必然的趋势。

附录　政治经济学教学大纲

第一节　课程的性质、定位及作用

一、课程的性质

政治经济学是对资本主义国家和社会主义国家经济社会发展规律的抽象与概括。政治经济学是一门系统研究经济社会发展的理论学科，对经济社会的发展方向和趋势具有前瞻性作用。学习马克思主义政治经济学，不仅能让学生深刻地领悟到资本主义社会和社会主义社会经济发展的一般规律，而且能为学生以后学习专业课程打下牢固的基础，同时也是培养学生正确的人生观、世界观和价值观的一门经济学基础课。

二、课程的定位

政治经济学是经济学的基础学科，是经济管理类本科各专业的专业基础课和必修课，在专业人才培养方案中占有非常重要的地位。该课程以生产关系为主线，以劳动创造价值为依据，以阶级作为研究视角，系统地研究经济现象和经济过程之间的内在联系。政治经济学的内容包括劳动价值理论、剩余价值理论、资本积累理论、再生产理论、经济危机理论、垄断资本主义理论、经济全球化理论等。这些理论是经济类与管理类各专业学生必须全面掌握和认真研究的重要内容。

三、课程的作用

政治经济学课程能够帮助经济管理类本科各专业的学生掌握经济学的思维方法，培养经济意识和观念，提高用经济学的方法分析和解决各种社会问题的能力，为以后学习专业课程打下牢固的经济学知识基础。

第二节　课程的教学目标及教学要求

一、课程的教学目标

政治经济学课程的教学目标是让大学生理解和掌握政治经济学的基本理论，如商品货币理论、劳动价值理论、剩余价值理论、资本积累理论、再生产理论、经济危机理论、垄断资本主义理论和经济全球化理论等，提高其分析和解决现实经济问题的能力，为学习其他经济管理类课程打下良好的基础。让大学生深刻认识资本主义生产社会化和生产资料私人占有之间的固有矛盾，随着生产力的不断发展，资本主义生产关系将逐渐不适应生产力的要求，束缚生产力的发展，必然导致资本主义生产关系的消亡，资本主义制度终将走到历史尽头，被社会主义制度所代替。

二、课程的教学要求

政治经济学课程的教学要求：一是要掌握政治经济学的基本原理、基本观点、基本方法；二是要能够运用这些基本原理、基本观点、基本方法分析认识当代资本主义经济和社会主义经济特别是中国特色社会主义经济发展过程中出现的新现象与新问题；三是争取能够运用这些基本原理、基本观点和基本方法，结合不断发展的经济实践进行理论创新，提出较系统的看法或创见；四是为学习经济和管理类专业的课程奠定扎实的理论基础，并在毕业后能够较好地适应经济管理工作和经济问题研究工作的需要。

第三节　课程的教学重点及教学难点

一、课程的教学重点

第一章　政治经济学导论
1. 政治经济学的研究对象，生产力和生产关系的关系；2. 政治经济学的任务；3. 政治经济学的性质。

第二章　商品与货币
1. 商品的使用价值和价值理论，劳动二重性理论，商品经济的基本矛盾；2. 货币的起源、本质和职能，货币流通规律、通货膨胀与通货紧缩；3. 价值规律及其作用。

第三章　资本和剩余价值
1. 资本总公式及其矛盾，劳动力商品的价值决定；2. 不变资本和可变资本；3. 绝对剩余价值、相对剩余价值及其关系；4. 工资的本质及其基本形式。

第四章 资本积累

1. 资本主义简单再生产的特点，资本积累的实质及资本积累规模的决定因素；2. 资本有机构成和相对过剩人口；3. 资本积累的历史趋势。

第五章 产业资本的运行

1. 产业资本循环的三个阶段，产业资本正常循环的条件；2. 资本周转的时间与速度，资本周转速度及其影响因素，加快资本周转速度对剩余价值的影响。

第六章 社会总资本的运行

1. 社会总资本再生产的中心问题；2. 社会总资本简单再生产和扩大再生产的实现条件；3. 资本主义经济危机的实质和根源。

第七章 剩余价值的分配

1. 利润、利润率，平均利润和生产价格的形成；2. 商业资本和商业利润；3. 借贷资本和利息，银行资本和银行利润，股份公司和股票价格；4. 地租及其基本形式。

第八章 垄断资本主义

1. 垄断资本主义的形成，垄断的基本特征和主要形式；2. 垄断价格和垄断利润，垄断与竞争的关系；3. 金融资本的产生和统治，金融资本的新发展。

第九章 国家垄断资本主义

1. 国家垄断资本主义发展的原因，国家垄断资本主义的基本特征、实质和作用；2. 国家垄断资本主义的基本形式；3. 国家垄断资本主义对经济调节的目标、手段。

第十章 经济全球化与国际经济关系

1. 经济全球化的动因与表现；2. 经济全球化对发达国家、发展中国家的影响；3. 资本主义的国际经济协调；4. 发达资本主义国家之间的经济关系，发达资本主义国家与发展中国家之间的经济关系。

第十一章 资本主义生产方式的发展趋势

1. 资本主义生产方式的历史进步性；2. 资本主义生产方式的历史局限性；3. 资本主义生产方式的历史过渡性。

二、课程的教学难点

第一章 政治经济学导论

1. 生产关系的内容及其实质；2. 经济规律的内涵及其特点；3. 政治经济学的性质。

第二章 商品与货币

1. 商品的使用价值和价值的关系，具体劳动和抽象劳动的关系，商品经济的基本矛盾；2. 货币的起源、本质和职能，货币流通规律；3. 价值规律的作用形式及其作用。

第三章 资本和剩余价值

1. 资本总公式及其矛盾，劳动力商品的价值决定；2. 不变资本和可变资本；3. 相对剩余价值的生产过程；4. 工资的本质。

第四章　资本积累

1. 资本积累的实质及资本积累规模的决定因素；2. 资本的技术构成和价值构成的关系以及资本有机构成的含义；3. 相对过剩人口的形成原因。

第五章　产业资本的运行

1. 产业资本正常循环的条件；2. 资本周转速度及其影响因素，加快资本周转速度对剩余价值的影响。

第六章　社会总资本的运行

1. 社会总资本再生产的中心问题；2. 社会总资本简单再生产和扩大再生产的实现条件；3. 生产资料生产的优先增长规律。

第七章　剩余价值的分配

1. 利润和剩余价值的关系，利润率和剩余价值率的关系，影响利润率高低的要素；2. 平均利润和生产价格的形成；3. 股份公司和股票价格；4. 地租的概念及其基本形式。

第八章　垄断资本主义

1. 垄断资本主义的形成，垄断和竞争的关系；2. 垄断价格和垄断利润；3. 金融资本的产生和统治，金融资本的新发展。

第九章　国家垄断资本主义

1. 国家垄断资本主义发展的原因，国家垄断资本主义的基本特征、实质和作用；2. 国家垄断资本主义的基本形式。

第十章　经济全球化与国际经济关系

1. 经济全球化的动因与表现；2. 资本主义的国际经济协调。

第十一章　资本主义生产方式的发展趋势

1. 资本主义生产方式的历史局限性；2. 资本主义生产方式的历史过渡性。

第四节　课程的学时分配

一、经济类本科专业教学课时分配

经济类本科专业教学课时分配如附表 1-1 所示。

附表 1-1　经济类本科专业教学课时分配

章节	内容	讲授	实践	合计
第一章	政治经济学导论	3		3
第二章	商品与货币	6		6
第三章	资本和剩余价值	6		6
第四章	资本积累	3		3
第五章	产业资本的运行	3	3	6

续表

章节	内容	讲授	实践	合计
第六章	社会总资本的运行	3		3
第七章	剩余价值的分配	6		6
第八章	垄断资本主义	3		3
第九章	国家垄断资本主义	2		2
第十章	经济全球化与国际经济关系	2		2
第十一章	资本主义生产方式的发展趋势	2		2
复习和口试	复习第一章至第十一章的内容，课程口试	3	3	6
总课时数		42	6	48

二、管理类本科专业教学课时分配

管理类本科专业教学课时分配如附表1-2所示。

附表1-2　管理类本科专业教学课时分配

章节	章节内容	讲课	实践	合计
第一章	政治经济学导论	2		2
第二章	商品与货币	4		4
第三章	资本和剩余价值	4		4
第四章	资本积累	2		2
第五章	产业资本的运行	2	2	4
第六章	社会总资本的运行	2		2
第七章	剩余价值的分配	4		4
第八章	垄断资本主义	2		2
第九章	国家垄断资本主义	2		2
第十章	经济全球化与国际经济关系	2		2
第十一章	资本主义生产方式的发展趋势	2		2
复习和口试	复习第一章至第十一章内容，课程口试	2		2
总课时数		30	2	32

第五节　课程的教学方法

教师必须认真备课、准备丰富的教学资料，在课程教学过程中要采用讲授、课堂讨论、案例分析和学生实践等相结合的方法，以理论教学为主，注重理论联系实际，紧密结合当前中国与世界主要国家的经济形势和经济政策讲授该课程的基本概念及理论，充分调动学生的学习积极性，引导学生思考，运用理论工具分析现实经济生活中出现的经济现象和问题，掌握经济学分析的方法和思路，并为学习和深入理解其他经济管理类课程打好基础。

第六节　课程的考核方式及要求

本课程的考核采取期末考试、能力考核与平时考核相结合的方式，总成绩由以下三部分组成。

（1）平时考核成绩。平时考核成绩依据到课情况、课堂练习、课堂讨论、课后作业等计分，占总成绩的 25%。

（2）能力考核成绩。能力考核采用口试和课程论文（或小论文）等形式，占总成绩的 35%。

（3）知识考核成绩。知识考核主要考核学生对于政治经济学基本知识点和基本理论的掌握程度，在计算机考试系统上完成。考试题型包括单项选择题、多项选择题、判断题和案例题等题型。考试时间为 2 小时，该部分成绩占总成绩的 40%。

第七节　课程的教材及教学参考书

一、使用教材

程恩富、周肇光、徐慧平，《政治经济学》（第四版），高等教育出版社 2013 年版。

二、参考书目

1. 马克思：《资本论》（《马克思恩格斯全集》第 23~25 卷），人民出版社 1972 年版。
2. 马克思：《政治经济学批判》，人民出版社 1972 年版。
3. 马克思：《剩余价值理论》（《马克思恩格斯全集》第 26 卷），人民出版社 1972 年版。
4. 亚当·斯密：《国民财富的性质和原因的研究》，商务印书馆 1993 年版。
5. 李嘉图：《政治经济学及赋税原理》，商务印书馆 1976 年版。
6. 马歇尔：《经济学原理》，商务印书馆 1981 年版。
7. 约瑟夫·熊彼特：《经济发展理论》，商务印书馆 1990 年版。
8. 郑志国：《劳动价值论坚持与发展研究》，人民出版社 2002 年版。
9. 王军旗、刘儒：《政治经济学原理·前沿·案例》，中国人民大学出版社 2013 年版。
10. 伍柏麟、史正富、华民：《新编政治经济学》，复旦大学出版社 2014 年版。